皖籍思想家文库

刘飞跃 主编

# 王茂荫 卷

WANG MAOYIN JUAN

陈平民 编著

全国百佳图书出版单位

时代出版传媒股份有限公司
安徽人民出版社

图书在版编目(CIP)数据

王茂荫卷/陈平民编著.—合肥:安徽人民出版社,2019.12

(皖籍思想家文库 / 刘飞跃主编)

ISBN 978－7－212－10681－2

Ⅰ.①皖…　Ⅱ.①刘…　②陈…　Ⅲ.①王茂荫(1798－1865)—经济思想—思想评论　Ⅳ.①C　②F092.2

中国版本图书馆 CIP 数据核字(2019)第 279743 号

## 皖籍思想家文库·王茂荫卷

刘飞跃　主编　陈平民　编著

出 版 人:徐　敏　　　　　　　　　　责任印制:董　亮
责任编辑:蒋越林　　　　　　　　　　封面设计:陈　爽

出版发行:时代出版传媒股份有限公司 http://www.press-mart.com
　　　　　安徽人民出版社 http://www.ahpeople.com
地　　址:合肥市政务文化新区翡翠路 1118 号出版传媒广场八楼　邮编:230071
电　　话:0551－63533258　0551－63533292(传真)
印　　刷:安徽新华印刷股份有限公司

开本:710mm×1010mm　　1/16　　印张:19　　字数:265 千
版次:2019 年 12 月第 1 版　　　2019 年 12 月第 1 次印刷

ISBN 978－7－212－10681－2　　　　　定价:48.00 元

# 绪　论

安徽这片文化沃土，自古就广袤而绵延。她山水秀丽、历史神奇、文化丰厚，先后孕育了道家哲学、建安文学、魏晋玄学、新安理学、徽派朴学、桐城文学、现代新学等，诞生了许多享誉中外的思想家，他们在中国思想发展史上，乃至世界文明史上，都产生过重大的影响，具有独特的思想文化价值。

安徽省委省政府、省委宣传部及学界，历来十分重视安徽的地域性文化研究、文化宣传和文化建设，提出了"文化强省"的战略，在打造"文化安徽"品牌、努力让安徽文化"走出去"、为提升我国的文化软实力和人类精神文明建设服务的同时，也扩大了安徽文化的对外影响。如已经出版的"徽学丛书""安徽文化精要丛书"及《安徽文化史》《安徽历史名人辞典》《朱子全书》《方以智全集》《戴震全书》《朱光潜全集》等。这些分别从安徽文化发展史和安徽个别思想家的角度，进行了开拓性的研究和整理，但是集中展示"皖籍"思想家的思想、文化及其研究成果的文献还没有。

"皖籍思想家文库"则填补了这方面的一个空白。

"皖籍思想家文库"首次较为广泛、系统、集中地展现了两千多年来"皖籍"思想家的思想原貌、文化精髓和研究水平，是一个思想长廊，是"文化安徽"的底蕴体现和实现"文化强省"目标的战略举措，也是安徽对外宣传的重大文化品牌，展示了安徽文化自信的源来，更为主要的是落实了习近平总书记系列讲话精神——传统文化是独特的战略资源，是最深厚的文化软实力；中华优秀传统文化是中华民族的精神命脉，是涵养社会主义核心价值观的重要源泉，也是我们在世界文化激荡中站稳脚跟的坚实根基；要认真汲取其中的思想精华，深入挖掘和阐发其"讲仁爱，重民本，守诚信，崇正义，尚和合，求大同"的时代价值。

"皖籍思想家文库"从政治、经济、文化、教育、哲学、美学、宗教、军事等方面，从众多皖籍思想家中选择了管子、老子、庄子、刘安（《淮南子》）、曹操、嵇康、陈抟、朱熹、朱元璋、方以智、戴震、王茂荫、李鸿章、陈撄宁、陈独秀、陶行知、胡适、朱光潜、宗白华、方东美、王稼祥、赵朴初等22位自先秦至近现代在我国思想史上有重大影响和代表性的"皖籍"思想家，以"文化皖军"方阵的形式，从思想研究"本论"和思想原典"文选"两个方面加以整理、研究，既呈现了其经典的思想，又展示了其研究的水平，使资料性、学术性、现代性得以统一，实现了对优秀传统文化的创造性转化、创新性发展。

这也是本文库的两大特色。

"皖籍思想家文库"所谓的"皖籍"，包括祖籍或本籍在皖。如淮南王刘安，其祖籍为江苏沛县，但刘安一生都在淮南，属于本籍在皖；朱熹是福建人，但他的祖籍为当时的徽州婺源，属于祖籍在皖；宗白华的祖籍是江苏常熟，但是他出生及幼年都在安徽安庆市，属于曾经本籍在皖。

"皖籍思想家文库"由安徽省社会科学院组织本院哲学、史学、文学、经济学、社会学等方面的专家学者负责指导、编撰，并特邀部分省内，乃至全国"皖籍"思想家研究方面的专家学者参与，如《老子》研究专家华中师范大学刘固盛教授，《淮南子》研究专家安徽大学陈广忠教授，宗白华研究专家首都师范大学王德胜教授，陈独秀研究专家安庆师范大学朱洪教授，胡适研究专家安徽大学陆发春教授，方以智研究专家陶清研究员，方东美研究专家余秉颐研究员，朱光潜研究专家钱念孙研究员，管子研究专家安徽省管子研究会龚武先生，曹操研究专家亳州市文化与旅游局赵威先生，陈抟研究专家亳州市陈抟研究会修功军先生，王茂荫研究专家黄山市社会科学联合会陈平民先生，王稼祥研究专家中共安徽省委党史研究室施昌旺先生等。

"皖籍思想家文库"是 2017—2018 年度中共安徽省委宣传部重大文化建设项目，共 22 册，包括《管子卷》《老子卷》《庄子卷》《刘安卷〈淮南子〉》《曹操卷》《嵇康卷》《陈抟卷》《朱熹卷》《朱元璋卷》《王茂荫卷》《方以智卷》《戴震卷》《李鸿章卷》《陈独秀卷》《陈撄宁卷》《陶行知卷》《胡适卷》《朱光潜卷》《宗白华卷》《方东美卷》《王稼祥卷》《赵朴初卷》等，每册 25 万~30 万字，包含"本论"和"文选"两部分内容，其中思想家思想研究"本论"部分 5 万~10 万字，思想家思想选录"文选"部分 20 万字以内，共约 550 万字。

　　由于时间仓促、课题容量限制，还有一些重要的皖籍思想家，如桓谭、杨行密、包拯、刘铭传、杨文会等，本辑未能收录，期待续集纳入。

　　"皖籍思想家文库"的申报、编撰、审阅、出版，分别得到中共安徽省委宣传部的主要领导及安徽省社会科学院、安徽人民出版社有关专家学者及编委和多位编辑的大力支持。

　　在此，表示衷心的感谢！

　　书中如有不妥不当之处，敬请读者朋友批评指正。

刘飞跃

2018 年 12 月

绪

论

# 目　录

目

录

# 前　言

　　如今，王茂荫名播天下。作为思想家，他与徽州籍朱熹、戴震、胡适、陶行知等一并入书《皖籍思想家文库》，德配其位，实至名归。

　　可是，20世纪30年代，人们对王茂荫还一无所知，以至于北京大学著名经济学教授陈启修1930年在中国第一次翻译《资本论》，竟不知道王茂荫的生平事迹，无法将马克思笔下的"Wan-Mao-In"准确地予以还原。尽管郭沫若、王璜、吴晗、魏敬伯、侯外庐等人早期对王茂荫生平著述作过考证，新中国诞生初期至"文革"之前，有作者零星地发表过关于王茂荫的文章，但直至20世纪末，人们对王茂荫仍然比较陌生。

　　我生也晚，走近王茂荫，始于1974年，当时在原安徽劳动大学政治系攻读政治经济学。当时，安徽劳动大学办在安徽宣城麻菇山下的叶家湾，那是一个比较僻静的地方。

　　攻读政治经济学，势必要啃《资本论》，而啃《资本论》，就不能不接触马克思提到王茂荫的那个著名的〖83〗脚注。王茂荫是徽州人，我也是徽州人，因而比其他同窗对这个历史人物有更深一层的感情，深为马克思能在自己的巨著中提到徽州人而感到自豪。决心毕业后收集资料，对这位乡贤作点研究。1976年10月，我开始供职徽州地委宣传部，从事理论工作，这为我实现初愿提供了有利条件。

　　王茂荫事迹最先引人注目的，是他的货币观点和建议发行钞币的事。要说研究，这属于社会经济史和经济思想史的范畴。欲从事这方面研究，有两个必备条件，一是掌握第一手资料，二是有一定的理论素养，否则无从谈起。

当时，人们对王茂荫还比较陌生，提到他，十人之中，八九人不知道，搜集资料很困难。当然，只要初心不改，念兹在兹，砥砺前行，多少总有收获，寓于必然当中的偶然迟早总会出现，这是事后的感悟。

1980 年 10 月的一天，我与同一幢大楼办公的徽州地委统战部的一位十分健谈的老乡曹慰义谈起了王茂荫，他说："你真是愚得可以，王茂荫的后人远在天边，近在眼前，我们统战部的王自燮不就是王茂荫的后人嘛，他还有个弟郎在屯溪糖业烟酒公司。"经他点拨，我随即拜访了王自燮先生，通过了解，知道他是王茂荫的五世孙（玄孙），1949年 5 月参加工作，1952 年加入民革组织，曾任屯溪市税务局副局长，民革屯溪市委员会副主委、主委等，时年五十八，抽调地委统战部办公。他知道我研究他高祖，非常高兴地说："'文革'前，安徽省社会科学研究所有人访问过他，要去一批资料，十年'文革'之后，材料下落不明。现在你决心研究，作为王氏后人，我表示支持，高祖的遗著《王侍郎奏议》十卷木刻本，我可以借给你看，我弟弟王珍那里还有一本《子怀府君行状》也可以借给你看。"他的这番话，令我兴奋不已！随后，我便借读到王茂荫的遗著《王侍郎奏议》和他儿子所作的《子怀府君行状》。

《王侍郎奏议》十卷本汇集了王茂荫上给咸丰与同治皇帝的奏折一百多个，这是研究王茂荫的包括货币观点、金融思想与金融改革思想在内的经济思想、政治思想、人才思想、军事思想、吏治思想、管理思想的基础资料，舍此便成无米之炊；王茂荫儿辈为先父所作的《子怀府君行状》，是研究王茂荫籍贯家世与生平履历的基础资料，比《清史稿》王茂荫本传的有限文字也不知详尽多少。为研读这两件基础资料，我用了近一个月时间。

1980 年底，我开始撰写研究王茂荫的处女作。当时儿子出生才九个多月，时已冬至过后，白天上班，晚上陪着儿子睡下，待儿子睡着了再穿衣起来继续写，没有供暖条件，常熬夜到十一二点，这精神真不知从哪里来的。

这期间，我有幸认识了安徽省社科院《江淮论坛》编辑部的孙树霖先生。他是屯溪人，在屯中读过书，后转省立休宁中学第四届（1949年）高中毕业。休中也是我的母校，我为"老三届"的六七届，他是名副其实的学长，又是"文革"之前北京大学经济系的研究生，导师是经济学家、北大经济系著名教授赵靖。孙树霖年长我十五岁，是徽州著名的草市孙氏裔人，学识渊博，为人极好。我撰写研究王茂荫的处女作，是在他指导下完成的，他曾借给我两本书：一本是巫宝三、冯泽、吴朝林主编的《中国近代经济思想与经济政策资料选辑》（1840—1864）；一本是赵靖、易梦虹主编的《中国近代经济思想史》。

关于王茂荫的研究，孙树霖先生曾指教我说："要注意发掘第一手资料，要把王茂荫的思想观点放到整个近代思想史当中去考察，要有自己独立的见解。"先生作古多年，言犹在耳！他还创意与我及鲍义来先生共同撰写《王茂荫评传》，几番去省城合肥，提纲都商拟好了，后因我调任《黄山日报》社任总编辑太忙等多种原因搁下了。

在孙先生的引荐下，当年我曾主动给赵靖教授和上海复旦大学的叶世昌教授去信讨教，他们都回信鼓励我在基层从事理论工作同样可以做社会经济史和经济思想史的研究。20世纪80年代初中期，赵靖教授还把自己的著作《中国近代经济思想史》寄赠予我，叶世昌教授则帮助我在上海买后邮寄由他与陈绍闻先生主编的《中国经济思想简史》上下册。堂堂的大学教授，给一个素不相识的在基层利用业余时间做研究工作的青年人复信指导鼓励，赠书或帮助买书，这是在学界曾发生过的真实的佳话美谈。

我研究王茂荫的处女作发表于《江淮论坛》1981年第一期，主标题是《王茂荫的货币观点和他的遭遇》，副标题是"谈谈《资本论》中提及的唯一的中国人"，主标题是孙树霖先生径改的，副标题是孙先生与我商定的。这副标题从此成了王茂荫的代名词。记得该文发表后，中国人民大学报刊资料复印社作了复印，上海解放日报社主办的《报刊文摘》

与安徽日报社主办的《文摘周刊》，分别作了摘编。这篇处女作，曾获安徽省首届社会科学优秀成果二等奖。

改革开放之后重启王茂荫研究，鄙人算是第一人。

王自燮先生的胞弟王珍（1925—1998），行名王自珍，是个老实正派人，继承先祖遗风，廉静寡营，生活简朴，烟酒不沾。从1980年11月认识以后，他经常来我办公室和家里，顺便带一两件关于王茂荫的原始资料给我看，我们谈论的都是王茂荫研究的话题，彼此引为契友。他写过不少关于先高祖王茂荫和关于徽州社会经济史与文化史的短文。在与王氏兄弟的交往中，我从他们手头陆续见到很多星散的王茂荫佚文和有关生平的其他资料，当时没有复印条件，更不待说扫描，只有一件一件地手抄。通过他们的介绍，我在歙县访问了王茂荫的其他后人，考察访问了王茂荫的祖居地杞梓里和义成"天官第"故居。以后又认识了他们的堂弟王自力先生，他也为我提供了不少珍贵的研究资料。

我的《自撰年谱》上清楚地记着：1997年12月17日上午，应解放军蚌埠坦克学院教研部副主任曹天生上校之请，带他去拜访了时任黄山市政协副主席、市民革主委王自燮先生，算是为曹先生研究王氏引领了一步。这是后话。王自燮先生是2001年12月离世的，如果再迟四年，我们就无法见到这位王茂荫的五世孙了。

1993年10月，我由《黄山日报》社总编辑调任黄山市委宣传部副部长兼市委讲师团团长，1995年7月任市社科联主席，负责筹建进入序列的黄山市社科联机构，于1997年正式成立正团级事业单位黄山市社科联，直到2005年由市社科联主席改任党组书记。坦率地说，从1980年12月徽州地区社科联诞生，到2008年从黄山市社科联退休，为筹备、建立和繁荣发展黄山市的社会科学事业，我付出很多，代价不小。其中最让我不能释怀的，就是直到退休之日，关于王茂荫研究的既定课题仍然是纸上谈兵，为此，我疚恨不已！

退于林下前后一段时间，有位学历不高但却勤奋不已、书出了八九本的乡友对我说："你的王茂荫研究，总要作个结呀！"这话与其是勉励，倒不如说是鞭策。

2009 年 5 月，年已七十六且在病中的恩师孙树霖先生，将他亲自撰写王茂荫章节，由其导师赵靖主编的《中国经济思想史续集》（中国近代经济思想史）一书，嘱他妹夫陈绩生带交于我。我深知：病中的他仍然希望我把王茂荫研究的课题做结。21 世纪曙光升起，我重新走上了王茂荫研究的路途。发表于 2001 年第 2 期《徽州社会科学》之上的《王茂荫传略》是一个信号。

然而，命运多舛，正当我为失去的研究青春而悔恨，准备以加倍的努力，作一拼搏的时候，2011 年 4 月清明节前突然染疾脑卒中，我跌进了痛苦的深渊。住院治疗半年，劫后余生，左偏瘫后遗症顽固形成。出院后，为日后还能拿起笔，我与命运进行了顽强抗争，在康复期进行的刻苦训练，见者无不为之动容。一天下午，我接到孙先生打来的电话，他声调如旧，但气力明显不足，断断续续地说了很多话，一再鼓励我同命运抗争，以顽强意志训练，争取早日康复，争取把王茂荫的研究做到底。事后我才知道，当时他已处于生命的最后时光。他给我的鼓励，是无法用语言描述的！我的《自撰年谱》清楚地记载了这么一段话：

2013 年 6 月 5 日下午去原单位，在市委后门墙上看到孙树霖先生逝世的讣告，心里为之一惊。往事一幕一幕地浮现眼前……

孙先生是 6 月 1 日凌晨 3:40 于合肥逝世的，享年 81 岁。他于 1933 年 11 月出生于屯溪黎阳。1948 年 9 月至 1951 年 2 月在屯中学习。1951 年 2 月至 4 月在芜湖皖南革命干校学习。1951 年 4 月至 1956 年 8 月先后在旌德、屯溪、绩溪中国人民银行任信贷员。1956 年 8 月至 1966 年 4 月在北京大学经济系学习，研究生学历。1966 年 5 月至 1973 年 6 月在北京中华书局近代史编辑室工作。1973 年 6 月至 1977 年 7 月在安徽省委宣传部理论研究室工作。1981 年 3 月加入中国共产党。1984 年 8 月任《江淮论坛》副主编。1992 年享受国务院特殊津贴，1993 年 6 月晋升研究员，1995 年 1 月退休。为中国经济思想史学会理事。曾获北京大学中国文化学术成果一等奖，北京市社科优秀成果一等奖，安徽省社科优秀成果一等奖和四届优秀成果二等奖，国家教委优秀教材一等奖。

明人朱升在一首诗中说："春深雨足长青草，数亩山田可自耕。"我也有"数亩山田"，其中最牵挂的要数早年拟题的关于王茂荫的系列文稿以及《王茂荫评传》的写就。

始于2013年春，我在坚持训练的同时，伏案撰写关于王茂荫的系列文稿，开始每天只能写千把字，后来增加到两千多字。开始用炭水笔在稿纸上写，从2014年开始在平板电脑上手写，每天能写三五千字。从写《王茂荫近代世系厘清和新发现与王茂荫有关的四件藏品》开始，到《王任之方士载是研究王茂荫史上所不能忘记的人物》《王茂荫玄孙访问记》，直到《一代清官廉吏王茂荫》《清代名臣王茂荫的族规家训与家风》《思想家王茂荫万古不朽》。截至目前，近六年来总共撰写并发表文稿50余篇，加上得病之前发表的，总共有80余篇。2017年6月，黄山市社科联资助内部出版的《王茂荫研究文辑》，共选编文稿整百篇，分上下卷，总共80余万字，其中我的文稿几占一半。

内部出版的《王茂荫研究文辑》，经篇目调整，已与敝集《王茂荫研究集》，交一家出版社正式出版。

近七年来，除了耕耘王茂荫研究这方山田，我还参与黄山市社科联组织的关于徽州文化研究的一些项目，如《徽州文化大辞典》《阅读徽州》《徽州故事》《徽州名人家训》有关篇目的撰稿，先后完成了市程朱理学研究会策划的《程灵洗与徽州社会》《程元谭与徽州社会》二书的书稿五万字的写作；主编了市老新闻工作者协会策划的《徽州楹联精粹》一书。主持编纂的《新安程氏名人与徽州社会》一书正在出版中。

恩师孙树霖先生作古已经六个年头。六年来，我常常想起他……

现在可以告慰先生的是：近七年来，我一天都没有懈怠。《王茂荫评传》虽然没有问世，但是我承担的《皖籍思想家文库》丛书中的《王茂荫卷》，除了"文选"部分以外，其他章节基本按照我们早先拟定的提纲撰写的。承蒙有关学者举荐和孙先生原供职的省社科院的不弃，我在古稀之年完成了这部书稿。

　　由于学浅才疏，缺乏高明，本卷书稿难免没有舛误或不能尽如人意处，欢迎各界读者批评指正。

陈平民

戊戌正月十八日

于屯溪徽州公馆寓所

# 第一章　王茂荫的家世与生平

## 第一节　籍贯家世

如今，知识界不知道王茂荫的人已经不多。可是，八十年前，人们对他却非常陌生，即便四十年前，知道他的人也不是很多。

清同治四年农历六月二十二日（公历 1865 年 8 月 13 日），晚清名臣、思想家王茂荫在安徽歙县义成村去世。而在这之前，正在著述《资本论》的马克思便知道了他的事迹，在《资本论》第一卷标号 83 的脚注中提到他。《资本论》第一卷首次发表是在 1867 年（清同治六年），该著中文版最早出现是在民国十九年（1930），这时距王茂荫作古已有 65 年。

我国第一个翻译《资本论》的是陈启修先生[①]，二十世纪三十年代，他把马克思笔下的 wan-mao-in 译为"万卯寅"，日本的学者译为"王猛殷"或"王孟尹"。1930 年以后，由于中国学者崔敬白、王思华、侯外庐、郭沫若等人的考证和王璜等人的实地考察，世人才知道马克思《资本论》中提到的中国人 wan-mao-in，是清咸丰朝担任过户部右侍郎兼钱法堂事务的王茂荫。马克思在《资本论》中提及的中国人，仅王茂荫一个。

随着研究的深入，人们进而得知：王茂荫是徽州人，原居歙县旱南杞

---

[①] 陈启修（1886—1960），改名豹隐，字惺农，笔名勺水、罗江。四川中江人。1917 年毕业于日本东京帝国大学，曾任广州黄埔军校教官与农民运动讲习所教员、国立中山大学法科务主席兼经济学系主任、武汉《中央日报》总编辑等。大革命失败后流亡日本，从事理论著述、文学创作和翻译工作，为中文《资本论》最早译者。新中国诞生后，曾任四川财经学院（今西南财经大学）临时院务工作委员会教务组组长，1956 年被评为经济学一级教授，为当时全国仅有的两名经济学一级教授之一。

梓里，由于清咸丰、同治年间房舍遭兵燹被毁，晚年只好在歙县水南义成村买下朱姓旧房，挈家迁居。

王茂荫原名茂萱，字树之，号薱甫，取意《诗经》中"硕人之薱"。清嘉庆三年三月十一日（公历1798年4月26日），诞生于歙县旱南杞梓里一个茶商之家。

王茂荫的生平事迹真正为更多的世人知晓，是在二十世纪八十年代以后。

王茂荫之王，为山西"太原王"，太原王氏迁江南始祖王仲舒为唐代名臣，曾官江南西道观察使，以事母极尽孝道、事君直言极谏而闻名，《旧唐书》有其传。王仲舒后人唐末先迁歙州，后迁婺源，明初王氏宗族有一支由婺源回迁徽州杞梓里，王茂荫为婺源武口迁歙杞梓里王氏第十五世①。

王茂荫高祖之祖王道韬（1631—1715），字六涵，娶歙县齐武方氏，生子国慕、国运。王国慕（1664—1728），字舜五，为王茂荫高祖之父，貤赠武略骑尉，娶歙北岸吴氏，生子文选、文庆。

王茂荫高祖王文选（1693—1763），字遴士，貤赠武略骑尉，"以孝义行于时，幼而失恃，稍长，事其父舜五公，不一日离左右。父殁，事季父风歧公如父焉。治家有法，内外数十口，无违教者。及弟壮，悉举田宅器用之美好者推以与弟，又念弟食指繁，复割己产益之，其友爱如此。敦宗睦族，修祠建宇，善劳不伐，好急人之急。暑施浆，寒施衣，饥施食，病施药，有所请，无不立应"②。

王茂荫曾祖王德修（1728—1779），字心培，号静远，考名洪烈，为王文选独生子，"少有父风，勇力过人，尝夜过溪桥，马坠，曳其尾上之。

---

① 据《由婺源武口迁居歙南杞梓里王承庆祠世谱》载，婺源武口迁杞梓里始祖王胜英（名仲英）为武口王氏第二十世。王茂荫为王胜英之十五世（武口王氏第三十四世）。《新安文献志》王姓"婺源武口"条载："王姓出姬姓，周灵王太子晋之子宗敬为周司徒，时人号王家，因以为氏。后世居晋阳，著望太原郡，至唐散骑常侍仲舒为江南西道观察使，死于洪州，夫人李氏携七子居宣州船莲塘，因巢乱，居歙黄墩。长子初生秘阁校正希羽，迁歙泽远（泽富即今歙县王村），四子弘生扬州民曹参军希翔，迁婺源邑东十里曰武口，号云谷居士，是为武口王氏一世祖。"

② 吴柳山：《王静远先生家传》，参见2005年中国档案出版社出版曹天生点校整理《王茂荫集》第279页。

二十五岁中乾隆壬申恩科武举，就兵部试，闻父暴得疾，星夜驰归，设榻卧，虽污秽不假手奴婢，十余年未尝一日离侧。及父卒，绝意进取，孝养其母以终"①。配妻歙县磻溪方氏，生子四，长槐庭、次槐康、三槐广、四槐序。

王茂荫祖父王槐康（1755—1785），字以和，兄弟四人原均习举子业，后迫于食指繁，遂弃儒从贾，从族人游贾京师，乾隆庚子（1780）创森盛茶庄于北通州。配妻磻溪方氏为国学生方世滨次女，名文学，诰赠一品太夫人，生于乾隆戊寅（1758）三月初二日，十七岁归于王门。槐康因操劳过度，年三十一客死潞河，妻方氏年二十八守寡，遗孤二儿一女皆幼（长子应矩，次子应绵八岁殇，女儿顺福十余岁又殇）。槐康卒后，遗孀方氏"上侍重闱"（上要伺候两代婆婆即王文选遗孀和王德修遗孀），下育儿女，抚孤守节，克勤克俭，苦度生涯。她曾自撰《长恨歌》，痛述夫君客殁之苦及遭际之艰，并养姑教子各情，缠绵悱恻，往复数百言，闻者无不泪下。方太夫人六十岁时，沐恩旌表，八十岁奉旨建坊。道光辛丑（1841）正月初八日谢世，终年八十四。

王茂荫之父王应矩（1776—1848），字方仪，号敬庵，幼年丧父，"以贫故废学，即任家政"②，继承先父未竟事业，为晚清著名茶商。其孙辈云："祖敬庵公克承父志，尤笃于追远报本，修祖祠堂，置墓田，敦宗睦族，恤孤怜贫，于造桥、修路、兴水利、施医药诸善举，恒以身任其劳，孜孜不倦。"③为乐善好施的徽商典型。王应矩原配夫人为歙县三阳坑洪氏，诰封一品太夫人，继娶歙县北岸吴氏，诰封一品太夫人。

王茂荫兄弟四人，他居长，生母洪氏；其弟茂兰、茂茹、茂蔼均继母

---

① 民国《歙县志》卷八。

② 吴大廷：《赠资政大夫敬庵公家传》，参见2005年中国档案出版社出版曹天生点校整理《王茂荫集》第285页。吴大廷（1824—1867），字桐云，号小酉山馆主人，湖南沅陵人，咸丰五年（1855）中顺天府乡试举人，后由入赀为清廷内阁中书。曾因左宗棠推荐，以按察使衔赴台湾任兵备道员，是一位守洁才长、兼通方略、廉洁而有魄力的人物。与胡林翼、曾国藩、李鸿章及刘熙载、孙衣言、方宗诚、俞樾等过从甚密。王茂荫因病开缺，主讲潞河书院期间，吴大廷曾从学于王茂荫，王茂荫为吴大廷父母作过传记。吴大廷不仅为王茂荫父亲作过《赠资政大夫敬庵公家传》，还为王茂荫生前编辑身后后人刊行的《王侍郎奏议》作序。

③ 王铭诏、王铭慎：《显考子怀府君行状》，清光绪十三年刻本。

吴氏出，茂兰过继槐庭长子为嗣。王茂荫虚龄六岁那年，生母洪氏病故，父亲常年经商在外，他是在继母吴氏、祖母方太夫人和被他呼为"小姑"、后嫁三阳坑巨商洪伯成为妻的王氏（名柏芝）呵护抚育下成长的，长大后对祖母方太夫人和柏芝姑妈怀有极深的感情。

## 第二节　学业早达

少年和青年时期的王茂荫，读书非常刻苦。他从髫龄八岁（1805）入塾破蒙，到三十五岁举进士成名的二十八年间，授业之师主要有启蒙老师王子香，塾师潘让斋，塾师程峻山，授其经史的名儒吴柳山及其弟吴枌。他的儿子为他作的行状说：

> 府君弱不好弄，髫龄入塾，晨入暮归，或起稍迟，同学有先入塾者，府君必哭泣自责，塾师以是深器之。舞勺后，从双溪吴柳山先生游。先生为乾隆丁酉科江南解首，故名宿也，门下多积学之士。府君相与观摩，益自刻励，挑灯攻读必至三更方寝，昧爽即披衣起而默诵，溽暑严寒无少间，由是学业大进。时太仓钱伯瑜先生主讲紫阳书院，见其文深相奖许，引为契友。[①]

吴柳山、钱伯瑜两先生，是王茂荫求学问道时期深受影响的两个人。

吴柳山（1748—1820），名楒，又名永枅，字纬持，清乾隆、道光年间歙县双溪（昌溪）人，少时曾随父亲吴潨课馆歙县杞梓里，吴潨与王茂荫曾祖父文选公友善。吴柳山为乾隆丁酉年（乾隆四十二年即1777年）江南解首，曾授学于歙南岔口"梯云书屋"，王茂荫在其门下习经史。

钱伯瑜（1785—1859），名宝琛，字伯瑜，又字楚玉，晚号颐寿老人，又称茧园先生，江苏太仓人，越王钱镠的二十九世孙，嘉庆二十四年（1819）进士，改庶吉士，散馆授翰林院编修。道光元年（1821）提督贵州学政，道光初期主讲徽州府紫阳书院，他对王茂荫当时所撰文章，"深相奖许，引为契友"。道光十一年，他被授予河南归德府知府。后又任浙江督粮道，

---

① 王铭诏、王铭慎：《显考子怀府君行状》，清光绪十三年刻本。

捐银三百多两，会同钱泳等人重建先祖钱镠的武肃王墓。继任云南按察使、浙江布政使，道光十七年擢任湖南巡抚，次年改江西巡抚。道光二十一年调任湖北巡抚，没有赴任，以病辞归。一生严以律己，宽以御众。归里后提倡后进者垂二十年，留意桑梓事，编辑州志，兴修水利，劝民桑养，为乡里所称。他曾与林则徐在翰林院共过事，私交甚笃。早在林则徐虎门销烟之前，他就在湖南收缴烟具、烟土，其中烟具两千余支，他亲往检视劈毁。林则徐在广东禁烟，他在江西积极响应，他曾在赣粤与赣闽边境捕获万余人的鸦片走私集团，朝野为之震动。鸦片战争爆发后，他以弹药与大炮支援广东、浙江前线。林则徐禁烟失败后，被发配新疆伊犁，途经南昌时，钱伯瑜以现职巡抚身份前往滕王阁码头迎候，一叙衷肠。在湖南任上，处理苗疆因灾歉收问题时，不顾乌纱帽，奏请朝廷借口粮借种子，赈济灾民。禁烟失败后，他托病回故里太仓。在太仓时，他利用南园田地试种桑养蚕，晚清太仓蚕桑业发达，与他的大力提倡分不开。王茂荫与这样的士人结为契友，思想观念与为人行事自然受到很大程度的影响。钱伯瑜著述甚富，其长子钱鼎铭，为道光二十六年举人，咸丰年间曾入赀拜官王茂荫长时间供职的户部，任主事。

同明正德间出在徽州的状元唐皋、明代大学士歙人许国、清代文字学家、哲学家、思想家休宁人戴震以及出在黟县的晚清著名学者俞正燮等人一样，王茂荫在学业上虽然早达，但在家乡参加南闱乡试多次，都不顺利，家人和他自己都认为由科场入仕恐怕没指望了。道光十年（1830），他赴北通州协助父亲管理森盛茶庄。第二年，巧遇北闱恩科取士，经父亲同意，他按当时惯例，通过捐纳取得监生资格，改名茂萱为茂荫，改字为椿年，改号为子怀，以应京兆试，不意竟考中举人。道光十二年（1832），参加会试，又联捷成进士。殿试后被钦点为户部广西司主事。这年，他三十五岁。捷报传到家乡，七十五岁的老祖母方太夫人欣喜万分。这年九月，王茂荫告假南归省视，祖母告诫他说：

吾始望汝辈读书识义理，念初不及此，今幸天相余家。汝宜恪恭尽职，毋躁进，毋营财贿。吾与家人守吾家风，不愿汝跻显位、致多金也。①

她不希望步入仕途的孙子"跻显位,致多金",而是要求孙子"恪恭尽职,毋躁进,毋营财贿",这种为官不图发财的思想境界,是高尚的,难能可贵。祖母八秩荣寿之年(清道光十七年即1837年),王茂荫提前两个月乞假省视,回到家乡,祖母告诫他的仍然是先前那番话。王茂荫的儿子为他所作的行状中也有这样的话:

> 府君高中进士成名,曾祖母为之一喜,但又恒诚府君曰:"吾家虽寒素,粗足自给,愿汝善守身,不愿汝积多金也。"府君终身志之不敢忘,盖一生清节,有自来矣。②

## 第三节　立朝清直

在官阶方面,王茂荫是晚达的。他在举进士后长达十五年的时间内,都没有离开户部,只是任主事一类微官,直到"天命"之年,才被升补为户部贵州司员外郎。五十一岁那年二月,清廷准备擢升他为御史,不料三月间父亲去世,按当时规矩,他必须辞官回家守制。待他守制期满回京供职时,道光皇帝旻宁已死,咸丰皇帝奕詝继位,太平天国运动爆发了。

从咸丰元年(1851)到咸丰八年,王茂荫所任职务不少,吏、礼、兵、刑、户、工六个部中,除了礼、刑二部的其他四个部中,他都担任过侍郎。其中最引人注目的是咸丰三年十一月由太仆寺卿擢升为户部右侍郎兼管钱法堂事务,成为清政府主管财政货币事务的要员之一。在任,他提出并坚持发行可兑换的钞币,对政府发行不兑换的钞币和低值铸币的通货膨胀措施,

---

① 李宗昉:《诰封太宜人王母太宜人传》,笔者二十世纪八十年代初在歙县博物馆查阅王茂荫资料时见此手抄件,并照录全文。李宗昉(?—1846),字芝龄,江苏山阳人。嘉庆七年(1801)一甲二名进士,授编修,历任贵州、浙江、江西学政,侍读学士、内阁学士,户部、工部、吏部侍郎,兼管国子监和顺天府尹事。道光七年至十年(1827—1830),典顺天乡试二,会试一,浙江乡试一,得士称盛。擢左都御史、礼部尚书。《显考子怀府君行状》云:道光十一年(1831),王茂荫在京以监生应京兆试中举时,"座师为户部右侍郎山阳李芝龄先生"。道光二十一年(1841)王茂荫祖母去世后,李宗昉受王茂荫之请为其祖母作传。

② 王铭诏、王铭慎:《显考子怀府君行状》,清光绪十三年刻本。

不断提出异议，结果遭到反对派的攻击和咸丰皇帝的申饬。咸丰四年三月他被调兵部任右侍郎，旋转左侍郎。咸丰八年（1858）七月，他以病请求开缺。咸丰皇帝死后，同治皇帝即位，但主持朝政的是慈禧与议政王奕䜣，他们为稳定局势，起用了一批老臣，王茂荫是其中之一。

王茂荫复出后，同治元年（1862）四月代理都察院左副都御史，后任工部右侍郎兼管钱法堂事务。同治二年（1863）二月，调任吏部右侍郎，这是他一生中最后一个职务。同治二年六月，办案于山西的王茂荫得知为避战乱逃难江西吴城的继母病逝，遂奏明回京，绕道奔丧。因太平军与清兵激战频仍，道途阻塞，年近古稀、自身有病的他吃尽了苦头，在省城安庆侨居了一段时间，直到同治四年（1865）四月，方得扶继母灵柩回里安葬。因老家杞梓里遭兵火，里舍已成废墟，他只好在同邑水南义成村买下朱姓的旧房，稍加修葺，举家迁居。这年六月中旬，他旧病复发，延医服药，终不见效，六月二十一日，弥留之际的他口授遗折，以国恩未报，亲丧未葬为憾。这个遗折后由家人委托两江总督李鸿章代奏。六月二十二日（8月13日）申时，他在义成家中去世，后人将其葬于义成对面岑山渡御史山的半山之中。

王茂荫的桑梓地歙县杞梓里，是一个"山深不偏远，地少士商多"的山区，旧时这里老百姓生活生产条件相对艰难，他们吃杂粮穿土布习以为常，生活俭约，性情刚直。这种俭约、刚直的习性对王茂荫深有影响，他一生没有什么特殊嗜好，寡营欲，崇俭约。从道光十二年（1832）九月高中进士入仕，到同治二年（1863）六月乞假奔继母丧事辗转回里，王茂荫在京城为官三十余年，除了咸丰八年（1858）七月因病请求开缺后在东城玉清观住过一段时间，咸丰九年（1859）受延请主讲潞河书院后在潞河寓所住了一段时间，其余月日均孑身居住在北京宣武门外的歙县会馆中。在他生活的那个时代，当上京官的人是可以长期带家眷的，而他却是一个例外，他在京师为官三十余年，夫人至京邸探亲只有咸丰六年一回，而且进京时把家中纺纱机也带去了，同样住歙县会馆房舍，才几个月，夫人就回到老家操理家务。他天性重孝友，为官以后，之所以始终将家眷留在老家，是为了让夫人代他孝敬祖母和父母，以免己过。

歙县有旱南与水南之分，王茂荫的祖居地和他本人出生地都在旱南杞梓里，晚年迁居地义成村在水南。为官京都的王茂荫南回省亲或奔丧，大多是回到杞梓里，唯独最后一回即同治四年（1865）四月千里迢迢、辗转扶继母吴太夫人灵柩回籍安葬，到的是迁居地义成。

他对祖母怀有极深的感情，祖母七十大寿之年即道光七年（1827），"远方士大夫及徽人士为诗文表其节孝者，凡二百余人"①，士林中有这么多的人以诗文颂赞其祖母节孝，显然与王茂荫分不开，当时他年方三十，虽然尚未博得功名，但在文坛已崭露头角，交结名流甚多。他高中进士当上京官以后，有过三次告假省亲，两次奔丧回里。高中进士那年（道光十二年即1832年），他回老家探亲，主要是思念七十五岁的祖母。祖母八秩荣寿之年，他告假提前回老家祝寿。鸦片战争爆发的道光二十年（1840）十月，王茂荫从外地办完公事回京，顷接家信，得知祖母老景日甚，望云思亲，不能自已，当即作述怀诗四首。大年初一，他就想乞假归省，同人劝他暂缓，他没有听从，还是决意南归。当他于道光二十一年（1841）二月抵家时，知祖母已于正月初八日（1841年1月30日）见背，心情极为悲痛，抚棺长号，自恨归晚。

王茂荫丁祖母忧在籍期间，做了两件很要紧的事：一是将歙县志书所载自唐代以来共计八千余名孝贞节烈妇女详细汇总，报请旌表；二是在父亲王应矩的口述下，濡泪和墨，以父亲的名义，将祖母一生苦节之事撰写成两千余字的《旌表节孝覃恩貤封太宜人显妣方太宜人行略》，又将祖母七十岁时四方文士的颂辞缀辑成文。道光二十三年（1843）服除，他将祖母的行略和缀辑成文的四方文士颂辞一并带入京师，请他当年在京城考举人时的主考官、大宗伯江苏山阳人李宗昉（1779—1846）为祖母作《诰封太宜人王母太宜人传》，又请道光十一年进士、与汤贻汾齐名的山水大画家浙江钱塘人戴熙（1801—1860）和同年进士、翰林院编修、山水画家广

---

① 李榕：《貤赠太宜人晋赠太夫人方太夫人墓表》，见2005年中国档案出版社出版曹天生点校整理《王茂荫集》282页。

东顺德人蔡锦泉（1809—1859）共同绘了一幅《贞松慈竹图》。这幅名画高约 100 厘米，宽约 200 厘米，画面上除了松竹和题款外，还有很多名流题咏。"一时名流题咏，竟成巨册，于是有《节孝录》之刻"①。咸同年间，仍有众多名流在《节孝录》上题识，有祁寯藻、张穆、莫友芝、许乃普、汤金钊、郭嵩焘、翁心存、宋晋、宗稷辰、何璟、孙衣言、方宗诚等数百人。

歙南民间有王茂荫"跪跪到石壁，哭哭到义成"的说法②，说的正是王茂荫的两次回里奔丧，一为家父王应矩病逝，一为从外地扶继母灵柩回里安葬。

道咸年间，身任京官的王茂荫曾不止一次地与同僚乡党、仁人志士参与明末清初著名思想家顾炎武祠堂会祭活动。

顾炎武取号亭林，世人尊称他为亭林先生。他是中国十七世纪杰出的爱国活动家和唯物主义思想家，与黄宗羲、王夫之并称为"明末清初三大儒"。基于顾氏在学界、思想界的巨大影响，道光二十三年（1843）十月，山西著名学者张穆与他的国子监同窗何绍基发起，在北京广安门内报国寺旁建成"顾亭林祠"，供奉顾炎武为学界精神领袖，号召世人弘扬顾炎武倡导的"天下兴亡，匹夫有责"精神与研究边疆保卫国家的学说。每年有春祭、秋祭与顾氏生日三次公祭活动，前后持续了八十年（1843—1922），其间因太平天国内乱与八国联军侵华而两度中止。祭祀典礼庄重肃穆，与祭者有朝臣与学者。最初的两次祭祀即道光二十四年的春祭与顾氏生日祭，王茂荫都因为在老家守制没有赶上。这年秋天，已回京的王茂荫在奉命充会试收卷官之后，参与了九月九日的秋祭，这是他第一次参与顾祠会祭，与祭者中有他的同乡郑复光。到道光二十七年（1847）为止，王茂荫连续三年参加了春秋两季的会祭，道光二十七年还参加了顾炎武先生的生日祭祀。道光二十八年（1848）三月廿八日，他在京接到父亲患病的家信，次日是顾祠春祭之日，他仍然坚持参与。参加这次春祭之后，他便告假匆匆离京

---

① 王铭诏、王铭慎：《显考子怀府君行状》，清光绪十三年刻本。
② 石壁又称石壁坑。歙南杞梓里地处高山峻岭，多石壁坑坎。王茂荫奔祖母和父丧事回里到的都是杞梓里，途中就得下马行跪。"哭到义成"，是指同治四年扶继母灵柩到义成经营卜葬事。

南归。等他赶到老家歙南杞梓里，"甫抵里门，已闻凶耗"，得知父亲已于三月十八日亥时病逝。

丁父忧服除回京后，咸丰二年（1852），王茂荫参加了秋七月会祭，从此直到同治四年去世，他因倡导币制改革，擢升为户部右侍郎兼钱法堂事务，成为清廷主管金融财政工作的要员，事务繁忙，随后又受到"申斥"和突然得病、开缺疗养，以及在同治朝复出后办案山西和奔继母丧事回籍等原因，他没有机会再参加会祭。他参与会祭共十次①。除了参与规模会祭之外，值张穆生日及离世十周年之际即咸丰九年（1859）十月九日，王茂荫与祁寯藻还去顾祠缅怀祭祀过一次，事后小酌，祁氏有诗纪事："雨后重寻九日花，拾遗况得伴王嘉。酒从东郭携来便，山到西台尽处斜。叹息故交存俎豆，摩挲陈简出麻沙。（原注：与子怀互校《毛诗》郑笺疑字）。苍松偃蹇工看客，应笑吾生也有涯。"②

## 第四节　忠孝两全

王茂荫为官之日，牢记祖母教诲，无论擢升或谪降，均以国事为重，恪尽职守。他为人耿直，遇事敢言，不避权要，有古大臣之风。他在咸丰、同治两朝前后上了一百多个奏折，讲的都是国计民生大事，知无不言，言无不尽，真正做到宋人李师中在一首诗中所说的："孤忠自许众不与，独立敢言人所难。"③

① 光绪己亥（1899）七月重装《顾先生会祭题名第一卷子》，吴郁先敬题签。

② 祁寯藻：《馥馣亭后集》卷十七"十月九日故人张石州生日也，与王子怀祀于顾祠，归饮小斋七叠前韵"，见国家清史编纂委员会文献丛刊《祁寯藻集》第二册第468页，三晋出版社2011年版。

③ 此为宋人李师中诗句。宋人唐介任台官时，曾疏奏宰相之失，宋仁宗发怒，将其谪为英州别驾，朝中士大夫以诗送行者颇多，唯李师中待制七律《送唐介》与众不同，为人所传诵。其诗云："孤忠自许众不与，独立敢言人所难。去国一身轻似叶，高名千古重于山。并游英俊颜何厚，未死奸谀骨已寒。天为吾君扶社稷，肯教夫子不生还？"诗的大意是：大凡以孤忠自许的人，大家都颇不认同，但世上缺少的正是能够独立谏言的人。离开国都，便如落叶离树，飘然而去，真正留下的是先生的千古高名，重于泰山。同朝为官的所谓才俊们都缄口不言，奸臣未死，忠骨已寒。上天如果真是为了皇上扶持社稷，怎么肯让夫子你不活着回来呢？

王茂荫坚持讲真话，不惜犯颜直谏。为了币制改革，他一再上疏，力持正论，得罪了户部尚书花沙纳等反对派，得罪了亲王大臣，直至得罪对他有知遇之恩的咸丰皇帝，受到申斥，被调离户部。其实，王茂荫真正得罪咸丰皇帝，致使龙颜大怒，将他安排做闲官，还是咸丰五年（1855）二月二十九日所上《请暂缓临幸御园折》。

王茂荫直言敢谏遭受挫折，正直之士对他表示敬仰。守洁才长又兼通方略的湖南人吴大廷称誉王茂荫"直声清节，上至公卿，下至工贾隶圉"[①]。与王茂荫同朝为官名臣何璟说："新安王子怀先生，立朝三十年，謇谔尽诚，著于中外。"[②]安徽石埭（今石台县）人杨德亨说王茂荫"立朝敢言，俨如奇男子之所为"[③]。清末翰林许承尧曾一再声称：王茂荫单凭《请暂缓临幸御园折》，即足以名留千古！

王茂荫在同治朝复出之初，有道"上谕"肯定他"志虑忠纯，直言敢谏"，他去世前告诫后人这八个字是"皇上天语"，不可遗忘。他去世后，长子王铭诏遵父遗训，选了一方青田冻石，请名家镌刻了题为"直言敢谏之家"的印章。这方印章现存歙县博物馆。[④]

王茂荫严于责己，宽以待人。人有过，他总是正言规劝，言辞温婉。对儿辈管教甚严，次子王铭慎北上省视侍奉，他总是令其下帷读书，不准

---

① 吴大廷：《阮陵吴大廷序》，清光绪十三年刻本《王侍郎奏议》。

② 何璟：《王节母方太宜人行略》题识，见2005年中国档案出版社版曹天生点校整理《王茂荫集》第302页。何璟（？—1888），广东香山（今中山）人，字小宋，道光二十七年（1847）进士，选庶吉士，授编修，历任监察御史、安徽庐凤道。咸丰十一年（1861）入曾国藩军总办营务处，同治二年（1863）任安徽按察使，同治三年（1864）与南下奔丧（丁继母忧）而暂时侨居安庆的王茂荫相遇，王氏出示祖母守节事略，何璟读后写了题识。何璟后任福建巡抚、闽浙总督等职。

③ 杨德亨：《王节母太宜人行略》题识，见2005年中国档案出版社版曹天生点校整理《王茂荫集》第346页。杨德亨（1805—1876），安徽石埭（今石台县）人，字仲乾，清代贡生，壮岁穷经。太平军据徽期间，携家人流离江右，侨寓安徽省城安庆，著有《读阳明拙语》《尚书志居读书》四卷、《尚志居集》九卷。其为《王节母太宜人行略》的题识撰于同治年间。当时，王茂荫绕道奔继母丧，扶灵柩归里，因乡不靖而暂时侨居安庆。

④ 据王茂荫玄孙王自珍（1923—1998）生前撰文介绍，此印原由王茂荫曾孙王桂鋆（1869—1945，字采南）转让歙县雄村人曹益丞。"文革"期间，曹氏将此印章上交雄村公社，1979年雄村公社将此印章转交歙县博物馆。

干预外事。他曾一再告诫子侄们，"对乡里事，只可分其劳而不可居其功"[1]。他告诫后人还有两段话，说得很绝，至今仍发人深省。一段是：

> 日后子孙非有安邦定国之才，不必出仕，只可读书应试，博取小功名而已。[2]

还有一段是：

> 凡人坏品行损阴骘，都只在财利上，故做人须从取舍上起。富与贵是人之所头章，学者最宜亲切体认此处得失。利害关头，人心安得无动？惟当审之以义，安之以命。古云：漏脯充饥，鸩酒止渴。非不暂饱，死亦随之。当时时作此想，则自然不妄取。渴不饮盗泉水，热不息恶木阴。有志者须极力持守，方可望将来有成。[3]

在王茂荫看来，有学问不一定要当官，但是为官者必须有学问。没有治国安邦之才，就不必为官从政。王茂荫的后世子孙对这条家训坚守不移，近一个半世纪来，王氏子孙出仕为官凤毛麟角，而通过读书应试博得功名成为人才者却不止一二，其中有三十年前（1985）屯溪一中理科高考状元，后录取中国科技大学，现在国外发展的王茂荫六世孙王义华，有毕业于北京钢铁学院，现在国外发展的王茂荫七世孙王珲等。王茂荫说"凡人坏品行损阴骘，都只在财利上""命里无时，即取尽非义，终归于无"，这话说得太到位了，古今中外的贪官，有哪一个的结局不是如此？！

王茂荫的祖母方太夫人"悯阨穷，拯危难"，在乾隆、道光年间远近

---

① 鲍康：《恭祝诰封一品夫人王母洪夫人寿序》。鲍康（1810—1881），字子年，自号观古阁主人，又号臆园野人，歙县岩寺（今属徽州区）人。道光十九年（1839）应乡试中举后，随叔父文渊阁直学士鲍桂星居京城，咸丰四年（1854）应礼部试，不第，后相继任内阁中书和四川州知府，因积忤上官去职，退隐北京臆园，潜心研究古钱币，著有《观古阁泉说》和《大钱图录》等，在京与王茂荫有过从。该"寿序"系鲍康为王茂荫继配夫人洪氏所作，原悬挂王茂荫义成故居中堂，后散佚。

② 王茂荫：《家训和遗言》，王茂荫孙王经宬恭录，王经宬孙王自珍标点整理，陈平民主编，徽州地区社科联会刊《徽州社联》双月刊时编发于该刊 1984 年第一期。又见曹天生点校整理的《王茂荫集》，中国档案出版社 2005 年版。

③ 王茂荫：《家训和遗言》，王茂荫孙王经宬恭录，王经宬孙王自珍标点整理，陈平民主编，徽州地区社科联会刊《徽州社联》双月刊时编发于该刊 1984 年第一期。又见曹天生点校整理的《王茂荫集》，中国档案出版社 2005 年版。

闻名。王茂荫的父亲王应矩急公好义，乐善好施，在桑梓也留下很多佳话。王茂荫继承了先人遗风，生活极为简朴，而对穷苦者则尽力资助。淳安王子香是他的启蒙老师，后来家道零落，王茂荫将王先生儿子招来，勉劳勉励，年终寄钱资助。对同僚中的孤苦者，也按时资给，习以为常。宗族修家庙，家乡通道路，造桥和修堤坝，他都量力资助。王茂荫在家训和遗言中告诉后人：他"存心不敢做坏事""立意要做好事"，是因为"存惧天谴，畏人言之心"。一个官居二品的人，有如此"敬畏"之心，实在难得！王茂荫官居二品，家中并未因其显贵而巧取豪夺一瓦一垄。这些，都值得今人学习。

王茂荫生前曾平静地告诉世人：

> 我以书籍传子孙，胜过良田百万；我以德名留后人，胜过黄金万镒。自己不要什么，两袖清风足矣！①

王茂荫原配夫人洪氏早逝，为歙县三阳坑国学生洪伯㷷（又名伯烍，字融光，号晴村）之女，洪氏奶奶为胡宗宪7世孙女；配夫人吴氏，歙县岔口国学生吴大霞之女，亦早逝。因吴大霞为吴柳山从侄，故王茂荫实为恩师吴柳山从孙女婿。王茂荫继配夫人洪氏，歙县三阳坑中村洪观政之女，生三子二女，长子明诏（又名祥麟，字宪三，号竹岩，考名铭诏），次子明治（又名钟灵，字安丞，又字致丞，号密斋，后更名铭慎），三子明训（又名毓麟，字迪丞，又字定藩，号敏斋，考名铭镇）。王茂荫长女嫁歙三阳坑洪承基，洪承基之父为王茂荫二姑父洪伯成之侄，因长女无子，以夫弟洪承炜之子洪惟敬继嗣，洪惟敬之子洪谦（1909—1992），谱名宝瑜，又名潜，号瘦石，中国著名哲学家；次女嫁歙县西溪名儒汪仲尹（又名宗沂）。

王茂荫生前养病期间曾亲自"辑其奏议若干篇，汇为四卷，藏诸巾笥，不以示人"②。他只想将自己奏疏传家垂示子孙，而无刊刻行世之念。他离世后，儿辈及其生前好友又重新编辑定名《王侍郎奏议》，于马克思《资本论》

① 王璜：《王茂荫后裔访问记》，见民国二十六年（1937）4月25日上海出版的《光明》半月刊第2卷第10号。
② 吴大廷：《阮陵吴大廷序》，清光绪十三年刻本《王侍郎奏议》。

第一卷首次问世之年即公元 1867 年（清同治六年）刊刻行世。这是王茂荫的主要著作。清光绪年间，王氏后人有过两次刊刻。第四次刊刻是在 1991 年，系由安徽省古籍办组织点校，黄山书社出版。王茂荫的另一著述《皖省褒忠录》，在他生前就有刊刻。

王茂荫的货币观点乃至经济思想都极具特色，政治、军事、人才、吏治以及管理思想也非常丰富，卓尔不群，值得深入研究。

《皖省褒忠录》是王茂荫生前刊行的著作。编著此书动义，始于咸丰三年（1853），咸丰九年，王茂荫利用开缺养病之暇，将皖省京官给事中定远人方濬颐、御史泾县人吴焯、怀远人林之望共同收集的资料编辑成书稿，亲自撰序。同治元年（1862）皖省军务基本告竣，王茂荫重新复出，在志同道合者中募捐醵金，将编著的作品刊行于世。该著系线装本，木刻，不分卷，扉页印"咸丰己未年　奏皖省褒忠录"，内文有王茂荫撰《皖省褒忠录序》，落款"同治元年八月上浣赐进士出身工部右侍郎古歙王茂荫谨序"。当时，王茂荫官工部右侍郎兼钱法堂事，居北京潞河寓所。

《皖省褒忠录》刊有咸丰皇帝谕旨五道、同治皇帝谕旨一道，还有清廷议恤公启、邮典须知、申报议邮图式、履历清册与旌恤条例；书后辑录咸丰九年五月奏报的皖省各府州县殉义人员名单、身份，间或附有殉义简况。

王茂荫在《皖省褒忠录序》中，开宗明义地对"忠"作了解说。他说："昔周公制《谥法》，危身奉上曰忠。欧阳公曰：'士不忘身不为忠，岂不以缘饰经术尚可伪为。惟临大节而不夺，乃足以让扶纲常，砥砺风俗哉。'"又说："皖省素崇气节，自咸丰三年军兴以来，士民倡团杀贼力竭，捐躯无丝发顾虑，即妇女孩提亦知敌忾同仇，舍生取义，于此见民彝之不泯，而我朝培养之泽，感人者深也。"

# 第二章　王茂荫研究

## 第一节　王茂荫的经济思想

王茂荫的经济思想集中体现在三个方面：货币观点与币制改革；重商恤商与借助商人资本；保护富民与养护地方元气。

### 一、货币观点与币制改革

王茂荫举进士后长时期供职户部，对户部事务较为熟悉。有清一代，他不是建议发行钞币的第一人，却是清咸丰朝倡议发行钞币的第一人，指导其行钞思想的基本理论观点是"以实运虚"[①]，这也是他主张币制改革的基本立足点。他在主张行钞的方案以及币制改革中，一再申明这一点。"纸虚银实"，这是中国历史上货币金属论者的一贯观点。王茂荫基本上也是货币金属论者，但他是其中特殊的一个，关于这一点，将在本书第三章论及。

太平天国革命爆发的前十余年间（1832—1851年，即道光十二年至咸丰元年），供职户部的王茂荫，"历考古来圜法利弊，悉心研究，积思十余年。及入谏垣，即上钞法十条，为权宜济用之计"[②]。

咸丰元年（1851），为了镇压太平天国革命，清政府财政支出迅速增加，而财政收入则因统治区域日益缩小而急剧减少，作为币材的铜又因主要产地云南受战乱影响而无法运输，这就使清政府的财政危机和货币危机日益严重，以致难以为继。一向关心国计民生的王茂荫，这时深感理财是当务

---

① 王茂荫：《论行大钱折》，《王侍郎奏议》卷六·省稿一。
② 王铭诏、王铭慎：《显考子怀府君行状》，清光绪十三年刻本。

之急。太平天国革命爆发时，王茂荫正丁父忧在老家，这年六月，服除回京到户部述职，七月十一日，补授户部江西司员外郎，八月初四日补授陕西道监察御史（从五品），九月初二日，他向登基不久的咸丰帝上了《条议钞法折》，建议发行钞币（即纸币）。这是他为缓和清政府的财政危机而提出的第一个币制改革方案。

在这个奏折中，王茂荫开宗明义地说："粤西之军务未息，河工之待用尤殷，国家经费有常，岂能供额外之用？""理财亦正不容缓"①。但如何理财，解决国家财政，这却很有讲究。当时户部大臣"有开捐例之议"，所谓"开捐例"，就是政府实行捐纳举人、生员和入赀拜官制度，用今天的话来说，就是要国家把文凭、职位公开都当作商品来出售，以此增加财政收入。王茂荫认为"开捐例"弊病实在太多，不可实行。他说："臣观自汉以来，不得已而为经国之计者有二：一曰铸大钱，一曰行钞币。"②铸大钱和行钞币，都是既有利也有弊的。经过"两利取重、两害取轻"之权衡，他认为还是行钞币为上策。深思熟虑之后，他拟订了发行钞币方案。

这个方案主要内容包括十个方面：一为推钞之弊；二为拟钞之值；三为酌钞之数；四为精钞之制；五为行钞之法；六为筹钞之通；七为广钞之利；八为换钞之法；九为严钞之防；十为行钞之人。

方案的核心是建议政府发行由银号出资替政府负兑现责任的钞币。

王茂荫认为，行钞"不能无弊"，只能是在财政极端困难时所采取的一种"不得已之计"，因此要使钞币行得通，必须注意防弊，要"先求无累于民，而后求有益于国"③。他所说的"防弊""无累于民"，实质是防止通货膨胀。他认为，钞币的作用是辅助金属币之不足，而不能代替金属币，发行钞币只是"用钞以辅银，而非舍银而从钞"④。所以，他特别强调，要发挥金属币对钞币的辅助作用，认为这是维持钞币信誉的一个不可缺少的

① 王茂荫：《条议钞法折》，《王侍郎奏议》卷一·台稿一。
② 王茂荫：《条议钞法折》，《王侍郎奏议》卷一·台稿一。
③ 王茂荫：《条议钞法折》，《王侍郎奏议》卷一·台稿一。
④ 王茂荫：《条议钞法折》，《王侍郎奏议》卷一·台稿一。

条件，并把这个条件概括为"以实运虚"。这个"以实运虚"，就是王茂荫解释钞币流通的基本观点，也是他的币制改革方案的立足点。这一观点，是以他对钞币的数量及其价值的相互关系的认识为依据的。他在总结中国历史上发行钞币的经验教训的基础上，指出：钞币发行要做到"行之以渐，限之以制"①，而且要有个"定数"，否则，"钞无定数，则出之不穷，似为大利，不知出愈多，值愈贱……种种扰民，皆由此出"②，"造钞太多，则壅滞而物力必贵"③。王茂荫提出的"以实运虚"法的核心内容，是"以数实辅一虚"。具体做法是：国家发行以制银为单位的银钞（纸币），面额分十两、五十两两种，最高发行额要严格限制，并且采取审慎的办法在若干年内逐渐发行到这一最高限额；银钞发行后，白银并不退出流通，而是以若干倍于银钞的数量和银钞同时流通。正是基于这一设想，在第一个方案中，他根据当时清政府每年只有数千万两白银的收支情况，建议政府"每岁先造钞十万两，计十两者五千张，五十两者一千张。试行一二年，计可流通，则每岁倍之；又得流通，则岁又倍之。极钞之数，以一千万两为限。盖国家岁出岁入，不过数千万两"④。显然，他是主张用限制钞币发行量并使它同白银保持一定联系的办法，来防止通货膨胀。

王茂荫强调国家发行钞币必须"以数实辅一虚，行之以制，限之以渐，用钞以辅银，而非舍银而从钞"，认为只有这样才不会出现"壅滞之弊"⑤。这就表明，他对纸币流通规律是有粗浅的认识的。这个规律正如马克思在《资本论》中所阐述的那样：

> 纸币流通的特殊规律只能从纸币是金的代表这种联系中产生。这一规律简单说来就是：纸币的发行限于它象征地代表的金（或银）的实际流通的数量。⑥

---

① 王茂荫：《条议钞法折》，《王侍郎奏议》卷一·台稿一。
② 王茂荫：《条议钞法折》，《王侍郎奏议》卷一·台稿一。
③ 王茂荫：《条议钞法折》，《王侍郎奏议》卷一·台稿一。
④ 王茂荫：《条议钞法折》，《王侍郎奏议》卷一·台稿一。
⑤ 王茂荫：《条议钞法折》，《王侍郎奏议》卷一·台稿一。
⑥ 马克思：《资本论》，人民出版社 1975 年版第一卷，第 147 页。

在十九世纪中叶，王茂荫对纸币流通的规律就有如此程度的认识，这实在是难能可贵的。但是，王茂荫和所有的金属主义者一样，没有确切地找到钞币和金属币之间的联系。他不了解，只要代替金属币执行流通手段职能的钞币发行量，没有超过流通中所需要的货币量，即使流通中的货币都由钞币来代替，而完全没有金属币在流通，钞币也不会贬值。王茂荫在自己的方案中还规定，钞币可以向银号兑取现银，从表面看他所主张发行的银钞是可以兑换的，其实不然，因为他的方案中没有明确规定银钞的发行者——国家，应负兑现责任，国库也没有把现银作为兑现的准备金存放在银号中。既然如此，兑现就不可能有真正的保证。王茂荫的货币观点，或者说他的第一个币制改革方案的主要局限性，也正在这里。

继王茂荫提出第一个币制改革方案之后，咸丰二年（1852）六月和九月，福建巡抚王懿德和署镶红旗蒙古都统花沙纳，也分别疏请行钞。在王茂荫、王懿德、花沙纳三人的相继奏请之下，清政府便决计施行。咸丰三年初，在太平军占领武昌之时，咸丰帝旨派左都御史花沙纳和陕西道监察御史王茂荫会同户部堂官，速议钞法章程，奏明办理。

王茂荫的行钞方案是一种力图防止通货膨胀的有限的行钞计划，按照他所说的审慎发行、逐步增加的办法，需要较长时间才能达到最高限额一千万两，这对当时财源枯竭而又急等钱用的清政府来说，根本不能满足胃口，因而他的方案被搁置一边，采纳花沙纳的方案，这也是意料中的事。花沙纳主张发行面额一两到五十两五种，先发行一万万两，以后随时可以添制。他认为，只要印制银票的铜版一动，"造十万则十万，造百万则百万"[1]，国家可以用严刑峻法强制发行。显然，这是一种以通货膨胀来残酷搜刮民财的措施。王茂荫对这一主张，虽然持不同意见，但它却是走投无路的清政府所需要的。

咸丰三年（1853）正月初八日，王茂荫就钱法问题又给咸丰上了两个奏折，一个是《条奏部议银票银号难行折》，一个是《请将钞法前奏再行详议片》。前一奏折主要是劝谏咸丰不宜采纳花沙纳的主张，后一奏折是

---

[1]《清史列传·花沙纳传》。

要求再次审议自己的方案。他的观点很鲜明："夫行钞，首在收发流通，惟收之能宽，斯发之不滞。今银票之发，惟以抵存本，而收惟以报常捐，上下均隘其途，安得而流通乎！"①他再次强调国家发行钞币，"其要，尤在行之以渐，而限之以制。若一旦骤造数十万，势必不行"②。他说得很对："事非通筹大局，深究始终，未易得其要领。"③咸丰三年五月，清政府终于按照花沙纳的方案发行了大量的以制银为单位的"银票"（亦称"户部官票"）。同年腊月，又发行了以制钱为单位的"钱钞"（亦称"大清宝钞"），面额最初分为二百五十文、五百文、一千文、一千五百文和二千文数种，后又增发五千文、十千文、五十千文和百千文等大钞。

　　尽管咸丰皇帝没有采纳王茂荫的方案，但考虑到他是本朝第一个建议行钞之人，并且系户部司员出身，对户部事务较为熟悉，因此咸丰三年十一月初二日，仍将王茂荫擢任为户部右侍郎兼管钱法堂事务。王茂荫因而成为清政府主管财政货币的大臣之一。由于现行钞法并非按照他的方案施行的，因此他恳请辞职，但不蒙允许，于是只好带着忧心忡忡的心情走上了户部右侍郎兼管钱法堂事务岗位。说王茂荫长期供职户部，这是当时主管户部的大学士、王茂荫的老上司祁寯藻于咸丰三年正月十九日在《为请派御史王茂荫会同户部筹划钞法事奏折》中最先说的，其中有言"该御史本系臣部司员出身，于理财之道向所熟悉"④，随后，咸丰皇帝授王茂荫以户部右侍郎兼管钱法堂事务，王茂荫自陈才力不及，恳请辞职。咸丰皇帝诏见他时，他又当面恳辞，咸丰面谕："汝在户部多年，各事熟悉。"⑤

　　王茂荫成为主管清政府财政货币事务要员不到二十天，就针对当权大臣奏请添铸当百、当五百、当千三种大钱的主张，以及咸丰皇帝朱批"所奏是，户部速议，具奏"的局势，给咸丰上《论行大钱折》，表示反对意见。实

① 王茂荫：《请将钞法前奏再行详议片》，《王侍郎奏议》卷三·台稿下。
② 王茂荫：《请将钞法前奏再行详议片》，《王侍郎奏议》卷三·台稿下。
③ 王茂荫：《请将钞法前奏再行详议片》，《王侍郎奏议》卷三·台稿下。
④ 见国家清史编纂委员会·文献丛刊《祁寯藻集》第三册，山西出版集团·三晋出版社，2011 年出版。
⑤ 王铭诏、王铭慎：《显考子怀府君行状》，清光绪十三年刻本。

际上，王茂荫在开始建议行钞时就反对铸大钱，他认为行钞和铸大钱都是有弊病的，尤其是铸大钱弊病更多，主张行钞只不过是"两害取轻"。在《论行大钱折》中，他进一步申述了反对铸大钱的理由，指出："钞法以实运虚，虽虚可实，大钱以虚作实，似实而虚。"[1] 在这里，王茂荫已经比较正确地看出并且说明了钞币和大钱之间的区别。因为在当时的货币制度下，银两和铜（制）钱并用，无主币、辅币之分，所以大钱本身就是货币，只能按照它本身的价值流通。大钱的表面价值超过它本身的价值，就是"以虚作实"，在流通中，它必将回落到它实际所体现的价值。而钞币却是货币符号，它本身虽然没有价值，但只要发行量不超过现实流通中所需要的货币量，它就能代表货币执行流通手段的职能而不致贬值，这也就是王茂荫所说的"虽虚可实"。在这一奏折中，王茂荫还有力地驳斥了"国家定制，当百则百，当千则千，谁敢有违"这种国家决定货币价值的谬论，指出"官能定钱之值，而不能限物之值。钱当千民不敢以为百；物值百，民不难以为千"[2]。这一说法，正确地指出了国家只能规定铸币的表面价值，但却不能决定它的实际价值，不能决定它的购买力。王茂荫还分析了铸大钱必将导致"私铸繁兴""物价涌贵"。王茂荫尤其反对铸颁当百当千大钱，他劝谏咸丰说：

> 信为国之宝。现行大钱、钞票，皆属权宜之计，全在持之以信。守而不改，庶几可冀数年之利。今大钱分两式样，甫经奏定，颁行各省，大张晓谕，刊刻成书，未经数月，全行变更。当五十者，较向所见而忽大轻，当一百者，较向之五十而犹见轻。且当五百当千，纷见错出，民情必深惶惑，市肆必形纷扰，而一切皆不敢信。钱为人人日用所必需，裕国便民，所关甚重。万一如臣所虑，诚恐贻悔。[3]

为使咸丰明了铸颁大钱的后患，他还将历代大钱兴废资料，附于奏折之后供咸丰御览。

---

① 王茂荫：《论行大钱折》，《王侍郎奏议》卷六·省稿一。

② 王茂荫：《论行大钱折》，《王侍郎奏议》卷六·省稿一。

③ 王茂荫：《论行大钱折》，《王侍郎奏议》卷六·省稿一。

咸丰四年（1854）正月十二日，王茂荫在看到当百以上三种大钱式样之后，再次上《再论加铸大钱折》。在奏折的开头，他就说："臣职管钱法，惟当力求铸造精工，期能行，以仰圣意，何容更有所言，顾臣于此事夙夜筹思，实觉难行。"[1] 接着，他进一步阐述铸大钱最大之患是导致私铸。针对"私铸正可增官铸之用"的论调，他驳斥道："若奸人以四两之铜，铸两大钱，即抵交一两官银，其亏国将有不可胜计者"，"旧行制钱，每千重百二十两，熔之可得六十两，以铸当千，可抵三十千之用；设奸人日销以铸大钱，则民间将无制钱可用，其病民又有不可胜言者。"[2] 这就是说，铸大钱必将导致亏国病民，严重搅乱商业活动，加剧国家财政危机和货币危机，最后大钱本身名誉扫地，官府信用扫地。最后，他把话说得很绝："方今官票、宝钞，其省远过大钱，其利亦远过大钱，有一能行，利已无尽。大钱之铸，似可以已。"[3] 可是折子上呈后，仍被置之不理。

咸丰元年（1851）王茂荫提出币制改革方案时指出，过去历史上铸大钱，都是"不三五年即废"。而咸丰朝在咸丰三年八月始铸"当十""当五十"大钱的基础上，又于次年三月添铸"当百""当五百"和"当千"以上的大钱，结果很糟，不到五个月就不能流通了。实践证明王茂荫抵制铸大钱的主张是正确的。

本来，"银票"发行后，民间就出现了混乱，再加上"宝钞"的大量发行和当百、当五百、当千大钱的出笼，通货膨胀就更为严重。当时京城内外银钱铺户纷纷关门，连军兵也拒绝接受银票、宝钞和大钱，币值惨跌，百货奇缺，商店倒闭，民怨沸腾。著名历史学家罗尔纲先生藏书中记载有当时的情况："民间于钞法不知其利，而喧传其害，竟畏之如虎。十余日来，钱铺已关闭三十余处。昨日内外城一昼夜间陡然关闭者又不下二百余处之多。即素日资本富厚，最著名之钱铺亦皆关闭。粮店亦间有关闭者，街市扰攘，

---

① 王茂荫：《再论加铸大钱折》，《王侍郎奏议》卷六·省稿一。

② 王茂荫：《再论加铸大钱折》，《王侍郎奏议》卷六·省稿一。

③ 王茂荫：《再论加铸大钱折》，《王侍郎奏议》卷六·省稿一。

人人惊危。"①当年在京研究钱币的专家歙县人鲍康，直接见证了清咸丰朝颁发各类大钱和滥发不兑现的"户部官票"和"大清宝钞"，采取通货膨胀措施残酷搜刮民财，缓解清政府财政金融危机和政治危机。大钱有当十、当五十、当百、当五百、当千者五种，均为低值铸币。官票、宝钞均为不兑现的纸币。这些货币因无信用可言，开动机器滥铸滥印，随心所欲滥发，在流通中必然受阻，最后在民间成为"吵票"、废纸废物，那是肯定的。从鲍康《大钱图录》中《附与阎丹初论钞书》来看，他对咸丰朝的铸颁大钱和滥发不兑现的官票、宝钞，一概表示反对。他认为"大钱乃一时权宜之计，利少弊多"，又说"有本之钞易行，无本之钞难行"。咸丰四年（1854）三月十六日，鲍康在《论钞书》中如实记载了当时北京城钞币贬值的现状："凡以钞买物者，或坚持不收，或倍昂其价，或竟以货尽为词。有戏呼为'吵票'者……市肆情形又几于不可终日，商贾皆视钞法为畏途……争端纷起，讼版滋多。"②

面对这种残局，王茂荫"夙夜焦急，刻思有以补救之"。咸丰四年三月初五日，他向咸丰上了《再议钞法折》。这个奏折，实际上是他关于币制改革的第二个方案。

这个方案包括四条建议：一为拟令钱钞可取钱；二为拟令银票并可取银；三为拟令各项店铺用钞可以易银；四为拟令典铺出入均准搭钞。

他所说的"可取钱""可取银"，是指持票（银票、宝钞）人可以到银号、钱庄兑取属于国家的白银和制钱。可见，这个方案的核心内容是建议政府将不兑现的银票、宝钞改为可兑现的钞币。

到这里，我们已经可以清楚地看出，王茂荫就币制改革所提出的两个方案，都贯穿了一个基本精神，那就是反对通货膨胀。如果说第一个方案是通过事先限制钞币的发行量，来防止通货膨胀，那么第二个方案则是要通过兑现，来制止已经发生的通货膨胀。

王茂荫是一个特殊的金属主义者。在他看来：钞币是同名金属币的代

---

① 罗尔纲藏抄本《道咸奏稿》。
② 鲍康：《大钱图录》。

表，因此它的发行量不能超过能够流通的同名金币量；如果已经超过了这一限度，那就必须用兑现来加以"补救"；而要保证兑现，国家手里必须有一定数量的同名金属币。正是基于这一认识，他在第二个方案中谈到"宝钞"兑现时，根据当时政府已经发行百数十万"宝钞"这一现状，建议政府责成户部从户局每月解部之钱中扣下十余万串，三个月筹集三十余万串，以应付所发百数十万"宝钞"的兑现需要。他说："此法每年虽似多费数十万之钱，而实可多行百余万之钞。"① 为什么三十余万串现钱，就能应付百余万之钞的兑现呢？他认为，"有钱可取，人即不争取"，"有钱许取，人亦安心候取"，甚至"令半年后再取，人亦乐从；经过一次发钱，人知钞不终虚，自不急取"②。这就表明，尽管当时王茂荫思想上还没有明确的"准备金"概念，但他大体上已经认识到国家要保证钞币兑现，就必须有准备金，而且这一准备金的数量可以大大少于钞币的发行额。

从王茂荫关于币制改革的两个方案中还可以看出，他是力图借助银号、钱庄和商人的力量来推行币制改革。他之所以要这么做，是因为他目睹晚清时期封建官僚机构的贪污腐败，已经不能取信于民，看到"凡民畏与官吏交，而不畏与银号交"③，"生弊之人，商民为轻，官吏为重。商民之弊，官吏可以治之；官吏之弊，商民不得而违之也"④，商民交易，力为设法不经官吏之手。他认为，要使钞币顺利地进入流通过程，银号、钱庄在民间必须享有威信。因此，在第一个方案中，他曾建议清政府将印好的钞币分发各地银号、钱庄，责成它们代为发行，并给予每库平五十两仅令上缴市平五十两的微利。⑤ 在第二个方案中，他更为明确地指出：钞币流通"非有商人运于其间皆不行，非与商人以可运之方，能运之利，亦仍不行"⑥，"现行银票、钱钞，均属天下通行，而行远要以银票为宜，欲求行远，必赖通商，

① 王茂荫：《再议钞法折》，《王侍郎奏议》卷六·省稿一。
② 王茂荫：《再议钞法折》，《王侍郎奏议》卷六·省稿一。
③ 王茂荫：《条议钞法折》，《王侍郎奏议》卷一·台稿一。
④ 王茂荫：《再议钞法折》，《王侍郎奏议》卷六·省稿一。
⑤ 库平是我国古代国库出纳所用的天平，为全国统税的标准衡。市平即社会上一般用的标准衡。库平 1 两等于市平 1.1936 两。
⑥ 王茂荫：《再议钞法折》，《王侍郎奏议》卷六·省稿一。

欲求通商，必使有银可取"①。这些都直接地反映出，早在一个多世纪前，王茂荫对近代商业资本的力量和作用，就有相当程度的认识。

在《再议钞法折》中，王茂荫考虑到咸丰皇帝和一些亲王、大臣很难采纳他的第二个方案，于是他在奏折的结尾处申明：发行钞币是我最先提出来的，虽然现在用的不是我的方案，但吃了银票、宝钞苦头的人都责怪和怨恨我，因此"请旨将臣交部严加议处，以谢天下，而慰人心"。

咸丰看了这个方案后，大为恼怒，先是在朱批中斥责说："王茂荫身任卿贰，顾专为商人指使，且有不便于国而利于商者，亦周虑而附于条款内，何漠不关心国事至如是乎？并自请严议以谢天下，明系与祁寯藻等负气相争，读圣贤书，度量顾如是乎？……看伊奏折，似欲钞之通行，细审伊心，实欲钞之不行。且有挟而求，必应照伊所奏，如是欺罔，将谓朕看不出耶？此折着军机大臣详阅后，专交与恭亲王载铨速覆议，以杜浮言。"②亲王、大臣在咸丰四年（1854）三月初八日的审议报告中，不责怪自己无能，也指责王茂荫出尔反尔，是"以倡议行钞之人，为止阻塞钞路之言"③。三天后咸丰又发上谕："王茂荫由户部司员，经朕洊擢侍郎，宜如何任劳任怨，筹计万全。乃于钞法初行之时，先不能和衷共济，止知以专利商贾之词，率行渎奏，竟置国事于不问，殊属不知大体，复自请严议，以谢天下，尤属胆大……王茂荫着传旨，严行申饬。"④三月十二日，王茂荫调任兵部右侍郎，币制改革的发言权被解除了。

王茂荫被咸丰帝传旨严行申饬，是他政治生涯中的一件重要的事，也是当时轰动朝野的一件大事。这一事件被当时俄国外交人员搜集了去，向沙皇政府作了报告，写进了《帝俄驻北京公使馆关于中国的著述》。1858年该书又被德国人卡·阿伯尔和弗·阿·梅克伦堡译成德文版发行，马克思在撰写《资本论》的过程中看了这本书。马克思《资本论》第一卷83号

① 王茂荫：《再议钞法折》，《王侍郎奏议》卷六·省稿一。
②《咸丰东华录》卷二十六。
③ 咸丰四年（1854）三月初八日《军机户部折》，《中国近代货币史资料》第一辑（上册），第394页。
④《咸丰东华录》卷二十六。

脚注中说："清朝户部右侍郎王茂荫向天子上了一个奏折，主张暗将官票、宝钞改为可兑现的钞票。在 1854 年 4 月的大臣审议报告中，他受到严厉申斥。他是否因此受到笞刑，不得而知。"① 指的就是这件事。

从马克思的这段脚注可以看出，他对王茂荫遭受"申饬"是表示同情的。可以肯定地说，马克思之所以要在《资本论》中阐述货币问题时提到王茂荫，是因为在纸币能否兑现问题上，他发现王茂荫的观点与他的观点是完全一致的，因而对王茂荫的币制改革主张特别是"将官票、宝钞改为可兑现的钞票"这一主张，是肯定的。在马克思看来，纸币是以某种贵重金属为本位而发行的，因此它的兑现应当是不成问题的。他在《1857—1858 年经济学手稿》中，就清楚地写下了这样两段话：

如果纸币以金银命名，这就说明它应该能换成它所代表的金银的数量，不管它在法律上是否可以兑现。一旦纸币不再是这样，它就会贬值。②

只要纸币以某种金属（一般是一种）本位命名，纸币的兑现就成为经济规律，而不管它在法律上是否可以兑现。③

值得注意的是，马克思在《资本论》中所阐述的纸币流通规律——"纸币的发行限于它象征地代表的金（或银）的实际流通的数量"——正是他在提及王茂荫主张暗将官票、宝钞改为可兑现的钞票的同时，正式表达出来的。

王茂荫被调离户部后，对银票、宝钞继续贬值的局面，仍然十分关注，直到咸丰七年（1857）九月，他还上疏咸丰，建议"酌量变通钱法"。他认为只有"变通钱法"，才能"使夷人无收买之利而民间有流通之资"④。

王茂荫曾经说过，"我之奏疏，词虽不文，然颇费苦心于时事利弊，实有切中要害处，存以垂示子孙，使知我居谏垣，蒙圣恩超擢，非自阿谀

---

① 《马克思恩格斯全集》第 23 卷，第 146 页脚注 83。
② 《马克思恩格斯全集》第 46 卷下册，第 415 页。
③ 《马克思恩格斯全集》第 46 卷下册，第 419 页。
④ 王茂荫：《请酌量变通钱法片》，《王侍郎奏议》卷九·省稿四。

求荣中来"①。他的儿子们在他身后也有这样的评述："府君……于国计民生政事得失，知无不言，言无不尽。"②仅就币制改革而言，王茂荫确实做到了这一点。四年之间，他先后提出两个币制改革方案，中间一再力谏，甚至在被调离财政部门以后，时隔三年半还要就钞币流通中的弊病提出改革意见。这足见他是怎样的遇事敢言，持正不曲！正因为如此，1862年同治帝登基后对王茂荫十分器重，称誉他"志虑忠纯，直言敢谏"③，并于同治元年（1862）四月任命王茂荫署理左副都御史，三个月后又补授工部右侍郎兼管钱法堂事务，次年又调补吏部右侍郎。1865年六月王茂荫在籍病故后，同治帝也感到"轸惜殊深"，不仅指令礼部给王茂荫加恩，而且决定对王茂荫生前"任内一切处分悉予开复"④。

当时王茂荫被指责为只知"专利商贾"，而"置国事于不问"，是很冤枉的。因为，他虽然在奏折中说过不应该病民亏商一类的话，但其本意是想借助商业资本的作用和力量来缓和政府的财政危机。他主张由银号出资替政府负兑现责任，实在是对银号的一笔课税，怎么能说是"专利商贾"呢？在当时白银源源外流、财政支出日益紧张的情况下，他建议发钞，一是想控制白银外流，"使夷人无收买之利而民间有流通之资"，二是想以此来搜集民财，稳定国家财政。归根到底是为巩固封建政权着想的，这与他所提出的一些防剿太平军的方略是一致的。这又怎么能说"置国事于不问"呢？至于他的币制改革方案没有被采纳以及因此受"申饬"，主要是因为他的发行钞币要有一定数量的金属为本位的观点，以及反对滥发钞币和铸大钱等主张，不符合清政府残酷搜刮民财的要求，特别是他提出的钞币兑现的建议，更是触及了清政府财源枯竭、国库空虚的痛处。王茂荫希望通过实施他的方案，使清政府有一个比较稳定的财政状况，避免因滥发钞币而引起的社会经济混乱。但是，他不了解，在清朝已经腐朽了的社会经济

---

① 王铭诏、王铭慎：《显考子怀府君行状》，清光绪十三年刻本。
② 王铭诏、王铭慎：《显考子怀府君行状》，清光绪十三年刻本。
③ 王铭诏、王铭慎：《显考子怀府君行状》，清光绪十三年刻本。
④ 王铭诏、王铭慎：《显考子怀府君行状》，清光绪十三年刻本。

基础上，他所希望的稳定的财政状况，是不可能出现的。

王茂荫的货币观点，很值得我们重视和研究，尽管他的货币观点有一定的局限性，但这种局限性主要是由不发达的社会经济条件和历史条件造成的。按照历史唯物主义的观点看问题，应当肯定王茂荫在中国近代经济思想史上的地位和作用。

## 二、重商恤商与借助商人资本

### （一）重商恤商

王茂荫不仅出身于徽商家庭，更是成长生活在一个徽商的社会里，重商恤商观念相对浓厚。他的借助商人资本推进币制改革的思想，相对于同时代的士人而言，深刻得多、高明得多。

徽州山多地少，人口不断增长，而可耕获的土地却不能相应增多，人口与土地的矛盾日益尖锐。为了生存与发展，外出经商或为技艺，是旧时徽民的重要选择。明人金声就说过，徽州人不是生来就善于经商做生意，而是这个地方田狭人稠，情势逼迫而已①，因而向有"前世不修，生在徽州，十三四岁，往外一丢"之俗。

王茂荫的老家歙县旱南杞梓里，是有名的大山区。明清时期，这里外出经商的人特别多。道光二十一至二十三年（1841—1843），王茂荫丁祖母忧在籍期间，在社会调查的基础上，写了一篇《歙邑利弊各事宜》，文中列举了当时歙县地方经济社会发展中十六条弊端，其中很重要的一条就是商民的生命财产安全在地方得不到保障，呼吁地方官府予以"护恤"，他说：

> 邑民十室九商，商必外出，家中惟存老弱。地方棍徒往往借端生事，肆为欺凌。或诱其年久分析之，不肖亲房将伊田产盗卖，虚填契价，勒令取赎，否则强行管业；或诱其族邻以无据之账，挟同逼索，以便分肥。种种栽害，难以枚举。商民仗身谋生，多属帮伙，非能殷富，外出既无能与较，暂归念将复出，自顾身家，

---

① 金声原话："郡邑处历山，如鼠在穴，土瘠田狭，能以生业着于其地者，什不获一。苟无家食，则可立而视其死，其势不得不散而求食于四方，于是乎移民而出，非生而善贾也。"（见康熙《徽州府志》卷八《蠲赈·金声与徐按院书》）。

亦不敢与较。隐忍含泪不知凡几，愿有以护恤之。①

封建社会等级森严，"士农工贾"，商贾处于社会下层，官场士林中公开为商贾讲话，反映商贾诉求的人很少，而出身于商贾之家的王茂荫却是一个例外。王茂荫上给咸丰的奏折中，为商贾利益请命的话讲了很多。咸丰三年（1853）正月初八日，在《条奏部议银票银号难行折》中，他针对户部为推销"户部官票"建议咸丰帝"用银票之法，请于各省当杂各商生息帑本内，每酌提十分之三，解交藩库，报部候拨，户部核明银数，应造一百两、八十两、五十两之票若干张，汇发该省，按原提本银数目分给各该商。准令该省捐纳、封典、职衔、贡监之人，向各商买票报捐，归还原提银款，其各商应缴息银，仍如其旧。于商无亏，于事有济"等，他详细地分析后，指出：

> 臣闻各省州县皆有典规，岁数千两至万两不等。即平居无事，已视典商为鱼肉。今令州县以提帑本发部票，则必以火耗、脚价、部费为借口，而收钱有费，发票有费。费之轻重，固视官之贪廉。然官即能廉，吏亦断无空过之事。此商之一亏也。商之缴银也，限以三月。由州县而藩司，而报部，不知几月。迨部中核明银数，造票有时，发票有时，由该省以行至州县，分给各商，又不知几时。窃计自商缴银之日，以至领票之日，至速亦须一年。此一年中，该商等本银已缴其三，而息银仍如其旧，此息竟从何来？此商之亏又一也。商领银票，准令该省捐纳封典、职衔、贡监之人，向各商买以报销，归还原款。窃计捐生有银报捐，何为必欲买票？且买票入手，不知有无真伪；持票上兑，不知有无留难；何如持银上兑之可恃？苟非与该商素识，委曲代计补亏，断不向实。设领票年余，而素识中竟无欲捐之人，其票必悬而无着。则商之亏又一也。由前二亏，亏固难免；由后一亏，于更无期。于此而谓于商无亏，恐未可信。

---

① 《歙邑利弊各事宜》系王茂荫的一篇佚文。1984 年，王茂荫五世孙王自珍将该文断句标点，以《王茂荫的一份手稿》为题，在 1984 年第 2 期《歙县志坛》上首次发表。

咸丰三年（1853）三月，太平军已攻占南京，建立了以南京为首都的太平天国农民政权，五月起分兵北伐和西征。对清政权来说，形势是十分严峻的。政治形势的不稳定，必然导致经济萧条，必然反映在百姓日常生活的各个方面。实际上，早在咸丰三年二月，京城重地北京就出现了"钱店关闭者多，民心惶惶，几于不可终日"，时隔不久，"各项店铺之歇业者，竟自日多一日……恐有罢市之势"①。鉴于这一局面，署湖广道监察御史王茂荫给咸丰帝上了《请筹通商以安民业折》，对于搞活流通、振兴商业和稳定人民群众就业及百姓日常生活的关系是怎样直接与密切，王茂荫作了十分经典的表述，他说：

> 京城为根本重地，必得商贾流通，百货云集，方足以安民生。②

完全可以想象，如果没有坚固的民本思想和相当的商业知识，王茂荫看不到问题的严重性，也说不出这个话。

当时各类店铺之所以纷纷歇业，王茂荫的分析是："大抵因买卖之日微，借贷之日紧。夫买卖多寡，由于时势，非人所能为也。而借贷之日紧，则由银钱帐局。各财东自上年以来立意收本，但有还者，只进不出，以致各行生意不能转动。"③又说："臣愚以为，各行店铺之歇业，患在帐局收本。而帐局所以收本，虑在各行店铺之将亏其本而不能收。"④

王茂荫不仅反映问题，而且提出了解决问题的建议。他说：

> 拟请旨通行晓谕各银钱帐局，务宜照常各按旧章，到期收利换券，不宜将本银收起。其换券利息，亦不宜较前加增。倘各行店铺有不能交利者，准报官为严追。若店铺现在开设，不得立追本银。如此，则各行店铺可以暂保。再请将欠债律条酌改加重，倘将来各店铺有亏帐局借本者，照律严办，务为追还。如此，则各帐（局）财东亦可恃以无恐，而不必遽收。⑤

---

① 王茂荫：《请筹通商以安民业折》，《王侍郎奏议》卷三·台稿下。
② 王茂荫：《请筹通商以安民业折》，《王侍郎奏议》卷三·台稿下。
③ 王茂荫：《请筹通商以安民业折》，《王侍郎奏议》卷三·台稿下。
④ 王茂荫：《请筹通商以安民业折》，《王侍郎奏议》卷三·台稿下。
⑤ 王茂荫：《请筹通商以安民业折》，《王侍郎奏议》卷三·台稿下。

对于王茂荫的建议，咸丰皇帝写了很长一段"上谕"：

> 御史王茂荫奏，近日京城银钱帐局，立意收本，不肯借贷，以致各项店铺歇业居多。又典铺多不收当，贫民益难谋生等语。京师根本重地，必得商贾流通，方足以安民业。著步军统领、顺天府、五城剀切晓谕，凡挟赀经运之人，均各照常出纳，毋得故意习难，致使贫民失业。至开典铺，原以便民，应如何设法开导，令其照常交易之处，妥筹办理将此谕令知之。钦此。①

咸丰三年（1853）五月初三日，身为太常寺少卿的王茂荫再次上《关闭钱铺请展追限折》。当时通行的做法是：钱铺一旦关闭，官府即将该铺户押追，能在两个月内将银钱全数开发者免罪，若逾限不完，送部照诓骗财物律计赃，准窃盗论。一百二十两以上，发配附近充军。王茂荫认为这种做法不仅对商人对民生不利，对国家也是不利的。他上奏的目的就是"请暂展（关闭钱铺）追限，以恤商而利民"②。咸丰完全同意王茂荫的建议，命步军统领衙门、巡城御史体察情形，酌核办理。

咸丰三年八月十七日，王茂荫接到家信，得知昱岭关有匪徒拦路抢劫商人钱物。他情迫乡里，激情上陈，奏请咸丰谕示地方政府，把潜藏在这个由徽入杭或由杭入徽的咽喉地带的土匪全行拿获。

长江中下游特别是扬州，自古为四方商贾云集之地。咸丰三年，清政府为筹措军饷，批准了江苏布政使雷以諴的奏请，在长江南北各设一"捐局"，对来往商贩课以百分之一的捐税，并首先在仙女镇（今江都市）设局。可是，到了次年，扬州以下三四百里之内已有十余局拦江而设，以敛行商过客、假公济私，名曰"捐厘"，实同收税。这些"捐局"，有私设者，有假公济私者，商民怨声载道。王茂荫对此非常愤恨，他给咸丰呈递奏折，指出："局愈多，而民愈困，弊愈滋矣"③。对于"捐局"滥设的弊端，王茂荫作了分析与揭露：

---

① 王茂荫：《请筹通商以安民业折》，《王侍郎奏议》卷三·台稿下。
② 王茂荫：《关闭钱铺请展追限折》，《王侍郎奏议》卷四·寺稿上。
③ 王茂荫：《江南北捐局积弊折》，《王侍郎奏议》卷八·省稿三。

闻商贩莫盛于米粮，扬州府属泰州等处为出米之区，商民装载至苏出粜，置货而归，往来不空，稍获微息。兹以各局报捐，计米一石，成本制钱二千，历十余局捐厘，便加至千文，价不偿本，渐成裹足。苏、杭储积不充，势必采买维艰，商力因此而疲，民食由此而匮。他如杂货有税，银钱有税，空船有税；至于烟土、私盐，久干例禁，今则公然贩运，止须照数捐厘，便可包送出境，伤国体而厉商民，莫甚于此。①

　　他主张将那些假公济私的捐局先行裁撤禁止，将私设捐局和假公济私的捐局每月收捐号簿查获，按簿追赃充饷；尔后，再于江北、江南各设一正经捐局，分别接济扬州军营和镇江军营。这个主张，于商于国显然都有利。

　　王茂荫为商民为国家请命最具代表性的一件事情，是他在户部右侍郎任内一再上疏咸丰，主张将清政府发行的不兑现的"官票""宝钞"改为可兑现的钞票。王茂荫是清朝第一个主张发行钞币的，但他主张发行的钞币是可以兑现的，而且是限额发行的。可是，清政府后来发行的则是一种不兑现的纸币，而且无限制地滥发，结果在流通中受阻，信用扫地，被商民讥为"吵票"。据有关史料记载，咸丰三年，"官票"刚刚出笼，有商人拿着"官票"去缴税，税吏坚持要现银而不收"官票"，导致各地商帮生疑。为此，他坚决主张纸币"官票"兑现，于咸丰四年三月初五日再次上《再议钞法折》，主张用兑现办法挽回信用。结果被咸丰指斥为"专利商贾，不问国事"，并在一周之内免去其担任的户部右侍郎兼钱法堂事务之职，改任兵部右侍郎，旋转兵部左侍郎。

　　平心而论，咸丰指斥王茂荫的行钞方案是"专利商贾，不问国事"，未免冤枉了他。他建议行钞的初心，就是为了能解决或减轻清王朝的财政危机和货币危机，同时一再强调要防止因行钞而引发的通货膨胀，导致剧烈的社会动荡。他主张实行的钞币发行方案，有着双重目的，即"无累于民""有益于国"。正如已故著名学者孙树霖先生所言，这些正表明王茂荫对清王朝的耿耿孤忠，怎么能说他"置国事于不问"呢？

---

① 王茂荫：《江南北捐局积弊折》，《王侍郎奏议》卷八·省稿三。

在成为清政府主管财政货币事务的大臣前后，王茂荫的确说过不少重商护商的话，他的所言所行，与国家利益和社稷安危，也是密切相关的。试想，一个商品流通和货币流通渠道不畅、市场混乱、经济萧条的国家，其国运能昌盛吗？商业流通的规模化和程序化，是一个国家经济发展的根本。

（二）借助商人资本推行币制改革

王茂荫不仅不愿意通过发钞来损害商人利益，相反，他是极力试图借助商人资本，尤其是银号、钱庄等旧式金融行业的经营活动，来推行币制改革，将国家发行的纸币投入流通，同时使商人在经营活动中得到某些实际经济利益。

关于借助商人资本推行币制改革，王茂荫的理论和实践，主要体现在三个方面：

1. 主张让国家发行的钞币通过私营银号、钱庄而进入流通领域。

货币的产生，是人类社会发展史上的一次里程碑飞跃。货币是人类社会物物交换的产物。货币产生以后，人们之间交换劳动不再是原始的物物交换，而是通过货币这个一般等价物，这个特殊商品进行货币交换（商品交换）。而货币交换的背后，无疑是推动交易行为的无数商人。

国家发行钞币，一般都是国家金融机构的事。中国在唐朝，已经出现了办理金融业务的金融机构，但经营范围比较单一。明朝中期出现的钱庄和清朝出现的银号、票号，实际都具有银行的性质。中国第一家民族资本银行，清光绪二十三年（1897）才成立。光绪三十一年，清政府成立户部银行，是中国最早的国家银行。在国家金融机构尚未出现的情况下，王茂荫清楚地看到私营银号、钱庄是货币流通的枢纽，主张国家发行钞币，应借助银号、钱庄来发行。

同时，他也清楚地看到晚清时期的官场贪腐已病入膏肓，发行钞币，推行币制改革这样的事切不可由官吏插手，而应借助近代商人资本的力量，由私营银号、钱庄代政府发行。因此，他在咸丰元年（1851）九月提出的币制改革第一个方案《条议钞法折》中，列举行钞之弊时，就将"官吏出纳，民人疑畏而难亲"①，作为问题提出。他深知清朝官吏贪腐难以杜绝，防不胜防，因而他的行钞主张，"力为设法，不经官吏之手"②。

王茂荫有些话，讲得相当深刻、非常到位，他说："自来法立弊生，非生于法，实生于人。顾生弊之人，商民为轻，官吏为重。商民之弊，官吏可以治之；官吏之弊，商民不得而违之也。"③正因为如此，在尚未有国家银行的情况下，他极力主张将国家发行的钞币交由私营银号、钱庄发行。他看到银号在民间享有好的信誉，"凡民畏与官吏交，而不畏与银号交"，借助银号发行钞币，民间"疑畏之弊益除矣"④。

在币制改革的第二个方案《再议钞法折》中，王茂荫进一步阐释了钞币流通"非有商人运于其间皆不行"⑤的观点。他说，"现行银票、钱钞，均属天下通行，而行远要以银票为宜，欲求行远，必赖通商"⑥。

已故著名学者孙树霖先生评论称，王茂荫"对私营银号、钱店在发行纸币中的作用的认识和信赖，超过了对国家政权力量的信赖"⑦。这个评论无疑是精当的。

2. 借助银号、钱庄发行钞币，必须给银号、钱庄以经济利益。

王茂荫认为，国家发行钞币不仅"非有商人运于其间皆不行"，而且"非于商人以可运之方，能运之利，亦乃不行"⑧。王茂荫在币制改革的两个方案中表述的通过银号、钱庄发钞收钞的各项措施，是他为商人营运方便提供的条件。他认为，这些条件就是商人周转的"可运之方"。在王茂荫看来，既然要借助商人资本来推进币制改革，那么给商人一定的经济利益，也是必需的，这符合商业的原则，符合资本运作的原则。在币制改革的第一个方案《条议钞法折》中，虽然规定银号必须在领钞后次月以现银向国

---

① 王茂荫：《条议钞法折》，《王侍郎奏议》卷一·台稿上。
② 王茂荫：《条议钞法折》，《王侍郎奏议》卷一·台稿上。
③ 王茂荫：《条议钞法折》，《王侍郎奏议》卷一·台稿上。
④ 王茂荫：《条议钞法折》，《王侍郎奏议》卷一·台稿上。
⑤ 王茂荫：《再议钞法折》，《王侍郎奏议》卷六·省稿一。
⑥ 王茂荫：《再议钞法折》，《王侍郎奏议》卷六·省稿一。
⑦ 孙树霖：《王茂荫》，见赵靖主编、北京大学出版社出版《中国经济思想通史续集》。
⑧ 王茂荫：《再议钞法折》，《王侍郎奏议》卷六·省稿一。

库缴纳钞价，并承担钞币的兑现，这看起来是要银号承担双重责任，但他认为如果钞币能在流通中畅行无阻，是不存在兑现事情的。尽管这一设想过于如意，但他还是给银号一定的补偿：即"银号领钞，准予微利，每库平五十两者，止令缴市平五十两；库平十两者，止令缴市平十两"①。

3. 要使钞币"如环无端"顺利周转，关键在于钞币（银票、钱钞）可以兑现。

银号、钱庄代国家发行钞币，并不是一件绝无金融风险的事情。要加大防御和抗拒风险的系数，必须准许持钱钞人随时兑取现钱（以制铜为本位的货币），准许持银票人随时兑取现银（以银两为本位的货币），同时准许钱钞（大清宝钞）与银票（户部官票）可以互相兑换。这是钞币"如环无端"顺利周转的关键，也是币制改革成功的关键。如果说，王茂荫在币制改革的第一个方案中已经提及"兑现兑换"问题，但讲得不充分不彻底，那么他的第二个方案中所提的四条建议，则是将"兑现兑换"作为补救措施提出来的。他作过这样的分析：

> 查银钱周转，如环无端。而其人厥分三种：凡以银易钱者，官民也；以钱易银者，各项店铺也；而以银易钱，又以钱易银，则钱店实为之枢纽焉。各店铺日收市票，均赴钱市买银，而钱店则以银卖之。今请令钱店，凡以买票银者，必准搭钞，则各店铺用钞亦可易银，而不惮于用钞矣。各店铺不惮用钞，则以银易钱之人无非用之于各店铺，凡令钱店开票者亦可准令搭钞矣。各钱店开票亦可搭钞，则以银买各店铺之票而亦不惮于用钞矣。凡以三层关节为之疏通，使银钱处处扶钞而行，此亦各行互为周转之法。②

### 三、保护富民与养护地方元气

保护富民，养护地方元气——这是王茂荫经济思想中的一个重要观点。

---

① 王茂荫：《条议钞法折》，《王侍郎奏议》卷六·省稿一。
② 王茂荫：《再议钞法折》，《王侍郎奏议》卷六·省稿一。

一个多世纪以来，他的这一观点一直没有引起世人的重视。

王茂荫公开亮明这一观点，是在咸丰二年（1852）七月十四日上给咸丰的《条陈时务折》中，他在奏请咸丰"请严禁州县假劝捐以肥己"时说：

> 上年（指咸丰元年）户部奏请准商民出资助饷，此诚国家保卫民生不得已之计。部臣亦深虑州县抑勒，吏胥需索，行文各省，如有此项情弊，即行据实严参。乃臣闻，山西州县，有借劝捐为肥己者。如富民愿捐五百，必勒令捐一千。迨至遵捐一千，则又令书五百。其余五百但令缴纳，不令登写，明为公捐，暗饱私囊……富民深惧抗违转益滋累，委曲隐忍。蠹国病民，莫此为甚。①

在列举这一事实之后，他毫无隐晦地亮明自己的观点：

> 富民为地方元气，事多依办，若不养其余力，则富亦立穷。②

王茂荫这个思想观念，由来已久。早在道光二十一至二十三年（1841—1843）他在丁祖母忧期间，就利用居家的机会，作了一番社会调查，写了一篇著名的《歙邑利弊各事宜》，文中对歙县当时所存在的经济社会发展中的各种弊端列了十六条，其中前十条他注明为"抚字之宜"，后六条注明为"催科之宜"，很可能是分别呈送徽州府衙和有关部门查办的。因该文未收入其集子，可以视为他的一篇佚文。1984 年，王茂荫的五世孙王自珍将该文检出，断句标点，以《王茂荫的一份手稿》为题，在 1984 年第 2 期《歙县志坛》上首次发表。该文第一段话是：

> 请保富民。邑尚多殷实，近二十年以来，日就颓坏，不及前十分之一，其仅有存者，愿有以保全之。缘富户为地方元气，贫穷可藉以谋生，饥荒可劝以捐助，设被书吏讼棍更行陷害，并此失之，则邑民更不堪苦矣。③

元气，也称"原气"，本为中医概念，指人体组织、器官生理功能的基本物质与活动能力。可以说，元气是生命之本、生命之源。元气一词始

① 王茂荫：《条陈时务折》（咸丰二年七月十四日），《王侍郎奏议》卷一·台稿上。
② 王茂荫：《条陈时务折》（咸丰二年七月十四日），《王侍郎奏议》卷一·台稿上。
③ 曹天生：《王茂荫集》，中国档案出版社 2005 年版，第 173 页。

见先秦哲学著作《鹖冠子·泰录》，称"天地成于元气，万物成于天地"。《论衡》中亦有"万物之生，皆禀元气"之说。如果引申释义，元气也可以是指一个国家、地区、宗族或社会团体赖以生存和发展的物质基础和精神力量。

在王茂荫看来，一个地方的殷实富裕之家，是这个地方经济社会发展的元气和原动力，穷苦民众借贷谋生、国家和社会团体劝捐、赈灾救济、兴办公益事业等，都要依靠他们。

就王茂荫的家乡徽州而言，道光二十年（1840）鸦片战争之前，城乡殷实富足之家还比较多，他们大都是商人家庭。这些徽商家庭，一个共同的特点是乐善好施，勤于乡慈善和社会公益事业。王茂荫父亲王应矩本人就是晚清时期乐善好施的大茶商，他"笃于追远报本，修祖祠堂、置墓田、敦宗睦族，恤孤怜贫，于造桥、修路、兴水利、施医药诸善举，恒以身任其劳，孜孜不倦"①。王应矩，字方仪，号敬庵，人称应矩公或敬庵公，是个德高望重之人，乡里不少公益事业都公推他为董事。王茂荫四十岁那年即道光十七年（1837），已逾花甲的王应矩不负乡党重托，出面酿金董建了歙县三阳坑至叶村的部分石板路和叶村至昱岭关的桥梁"关桥"。当时独资出银五千余两的胡祖裎，为歙县北岸七贤村人，道光时期著名的茶商。据史料记载，该胡氏后世子孙在道咸时期还修了七贤至深渡的石板路，父子孙曾四代人经商致富后弘扬祖德家风，为民众谋福祉，做了许多好事。王应矩董建"关桥"竣工之后，又于道光二十年董建了歙南著名的"横山古道"，这次捐银两修古道的是歙县三阳坑的"洪灵椿堂"和王茂荫的二姑丈、巨商洪梅庵。"洪灵椿堂"系三阳坑洪源授五个儿子洪伯镶、洪伯烌、洪伯成、洪伯林、洪伯海家族所拥有的堂名，曾在江苏南通设立徽商老字号"洪立大茶庄"。老商号创办人洪源授，与王茂荫祖父王槐康同庚，是王应矩妹夫洪梅庵的父亲。为修横山古道，洪灵椿堂捐银四百两，洪梅庵个人捐八百两。

这些富商大户在乡邦遭遇自然灾害等待赈济时，或因举办社会公众事业而举步维艰之际，仗义乐为，慷慨解囊，俨然为地方百姓坚实的靠山。因此，

---

① 王铭诏、王铭慎：《显考子怀府君行状》，清光绪十三年刻本。

在王茂荫看来，保障地方富民财产，也就是养护元气，是一件非常要紧的事，地方政府要将此作为自己的责任予以担当。

清咸丰朝十一年（1851—1861）是中国历史上百姓遭殃最严重的时期之一，这十一年间有自然灾害，更有太平天国革命引发的战乱。天灾人祸的恶果最终都摊到老百姓的头上。正如王茂荫咸丰三年（1853）八月在一则奏折中所言："数年以来，民苦于贼，又苦于水，又苦于贪黩之地方官。兼之兵马之过境，不能不资于民；团练之经费，不能不出于民；军饷之捐输，不能不借于民。"①这里所说的"贼"系指太平天国军兵，"水"系指黄河水患②。咸丰元年太平天国革命爆发后，在不长时间内，大半个中国都处在战争的内乱中，期间水患不息，老百姓处在水深火热之中，他们不仅苦于水患，苦于兵革、苦于地方贪黩官吏的盘剥，还要提供过境的清兵军需，缴纳地方办团练的经费，清军兵饷的筹措也要掏自他们的腰包，老百姓真是苦不堪言。王茂荫的家乡徽州，是清咸同间清兵与太平军长时期拉锯的战略要地，老百姓遭受的损失与苦难比之于一般地方，不知惨烈多少倍。可以说，清咸同时期，是徽州人民有史以来最伤元气的一个时期。徽州正式定名之前的方腊起义，都没有伤多大元气，而咸同时期的伤元气是史无前例的。

太平天国军兴之年，为了筹措军费，清政府的户部就"奏请商民出资助饷"，非常时期清政府都是这个套路，把目光盯住富商大贾。用王茂荫的话说，"此诚国家保卫民生不得已之计"③，可以理解，无可厚非。令人担忧的是"劝捐商民"的政策出台后，"州县抑勒""吏胥需索"的问题也随之发生了。这就势必造成商民大伤元气。咸丰二年，王茂荫在《条陈时务折》中就揭露了这个问题，称山西、江苏等地借劝捐"勒民"已出现了人命问题。

---

① 王茂荫：《再请宽胁从以信恩旨折》，《王侍郎奏议》卷四·寺稿上。
② 咸丰元年（1851）八月，黄河在江苏北部丰北段发生了大规模的决口，黄河水像脱缰的野马奔腾下泄，江苏、山东两省一片汪洋，数百万灾民流离失所，灾难深重。据《清文宗实录》载，南河总督杨以增奏报："（咸丰元年）八月二十日寅时，风雨交作，河水高过堤顶，丰下汛三堡迤上无工处所，先已漫水，旋致堤身坐蛰，刷宽至四五十丈。"一个月后，决口已扩大至三四百丈。
③ 王茂荫：《条陈时务折》（咸丰二年七月十四日），《王侍郎奏议》卷一·台稿上。

王茂荫向最高统治者建言：要对那些打着"劝捐"的旗号，对地方富户进行勒索、盘剥，伤害地方元气的贪黩行为进行严肃追究查处。咸丰三年（1853），清政府根据咸丰的谕令，命各地办团练防剿太平军。办团练，经费从哪来？美其名曰"劝捐""义练"。时间不长，强行劝捐即勒捐之风，在东南各省城乡刮起，闹得乌烟瘴气。道咸间休宁塾师夏文纯（字雪湄）在一首题为《劝捐》的诗中写道：

> 捐者哭，劝者笑，哭本人情笑难料。此曹积累始锱铢，省啬用之非不屑。奈何恫吓更恢嘲，局内机关称妙妙。千金万金捉笔书，归来妻子坐相吊。嗟吁呼！昔日富家翁，今日窭人子。贼梳军栉捐愈难，有似敲骨还剔髓。

诗文反映了当时百姓中的富户遭受勒捐的真实情景。对这种打着"劝捐"的旗号，对地方富户进行勒索、盘剥，伤害地方元气的贪黩行为，王茂荫痛恨万分。《东华续录》咸丰卷二十七有这样的记载：

> 咸丰四年六月：据王茂荫奏称，徽州知府达秀信任门丁李姓并禀生潘炳照于捐输团练，多方扰累。该处民捐钱不下十余万，因被经手人冒销用尽。乃复立续捐局，按户诛求，怨声载道。所雇乡勇多花会中人，于祁门、黟县奸淫抢掠，两邑之民群起公愤，欲竖义旗以抗勇。请饬黄宗汉就近查办。

咸丰《东华续录》中之所以有这样揭露性文字记载，是因为咸丰四年六月十三日王茂荫给咸丰上了《论徽州续捐局扰害折》，正是在这道奏折中，王茂荫揭露说：仅歙县一县于咸丰三年劝捐"统计不下十数万"制钱，"因经手之人冒销不可胜计，现在均已成空，乃复立续捐局，用不肖绅衿数人，按户诛求。有不遵者，或带勇登门以扰之，或锁押牵连以逼之。有老幼同系者，有弃房变产者。数日之间，集有三万，又声称要五十万。区区一邑，何能堪此！现在怨声载道，叫苦连天，民情皇皇，不可终日，此患之甚者"[1]。当时王茂荫对贪黩的徽州知府达秀和安徽巡抚绥靖地方已经失去信心，他奏请咸丰密饬公正廉明的浙江巡抚黄宗汉，迅委贤员赴徽，先将前后捐数查定，

---

[1] 王茂荫：《论徽州续捐局扰害折》，《王侍郎奏议》卷七·省稿七。

俾无隐没，再与核算。建议"立即除勒捐锁押之威，以安民心；严拿花会①肆扰之勇，以除民患；去不肖之绅衿而延访公正有才之士与商，劝捐带勇，扼要为防"②。

王茂荫民本思想浓厚，桑梓情怀亦非一般士人可比。为了彻底清算残害徽州祸本，恢复地方元气，身在京城的王茂荫，曾专门致信札于能掌控徽州局势的官界人士，又于咸丰五年六月二十八日，再次向咸丰上《论徽州练局积弊折》。在这个奏折中，他奏请咸丰皇帝密旨浙江、安徽两抚，转饬徽州新任知府：一是彻底清查数年间强行勒捐"总不下七八十万串"的制钱去向；二是彻底清除徽州练勇中害群之马潘炳照、吴玉富、李作塘、汪致安等，整顿义练局。

王茂荫的保护富民、养护地方元气的思想与他同时代的思想家魏源的一些思想观点，是惊人的一致。关于这一点，将在本书第三章作一介评。

## 第二节 王茂荫的政治思想

中国封建社会的士大夫，无不尊崇源起于董仲舒、集成于朱熹的"三纲五常"之说。所谓"三纲"即君为臣纲、父为子纲、夫为妻纲；所谓"五常"即仁、义、礼、智、信。这是中国儒家政治伦理文化中的重要思想，儒教正是通过"三纲五常"的教化来维护社会的伦理道德、政治制度。"三纲"之中的"君为臣纲"，对应的行为规范是"忠"，就是为臣者对君主尽心竭力，忠贞不贰；"父为子纲"，对应的行为规范是"孝"；"夫为妻纲"，对应的行为规范是"节""义"。

王茂荫是中国封建社会晚期的一个臣子，他的政治思想既有封建士大夫的共性，也具有其独具特色的个性。他的比较具有个性的政治思想，集

---

① 花会：一种聚众赌博的集会。其术类灯谜，以厚利诱人，堕其中者，至死不悔，故又称花灯蛊。本惟闽、广有之，自道光二十八年（1848）流入歙，渐以大盛，延及于休，因而倾家丧身者不知凡几。至三十年，知府达秀激于众论，亲拿数人惩办，风以顿息。一时士民作为诗歌以称颂之，谓此毒可永除矣，不意咸丰三年复炽。凡花会之众，名为练勇，实为聚赌，既不守隘，也不训练，终日四出，奸淫掳掠。

② 王茂荫：《论徽州续捐局扰害折》，《王侍郎奏议》卷七·省稿七。

中体现在三个方面：忠君匡君，直言敢谏；师夷制夷，抵御外侮；绥靖地方，稳定社会。

## 一、忠君匡君，直言敢谏

饱读儒家经典、学问早达的王茂荫，政治思想观念中浸润了儒学精神。他对儒家的纲常伦理思想信奉不移，他居官尽忠，居家尽孝，力求忠孝两全。他的忠君，并非一般的愚忠，唯君命是从，唯唯诺诺，而是坚持"文死谏，武死战"，既忠君又匡君。

王茂荫以进士而进入仕途已经三十五岁，经过十几年浮署郎居，也只是升补为户部贵州司员外郎，"奉旨以御史用"（从五品）。咸丰即位后不到一年，太平天国革命爆发。当时，王茂荫正丁父忧在籍，年已五十四岁的他对自己仕途已没有过多的系念，倒是对遭受外患内忧的国家和民族忧心忡忡，对社稷面临之危放心不下。他希望有机会把自己忧国忧民的心思和救国救民的一些想法陈奏皇上。咸丰元年六月，他服除后回户部供职，在《家训和遗言》中明确告诉后人：

> 我此番来京，因曾经记名御史，欲得补实，将胸中向来想说的话略行陈奏。坐以二年为期，即行告归，既不想京察，亦不愿截取，并无贪恋名位之心。不意自上年来，贼氛日炽，时事日艰。临难而避，实所深耻，遂立意不告归。孟子有言：继而有师命，不可以请。孟子在商为客卿尚且如此，况我当大一统之时，通籍食禄已廿余年，而敢于军书旁午之时，作抽身而退之计乎！义无可逃，非忘初愿也。①

面临内忧外患而忧国忧民，有心分忧解难，这本身就是对人君和百姓的一片忠诚。如果不是太平天国运动发生，并无贪恋名位之心的王茂荫很

---

① 王茂荫：《家训和遗言》，为王茂荫咸丰元年至七年间断断续续写下，卒后其孙王经宬曾予恭录。1983 年，王经宬之孙王自珍将重新誊抄的《王茂荫〈家训和遗言〉》提供于笔者（时笔者供职于徽州地委宣传部，负责主编徽州地区社科联会刊），笔者将其全文刊发于徽州地区社科联会刊《徽州社联》1984 年第一期，这是王氏《家训和遗言》在家族以外最早示人。

可能提前告老还乡。而在太平天国运动已经发生的情况下，他认为一个已领取了二十余年官俸的人在国家民族大难临头之际，抽身而退，实在是一件可耻的事情。这是一种很难得的政治品格。

在整个咸丰朝，身为言官的王茂荫直言敢言，不避权贵，先后给咸丰帝上了一百多个奏折，涉及人才、理财、军事、时务、吏治、管理等各个方面，"于国计民生政事得失，知无不言，言无不尽"[1]。王茂荫因主张钞币兑现而遭申饬和被调离主管财政货币事务的岗位，仍然对钞法变通关心有加，不断提出意见和建议。同治初年复出后仍然遇事敢言，对治国理政提出整治主张，以至于同治帝对他有"忠爱出于至性"[2]的盖棺定论。

王茂荫裔孙至今仍然珍藏王茂荫的一些课稿，这些课稿是王茂荫年轻时期研习儒家经典奉师命所作的"作文"（体会性文章）。其中《忠焉能勿诲乎》一篇，比较能集中表明青少年时代的王茂荫对忠君匡君已有相当程度的认识。"忠焉，能勿诲乎？"本为孔夫子《论语·宪问》中的后半句，全句为："爱之，能勿劳乎？忠焉，能勿诲乎？"原意是：我爱护他，能不为他付出辛劳吗？我忠于他，能不劝谏他行正道吗？在《忠焉能勿诲乎》课稿中，王茂荫明确地说：事君之臣子，是助长君主的过错好呢？还是规劝抑制君主的过错好呢？当然是规劝抑制其过错为好。（"今夫人臣之事君也，长其恶者善乎，抑匡其失者善乎。则必曰，匡其失者，顾俟其失而后匡之。"[3]）长大成人进入仕途之后，特别是成为御史言官之后，他就是按自己的这一价值观念行事的。

王茂荫忠君匡君最具影响的事，莫过于咸丰五年（1855）二月二十九日给咸丰帝上的《请暂缓临幸御园折》。

熟悉清史的读者都知道，载垣、端华、肃顺是野心勃勃的"咸丰三奸"。

① 王铭诏、王铭慎：《显考子怀府君行状》，清光绪十三年刻本。
② 清同治四年（1865）六月二十二日王茂荫在籍去世后，王氏后人请署两江总督李鸿章代递王氏遗折，同年七月三十日奉上谕："李鸿章奏侍郎在籍病故，并代递遗折等语，前任吏部右侍郎王茂荫，由部曹历任谏垣，荐跻卿贰，廉静寡营，遇事敢言，忠爱出于至性。于同治二年，在山西差次闻讣，丁忧回籍，方冀服阕来京，重资倚畀，兹闻溘逝，轸惜殊深。王茂荫着加恩照侍郎例赐恤，任内一切处分，悉于开复，应得恤典，着该衙门察例具奏。钦此。"（见王铭诏、王铭慎：《显考子怀府君行状》，清光绪十三年刻本）
③ 曹天生：《王茂荫集》，中国档案出版社2005年版，第211页。

咸丰皇帝是有清一朝第七代君主，他从道光三十年（1850）正月即皇帝位到咸丰十一年（1861）七月病死于热河（河北承德避暑山庄的烟波致爽殿），十余年间，内忧外患，真是一个"遭难的皇帝"。在载垣、端华、肃顺的蛊惑下，咸丰一生耽于逸乐，面临内忧外患，战乱频繁，多少年没有一天安宁日子，依然纵情声色，不问朝政，不是携嫔妃避暑热河，便是游玩圆明园。对此，不少大臣都有意见，但都三缄其口，谁也不敢犯颜直言。咸丰五年初，内廷传出咸丰帝自热河举行谒陵大典回京后，便要临幸圆明园，并驻为行宫。王茂荫得知这一消息，深为震惊。于是，他给咸丰帝上了《请暂缓临幸御园折》。他说：方今时势如此艰危，太平军席卷东南数省，夷人又常常以此来恐吓。国家财力已告匮乏，度支之绌，筹拨无从，"南北各大营兵勇口粮不能时发，有积至数十万者，往往给以期票"，"各衙门公项，各省概不解到，书吏应领饭食多二三年未给"①。皇上只有"躬忧勤节俭"，才能安定人心，否则仍然"临幸如常"，就必然导致"士卒生心，或起嗟叹"，从而大失民心，以致不可收拾。

咸丰帝看了这个奏折，恼羞成怒，不仅否认自己有"园居"之意，而且令军机大臣传问王茂荫是从哪里得知这个消息的，他在"上谕"中说："王茂荫奏请暂缓临幸御园一折，现在并未传旨何日临幸圆明园，不知该侍郎闻自何人？令军机大臣传问，王茂荫坚称得自传闻，未能指实，殊属非是。在廷诸臣陈奏事件，如果确有见闻，朕必虚衷采纳。若道路传闻，率行入奏，殊非进言之道。王茂荫身任大员，不当以无据之词登诸奏牍，着交部议处，原折掷还。钦此。"②从此，王茂荫被安排赋闲，在咸丰朝再也没有受到重用。与王茂荫同时代的石埭（今安徽石台县）人杨德亨曾评论说，王茂荫"立朝敢言，磊落俊伟，俨如奇男子所为"，歙县清末翰林许承尧一再声称：王茂荫公单凭《请暂缓临幸御园折》，即足以名垂千古！

王茂荫的门生易佩绅称王茂荫"以思格君心为性命，以求苏民困为家事，

---

① 王茂荫：《请暂缓临幸御园折》，《王侍郎奏议》卷八·省稿三。
② 王茂荫：《请暂缓临幸御园折》，《王侍郎奏议》卷八·省稿三。

以博采人才为嗜好"①，这话是毫无一点夸张的。他忠君忠到愚，匡君匡到位。《请暂缓临幸御园折》被咸丰帝掷还后，仍然不罢休。咸丰六年（1856）四月初三日，他再次上《时事危迫请修省折》。这个奏折的灵魂是：天象奇异，地震发生，国家经济形势和军事形势处于危迫，为人君者要加强"省己""听言"与"用人"，以"求天心之早转"。王茂荫不愧是一个极言敢谏之人、匡君有术之臣，他讲了不少其他言官所不能讲所不敢讲的话，如：

> 皇上御极以来……乃前之言者见多，而今之言者则见少，盖臣下敬畏天威，非诱之使言，即多有不敢言者……且用人进退之际，臣子有难言之隐，盖惧于圣怒而见斥者意犹浅；惧激圣心而难回者意实深。进言献纳之际，臣子又有难言之隐：盖获听，则人皆翕然而美于上者喜固深；不获听，则人将哗然而归美于下者惧尤深。用人听言，著乎视听，而关乎民心者至大，往往有因不用而民愈望之，因不听而民愈称之者。②

北宋明道年间，唐介［北宋著名谏臣（1010—1069），字子方，别称唐质肃，湖北江陵人，祖籍浙江钱塘。陆游母亲之祖父］任殿中侍御史时，疏奏宰相文彦博之过失，惹得宋仁宗发怒，将其谪为春州（今广东春阳）别驾，朝中士大夫多人写诗为他送行，其中李师中所写的七律《送唐介》与众不同，其诗云："孤忠自许众不与，独立敢言人所难。去国一身轻似叶，高名千古重于山。并游英俊颜何厚，未死奸谀骨已寒。天为吾君扶社稷，肯教夫子不生还？"诗的大意是：大凡孤忠自许之人，大家都很不认同，但世间缺少的正是能够独立谏言的人。离开国都，便如落叶离树，飘然而去，真正留下的是先生重于泰山的千古高名。同朝为官的才俊们缄口不语，奸臣未死，忠骨已寒。上天如果真是为了皇上扶持社稷，怎么肯让夫子你不活着回来呢？

史载，后仁宗省悟，将唐介改置英州（今广东英德市），又将文彦博等免职，并派专人护送唐介就职。数月后，仁宗下令，先后将唐介任职郴州、

---

① 易佩绅：《易佩绅序》，载《王侍郎奏议》。
② 王茂荫：《时事危迫请修省折》，《王侍郎奏议》卷八·省稿三。

第二章　王茂荫研究

潭州、复州，直至恢复殿中侍御史。至和年间，提升为谏院长官。唐介以"直声动天下"。朝臣皆称："真御史必曰唐子方。"

王茂荫同宋人唐介惊人相似，他也做到了"孤忠自许众不与，独立敢言人所难"。

对王茂荫所上《请暂缓临幸御园折》《时事危迫请修省折》这两个著名的奏折，吴大廷作了这样的评论，他说：王茂荫的这两个奏折"拳拳以格君为心，几乎程朱正心诚意之遗风焉。使果一一能用其言，蠹兹潢池，朽箠而定之足矣，又何至东南涂炭，使夷狄乘虚而入，骎骎乎成燎原之势哉！惜乎言虽切直而不获见诸设施，不得已引疾以退，而时事遂渐不可支矣"①。

王茂荫以病请求开缺调理始于咸丰八年（1858）七月。咸丰十年冬月，吴大廷在北京潞河寓所拜会王茂荫时，"询及上不次超擢，其意盖将大用也，何以言不见用如此"，王茂荫告诉他说："以谏临幸御园一疏积忤上意，因称辜负天恩，复俯案泣涕，不能自已。"吴大廷为此大发感慨："先生已投闲散，而恳款悱恻，犹如疾痛切身，非真忠君爱国，足以质天地而泣鬼神，其能若此乎！"②

### 二、师夷制夷，抗御外侮

第一次鸦片战争（1840—1842）以后，由于外国资本主义的入侵，一系列不平等条约的签订，以小农业和家庭手工业顽固结合的自给自足自然经济占主导地位的封建中国，逐渐沦落为半殖民地半封建社会。被压迫被奴役的民族如何对待外国资本主义的入侵，这在中国士林阶层，在统治阶级高层内部，都存在不同的政治倾向。第一次鸦片战争爆发之年，已逾不惑之龄的王茂荫入仕供职户部方才九年，从现有的文字资料中还看不出他当时的政治态度。但从第一次鸦片战争之先他在京城参与的有关集会考察，以及从他在第二次鸦片战争期间的言行去研究，可以清楚地看到这位晚清名臣、思想家是主张抗御外侮的，有强烈的爱国主义思想。这主要表现在：

---

① 吴大廷：《阮陵吴大廷序》，载《王侍郎奏议》。
② 吴大廷：《阮陵吴大廷序》，载《王侍郎奏议》。

第一，受明末清初思想家顾炎武"天下兴亡，匹夫有责"思想影响，道咸年间在京积极参与"顾亭林祠"会祭活动。

顾炎武，江苏昆山人，本名绛，乳名藩汉，别名继坤、圭年，清兵破南京之后，顾炎武仰慕文天祥学生王炎午的为人，更名炎武，字宁人，为避仇人陷害，曾用名蒋山佣。因故居旁有亭林湖，取号亭林，世人尊称他为亭林先生。他是中国十七世纪杰出的爱国活动家和唯物主义思想家、经学家、史地学家、音韵学家，与黄宗羲、王夫之并称为"明末清初三大儒"。顾炎武一生辗转，行路万里，读书万卷，学识渊博，为有清一代学术宗师与开山祖。他的《日知录》在他身后被学界尊为精品，成为文史大家一再疏证论辩的显学。正是基于顾氏在学界、思想界的巨大影响，鸦片战争之后——顾氏离世一个半多世纪的道光二十三年（1843）十月，山西著名学者张穆与他的国子监同窗何绍基发起，在北京广安门内报国寺旁建成"顾亭林祠"，供奉顾炎武为学界精神领袖，号召世人弘扬顾炎武倡导的"天下兴亡，匹夫有责"精神与研究边疆保卫国家的学说。建祠的直接原因，与清政府在鸦片战争中吃了败仗，同英国侵略者签订了丧权辱国的中英《南京条约》，随后又同美国、法国签订了不平等条约，也不无关系。顾祠创建以后，每年有春祭、秋祭与顾氏生日三次公祭活动，前后持续了80年（1843—1922），其间因太平天国内乱与八国联军侵华而数度中止。

张穆、何绍基创建顾祠的道光二十三年，王茂荫正丁祖母忧在籍，次年即道光二十四年服阕，返京销假，重新供职户部。这年五月，清政府继签订丧权辱国的中英《南京条约》之后，又由耆英同美国代表顾盛签订了不平等的中美《望厦条约》，九月与法国代表签订不平等的中法《黄埔条约》。顾祠建成后的初次会祭即道光二十四年二月二十五日的春祭，王茂荫没有机会参与。道光二十四年五月二十五日的顾氏生日祭，魏源等人参与，王茂荫也没赶上。这年秋天，已回京的王茂荫在奉命充会试收卷官之后，参与了九月九日秋祭，这是他第一次参与会祭，与祭者中有他的同乡郑复光。

据资料记载，到道光二十七年为止，王茂荫连续三年参加了春秋两季的会祭，道光二十七年还参加了顾炎武先生的生日祭。道光二十八年三月二十八日，他在京接到父亲患病的家信，次日是顾祠春祭之日，他仍然坚持参与。参加这次春祭之后，他便告假匆匆离京南归。当时交通甚不方便，从京城到徽州老家，路程几千里，没有一个礼拜时间赶不到家。等他赶到老家歙南杞梓里，"甫抵里门，已闻凶耗"，父亲已于三月十八日亥时病逝。治完父亲丧事，他便开始了三年守制。待他服除，准备回京复职，道光皇帝驾崩，咸丰皇帝继位，继鸦片战争外患之后，太平天国内乱发生了。道光二十六年（1846），王茂荫参加顾祠秋祭时，任户部云南司主事（正六品），次年升补户部贵州司员外郎。父亲去世那年的二月十三日，奉旨记名以御史（从五品）用。为先父守制回京后，咸丰二年（1852），他参加了秋七月顾祠会祭，从此直到同治四年（1865）去世，他因倡导币制改革，擢升为户部右侍郎兼钱法堂事务，成为清廷主管金融财政工作的要员。由于事务繁忙，随后又受到"申斥"和突然得病、开缺疗养，以及在同治朝复出后办案山西和奔继母丧事回籍等原因，他没有机会再参加会祭。他参与顾祠会祭总共十次。①

除了参与规模会祭之外，王茂荫还与个别好友单独去顾祠祭祀。顾祠倡建人张穆离世十周年，又值张氏生日之际，他与清大臣祁寯藻特意去顾祠祭祀。事后，祁氏作《十月九日故人张石州生日也，与王子怀祀于顾祠，归饮小斋，七叠前韵》："雨后重寻九日花，拾遗况得伴王嘉。酒从东郭携来便，山到西台尽处斜。叹息故交存俎豆，摩挲陈简出麻沙。（原注：与子怀互校《毛诗》郑笺疑字）苍松偃蹇工看客，应笑吾生也有涯。"②

第二，第二次鸦片战争（1856—1860）期间，王茂荫反"逆夷"入侵的爱国主义立场坚定，思想倾向鲜明。

咸丰四年，《南京条约》届满十二年，英国曲解《望厦条约》关于十二年后贸易及海面各款稍可变更的规定，援引最惠国待遇，向清政府提出全面修改《南京条约》的要求，主要内容为：中国全境开放通商，鸦片

---

① 光绪己亥七月重装《顾先生祠会祭题名第一卷子》（吴郁生敬题签）。
② 祁寯藻：《馤欱亭集》卷十七《古今体诗七十三首己未》，见国家清史编纂委员会·文献丛刊，三晋出版社 2011 年 2 月版《祁寯藻集》第 2 册，第 468 页。

贸易合法化，进出口货物免交子口税，外国公使常驻北京等。法、美两国也分别要求修改条约。清政府表示拒绝，交涉没有结果。咸丰六年，《望厦条约》届满十二年，美国在英、法的支持下，再次提出全面修改条约的要求，仍被清政府拒绝。于是，西方列强决心对中国发动一场新的侵略战争。第二次鸦片战争发生之后，王茂荫针对入侵的"逆夷"野心，接连上了好几道奏折，从不同的角度提出自己反侵略战争的战略和策略：

1. 在《请酌量变通钱法片》中，他提出："请钱法酌量变通，使夷人无收买之利，而民间有流通之资。"①

2. 在《请密筹防备折》中，他提醒说，"夷船已到天津"（英法联军已到达天津大沽口），"天津距京才二百里，朝发夕至，无险可扼"，"愿皇上与左右大臣，早为密筹而备预之，似为目前急务"，提醒确保京城和圆明园："城内似宜严加防守，而御园在城外，尤非城内之比，虽门禁均极森严，然恐处无事而有余者，遇有事而犹或不足。"②后来事态的发展证明，他的提醒不是多余的。

3. 在《条陈夷警事宜折》中，他再次提醒"夷船已到天津城外"，情况紧急，提守城计第四条："请皇上暂行进城""请严守备以固人心""请广保举以求才能""请激励人心"。他特别指出：入侵"逆夷"迫切要求有二，即进城与传教，这是最不能允许的事，"应请将此二事如何包藏祸心，如何毒害生灵，如何狂妄无理，明降谕旨，恺切宣示，使百姓闻之，人人奋怒，然后加温谕以拊循之，加恩赏以鼓舞之，自然民争效命"③。他的见解颇为特殊：在京城设防，"战而胜固善，即战不胜，退至城外，亦可以守。臣料该夷孤军，但敢乘不备而来，不能久离船而住。如其竟敢舍舟从陆，则另调外师焚其船，而传各路之兵内外合攻，必使无返"④。

4. 在《办理团防广求人才折》中，强调办理五城团防关键是广求人才，

① 王茂荫：《请酌量变通钱法片》，《王侍郎奏议》卷九·省稿四。
② 王茂荫：《请密筹防备折》，《王侍郎奏议》卷九·省稿四。
③ 王茂荫：《条陈夷警事宜折》，《王侍郎奏议》卷九·省稿四。
④ 王茂荫：《条陈夷警事宜折》，《王侍郎奏议》卷九·省稿四。

群策群力。在《论夷战水不如陆片》中，他讲了《孙子·谋攻篇》中反复强调的道理："知彼知己，百战不殆。"他说：大战当前，"以定人心为主，而人心之奋勉，以知敌势为先。"他分析入侵"逆夷"凭借坚船利炮，在海上有优势，而在内河和陆地上，他们就发挥不了作用，因而失去优势，以此灭"逆夷"威风，长我方志气。

5. 在《请刊发〈海国图志〉并论求人才折》中，他提出了"知夷""制夷"的思想。在奏折中，他首先提出"逆夷"入侵以后，大小臣僚都说抵御"无法"，只能采取主和或投降政策，"专于主抚"。然而"抚虽已就，而难实未已"。是不是真的山穷水尽，毫无办法了呢？王茂荫认为未必如此。正是在这样的背景下，他特意向咸丰帝推荐爱国主义思想家魏源主编的《海国图志》一书。该书对于海外各国特别是英国的疆域形势、风土人情等都有详细的介绍，对于"知夷"大有好处；如何对付洋人的侵略，该书提出了"守之法、战之法、款之法"。他建议皇帝重印此书，使亲王大臣"家置一篇"，人手一套，并令宗室亲贵、八旗子弟"以是教、以是学，以是知夷难御而非竟无法之可御"①。他强调通过研习此书，并进一步探索创新，可免"无法之患"。

魏源编撰这本书的目的，是"师夷长技以制夷"。"制夷""师夷"的前提是"知夷"，而要想"知夷"又莫过于此书。晚清的帝王将相由于长期闭关锁国，普遍骄傲自大而又愚昧无知，不了解世界大势。鸦片战争爆发后，道光皇帝慌忙打听英国的状况：在哪里？有多大？甚至还问出了一个十分可笑的问题：英国是否和俄国接壤。而那些享受着厚禄的高官们一个个竟然都"不知其来历"。当时姚莹就指出：英人对中国的地理人事探讨了几十年，无所不知。而中国却无一人留心海外局势，故而战争未发，其胜负之数早已昭然若揭了。王茂荫在奏折中特地询问咸丰皇帝：曾否御览？林则徐是近代以来第一个睁眼看世界的人，他曾组织人翻译了一部系统介绍世界地理的书，书尚未编就，就遭革职流放，他中途把这些资料交给好友魏源，魏源经过不懈努力，编成了《海国图志》，书成之后，在亚

---

① 王茂荫：《请刊发〈海国图志〉并论求人才折》，《王侍郎奏议》卷九·省稿四。

洲产生过很大的影响。王茂荫推荐此书时特别提到早已被清王朝"打倒"的林则徐与此书的关系，这是需要胆识和勇气的。虽然王茂荫对于知夷、制夷、御夷重要性的认识，要比林则徐、魏源要晚一些，可是与其他官僚相比，他却超出流辈甚远。

第三，王茂荫反对在已经签订的不平等条约上作文字上的改动，以维护国家主权，免遭受进一步的侵略。

清王朝曾一度将天主教视之为异端邪教，严令禁止，而后由于畏惧洋人，这一政策逐渐松动。同治元年（1862）四月十日，主办"夷务"总理各国事务衙门上奏朝廷，认为《天津条约》已规定"向来所有或写或刻奉敬天主教各明文，无论何处，概行宽免"，而今天主教开始弛禁，所有各项明文应当查明并一并革除，相关条款中"宽免"字样要改为"革除"。当权者认为，保护洋人传教，或可换取法国协同镇压太平军，因人防而谕令各省：凡涉教民事件，务必迅速按新规办理。王茂荫得知后，于四月初十日上《和约不可改字片》，明确表示："该国之所争者，盖国体也。臣思他事可从，兹事看似无关紧要，而断不可从。国之所以为国，专在此等处。"[1] 这体现了王茂荫明确的主权意识。而主权是高于一切的，没有商量的余地。如果清廷对待洋教的态度，也要为洋人意志所左右，这无疑是丧失主权。晚清大臣当中有这种明确意识的人很罕见，王茂荫是其中的一个特殊。他提醒说，在国体问题上不能有丝毫含糊，"将来类此者，竟恐尚多"，如果不坚持原定条约，洋人"志不可厌，将要求无尽"[2]，欲壑难填。此后帝国主义者对中国的侵略不断加深，特别是甲午之败，使中国陷入了半殖民地的深渊，遭遇了"四千年而十朝未有之奇变"，几乎到了万劫不复的境地。反观王茂荫所言，我们不得不承认他是卓有远见的。王茂荫关心国体这个原则问题，是他在因病开缺调理期间，他真正是身在退处，心忧天下。

---

① 王茂荫：《和约不可改字片》，《王侍郎奏议》卷十·续稿。
② 王茂荫：《和约不可改字片》，《王侍郎奏议》卷十·续稿。

### 三、绥靖地方，稳定社会

身在京城为官的王茂荫，无时无刻不关注着地方。大凡地方上的不安定因素，他都不轻易放过，他会利用言官身份，及时写成奏章，向封建政权最高统治者反映。他深知社会不稳定，流寇盗贼祸害乡里，闹得社会不安宁、不和谐，最终遭殃的总是平民百姓。他处理任何事情，总是以"无累于民"与"有益于国"为双重标准。他的绥靖地方的社会固基思想，很是值得我们借鉴。

第一，推崇节烈，为地方为社会树立表率。

在封建社会里，特别是在元、明两朝，很是鼓励妇女殉烈守节，清代更是重视寡妇守节抚孤侍奉公婆，对她们的表彰一直延续到民国初期。徽州为"程朱阙里"，历朝历代的节妇烈女特别多。王茂荫的祖母方太夫人，二十八岁守寡，六十岁受旌表，八十岁建坊，是徽州历史上史不绝书的有名节妇节母。道光二十三年（1843），王茂荫丁祖母忧在籍期间，在父亲的口述下，他濡泪和墨，以父亲的口气将祖母抚孤守寡的感人事迹写成二千余字的《旌表节孝覃恩貤封太宜人显妣方太宜人行略》，回京后又请名儒李宗昉为祖母作传，请当时有名画家戴熙、蔡锦泉同绘《贞松慈竹图》，一时名流题咏，竟成巨册，后有《节孝录》之刻。王茂荫绝不仅仅是在为自己的祖母立传，更重要的是为一位伟大的母亲树立光辉不朽的形象。在为祖母守孝期间，他还将歙县志自唐代以来共计八千余名孝贞节烈妇女，详细汇总，报送清廷旌表。道光二十八年（1848），为父亲守孝期间，他又在原籍会同邑绅，为那些虽得旌表但尚未造祠建坊者造祠建坊。王茂荫由正四品太常寺少卿补授从三品太仆寺卿的咸丰三年（1853）六月初二日，咸丰皇帝召见他时问他："在家几年？做过什么事？"王茂荫回答了上述旌表建坊事宜。

第二，主张将兴利除弊作为地方为政大事。

道光二十八年，王茂荫丁父忧在籍，对歙县经济社会状况作了调查，写出《歙邑利弊各事宜》一文，该文总共列了十六条，前十条讲当时当地社会弊端，后六条专讲当地经济状况。前十条是：请保富民、请恤商民、请拿讼棍、请拿土棍、请革颓风、请严捕各乡盗贼、请严禁残害厝坟、请严禁尾滩拦索、请照例以办命案、请用猛以警顽梗。后六条为：粮房户房征收册籍与板串宜清查、税书宜饬按年造办推收进册、粮差包甲使费之弊宜除、欠粮宜先惩稍多之户、板串之费宜减、契之费宜减。

王茂荫将当时当地社会弊端总结为：书吏讼棍陷害地方富民；商人在家老小遭地方书吏讼棍栽赃陷害；讼棍结交吏役播弄是非；土棍扰害乡里；颓风严重；土贼与讼棍勾结；毁厝盗坟；于河道拦船勒索；由于地方官办案不就例，民轻犯法，命案无数；乡民群而哗哄。王茂荫认为这些地方弊端应当革除。如何革除？王茂荫认为总体应以"抚"字为宜。

后六条中，王茂荫指出了歙县地方经济的种种弊端：书吏侵吞浮银；一些地方权势者买卖税书以多方需索；粮差包甲需索使费；多粮户带头逃避纳粮；吏胥私加板串之费，取民脂膏；税契较重，造成隐而不税之风等。如何革除这些弊端，王茂荫认为只有采用"催科"的办法，所谓"催"，就是采取各种手段反复催缴，直至"利归于上"。

纵观《歙邑利弊各事宜》全文，我们不难领会到，在王茂荫看来，他并不主张用"刑威"的办法来解决经济问题，除非万不得已，他认为按经济运行本身的办法来解决经济问题，比较稳妥；即便施用刑威，也是要区别对待，首恶必办，胁从不问。

第三，主张"剿匪"要"趁初起"，以免"酿成巨患"。

捻军，是与太平天国同时期活跃于长江以北皖、苏、鲁、豫四省部分地区的反清农民武装。"捻"，本为淮北方言，意为"一股一伙"。捻军起于"捻子"。咸丰初年（1851），皖北、豫南一带有游民捏纸，将油脂点燃，烧油捻纸以"作法"，于节日期间聚众表演，声称为人驱赶灾难，以从中牟利，后来也有恐吓取财、勒索而实与盗贼无异的行为，所谓"居者为民，出者为捻"，清朝官方称之为"捻匪"。咸丰二年，皖北大旱，入捻农民增多，亳州人张乐行(字洛行)等结捻聚众攻占河南永城，后在雉河集(今安徽涡阳)歃血为盟，推张乐行为盟主，起义抗清。咸丰三年春，太平军连克武汉、安庆、江宁，皖北捻党纷纷响应，以致太平军北伐时，捻军从分散斗争趋于联合作伇。王茂荫从一开始就看到"捻匪四起"，与太平军"勾结而弭患"，对清政权构成严重威胁的趋势，咸丰三年二月二十五日上《请速剿捻匪折》，他在奏折中说：

> 伏读本月十五日抄，见豫抚陆应谷因安徽宿州、蒙城、亳、寿等处捻匪四起，临淮之磨盘山聚集多名，肆行劫掠，奏请调兵防堵。窃思皖省庐、凤等处，民气素称强悍，匪徒聚集多人，往往扰害村镇。上年虽经该督抚奏请委员严拿惩办，而未经拿办者正多。所聚或千余人，或数百人，平时劫掠，肆行无忌。近闻粤匪窜扰，安庆、江宁先后失守，自更毫无畏惮。若不乘其初起，急行剿除，则盘踞日久，勾结愈多，必致酿成巨患。况庐、凤界连豫省，接壤淮、徐，现值筹防粤匪之时，非先将此数捻匪剿除净尽，万一粤匪潜行勾结，更为心腹之忧。且河南捻匪素多，难保不闻风而起，豫省、淮、徐防堵，正不可恃。[①]

咸丰三年（1853）八月十七日，王茂荫接到家信，得知同年 "七月初九日，有杭州信足五人，带洋钱信物三担，于午未间行过昱岭关里许，突见山林中跳出匪徒十余人，持刀截阻，刀伤二人，将担劫去。该信足等奔十余里，至老竹岭脚村庄，鸣保喊救。该村邀集多人，寻踪追捕。当日傍晚，即于穷崖绝壑中，拿获匪徒六人。次日早间，该处附近百丈崖下，有匪二人，一已跌毙，一伤而未毙，逃往昌化之都亭。地方当时将拿获六人，送县究办。供出此案共十三人，党与共有二十余人，多系邻近县匪徒。现来三十余人，分为两班，一班在昌化临安县地方，一班在昱岭左近地方，均做小本营生，使人不疑"[②]。为此他谏议"趁此初起"，将此股土匪一网打尽。为了"清匪之源"，他提出三策：一是"贵用土人"，因为土人情况熟，较官兵更易捉拿小股土匪；二是发布谕旨，"重立赏格"，重赏之下，必有勇夫，赏钱之支出大大少于动用官兵开支的费用；三是在查清匪党人员后，责令匪徒所在居住地方之祠族立限交人。在《请饬拿办昱岭关等处土匪折》中，

① 王茂荫：《请速剿捻匪折》，《王侍郎奏议》卷三·台稿下。
② 王茂荫：《请饬拿办昱岭关等处土匪折》，《王侍郎奏议》·寺稿下。

王茂荫指出如果及时拿办了昱岭等处土匪，不但可以安靖歙县和浙江交界地方，而且还起到防止"逆匪勾结"（即与太平军联合）的作用，可见王茂荫的考虑决不单单是拿办土匪，还有深谋远虑。

咸丰四年十二月初四日，王茂荫在《论贵州土匪情事折》中，再次申明了处理匪乱内患必须趁早的思想，他说："伏思现在畿辅未清，三江未靖，何能筹饷调兵，远顾黔省。然该省界连西粤，粤匪方张，必将连结，若不早灭，亦且蔓延。该省地瘠民贫，兵单饷乏，众所共见，办诚非易。然果先得能办之人，亦必有可办之法。闻桐梓贼初起时，不及千人，过鸡喉关约四五千人，近在雷台山约万余人，分扰绥阳者四千人，往黔西者千余人。此见办理贵速，方免蔓延之验。"①

第四，军兴时期要宽贷胁从，法外施仁。

王茂荫站在封建统治阶级的立场上，在给皇上的奏折中，将太平天国兵士一律蔑称为"逆贼""贼"或"匪"，这是很自然的，不难理解的。他一再呼吁被太平军追获或威胁奴役的人如果逃脱出来，清军官兵和清廷有关部门一定要予以宽贷矜恤，切不可再予以治罪。他解释说"所以胁从者，盖被胁而久经从贼之人也"，对这样的人，理应"特施法外之仁"。咸丰三年七月二十八日，他在上给咸丰的《请宽贷贼中逃出难民折》中分析说：那些"不甘从逆，乘间即逃"的难民，"其意中知有国家，知有王法，已可宽贷。若复律以谋叛入伙，是使遇贼被胁之难民，更无可还之路也；是使现在贼营之难民，益坚从贼之心也"②。这一奏章，没有得到咸丰谕批，他"中心惶迫，夙夜难安"，八天以后，再上《再请宽贷胁从以信恩旨折》。他上奏咸丰说：

> 伏念贼营胁从难民，本年自正月以来，迭奉恩旨，许以自拔来归，均从宽贷。今遇贼中被胁逃回之人，复拿交刑部治罪，是使恩旨不信于天下矣。夫信，国之宝也，民无信不立。圣人虽至

---

① 王茂荫：《论贵州土匪情事折》，《王侍郎奏议》卷八·省稿三。
② 王茂荫：《请宽贷贼中逃出难民折》，《王侍郎奏议》卷四·寺稿上。

去食去兵，而终不敢去信。以皇上之圣明，岂不知此！①

王茂荫的政策策略意识极强，他认为宽贷一二个从太平军营中胁从的难民，虽然是件小事，但它产生的影响是巨大的。他谏劝最高统治者说："释一二人之事虽小，而所关甚大。"②

第五，主张旌表死难士民，以彰义烈而励人心。

咸丰三年（1853）十月二十三日，身任太仆寺卿的王茂荫，鉴于清军与太平军连续作战已有三年，地方文武官员及百姓死伤较多，不少被害惨烈，于是专门给咸丰帝上疏《殉难士民请旌折》。该折说：

> 凡被难地方，士庶人等或负义不屈而致残，或被胁不从而遭害，甚或全家罹难，阖室自焚。虽智愚贵贱之不同，实节义忠贞之无愧，此固国家厚泽深仁之所致，要亦下民敷天率土之真忱。我国家劝善褒良，凡平日节妇义民，无不仰叨钦奖，则此时忠魂毅魄，尤宜上荷旌扬。臣闻向来各省死难士民，恩许建祠合祀，其被害最烈者，或从优另予封表。③

他建言凡"于遇贼死节之士民妇女等，有姓氏可查者，悉查明题请旌表，准予祠祀；实系无姓氏可查者，则统书难民总牌社会衬祀；其中或有蹈节最著、被害尤烈者，另行优请旌恤之处，出自逾格天恩。俾守义不渝者，皆沐褒嘉之典，斯闻风知感者，咸深激励之心，则众志可以成城，而群丑无难殄灭矣"④。

对王茂荫的上述疏请，咸丰皇帝作了好长一段谕批，"准其奏明，请旨分别赐恤"。中国封建君主制几千年，乡村社会比较看重名节，正如有关学者所言，这实质是"大多数成员尊重和顺从君王本位的心态和意向"⑤。

为旌表皖省死难士民，王茂荫于咸丰九年还编著了《皖省褒忠录》，同治元年（1862）醵金梓行。

---

① 王茂荫：《再请宽贷胁从以信旨折》，《王侍郎奏议》卷四·寺稿上。
② 王茂荫：《再请宽贷胁从以信旨折》，《王侍郎奏议》卷四·寺稿上。
③ 王茂荫：《殉难士民请旌折》，《王侍郎奏议》卷五·寺稿下。
④ 王茂荫：《殉难士民请旌折》，《王侍郎奏议》卷五·寺稿下。
⑤ 程歗：《晚清乡土意识》，中国人民大学出版社1990年版，第128页。

# 第三节 王茂荫的人才观

王茂荫的人才观，同其经济思想、政治思想、军事观、吏治思想、管理理念一样，堪称丰富，卓尔不群。

## 一、"存心"端正，"才""学""识"并重

什么样的人算得上人才？换句话说，衡量人才应坚持什么样的标准？对这个问题，王茂荫有他独特的见解。

王茂荫关于人才标准的表述，体现在他于咸丰元年为歙县三阳坑二姑丈二姑母所作的《恭祝例授儒林郎、赆封奉直大夫、梅庵姑丈大人，列封安人、赆封宜人、从洪门二姑母大人七旬双寿序》中。

王茂荫二姑丈洪伯成（1782—1858），字禹功，号梅庵，为嘉庆、道光年间贾名儒行的大商人，其"慷慨之怀，为世所稀"，曾被敕封为儒林郎光禄寺署正，赆封奉直大夫，又因王茂荫贵授封户部贵州司员外郎、覃恩诰封资政大夫叙道加四级。其嫡配夫人王柏芝为王茂荫二姑母，自幼昵称"小姑"，原系王茂荫伯祖父王槐庭之女，奉母命过继王茂荫祖母方太夫人为女，同茂荫之父应矩公一道由方太夫人抚育成人，亲如同胞。该女与丈夫洪梅庵同庚，比丈夫迟一年作古。咸丰元年（1851），他们同为七秩荣寿，王茂荫为他们写了一篇千余字的"双寿序"。这篇"双寿序"共有八个条屏，每个条屏原件纵（高）173厘米，横（宽）43.50厘米，屏文系王茂荫亲书楷书，每个字5厘米见方，第一个条屏卷口背面贴有蝇头小楷草书的棉纸标签"梅庵翁寿屏　王子怀侍郎撰"。现该寿序仍残存六个条屏，由本卷著者收藏。

正是在这篇"双寿序"中，王茂荫对衡量人才的标准提出了自己的独特见解。其原文如次：

> 世之论人者，每重士大夫，而轻商贾，以托业为尊卑，意殊不谓，
> 然夫人亦论其才识与存心耳。才、学、识三者并重，然学成于人，

而才、识必本诸天生。而才、识优者，则学焉。而益以扩之，生而才、识短者，虽学亦适成迂腐。彼寻章摘句，兀兀穷年，置世务不问，并不能治一身者，固不足论。即技擅雕龙，文高倚马，身处人上，机而所见出市井下者岂少也哉。至存心不正，则才识虽优，适为天下患矣。①

这段话表明，在王茂荫看来，才、学、识三者并重，而统帅才、学、识三者的是"存心"。这个"存心"，也就是我们通常所说的"德"，"存心"端正，也就是"德"端正。"德"如果不端正，虽然才、识优秀，"适为天下患"。

因此，王茂荫的人才标准简洁地说，就是"德、才、学、识"四字，"德"在前头，是挂帅的。

### 二、治平之道，用人尤重

王茂荫从三十五岁举进士之后，历仕道光、咸丰、同治三朝，但成为清廷的显宦，则是在咸丰年间。这一时期，正是清政府政治危机和经济危机交迫最甚、国事艰难的一个时期，王茂荫直言敢谏，对于"朝政之得失，人才之贤否，军事之利病，亦皆知无不言，言无不尽"②。咸丰登极不久，太平天国起义爆发，清廷财政危机日益严重。王茂荫认为，要扭转颓势，治国安邦，当务之急是用人、理财两大问题。他最初上给咸丰的两个奏折，一为《条议钞法折》（1851 年九月初二日），一为《振兴人才以济实用折》（1851 年九月二十日）。前者专讲理财问题，后者专讲用人问题。他毫不隐瞒自己的观点："治平之道，在用人、理财二端，而用人尤重。用非其人，财不可得理也。"③在国家财政窘迫的境况下，王茂荫认为理财固然刻不容缓，但与用人相比，则用人显得更为重要。这与唐太宗李世民的"致安之本，惟在得人"，以及清代思想家魏源所主张的"财用不足国非贫，人才不竞

① 曹天生：《王茂荫集》，中国档案出版社 2005 年版。
② 李鸿章：《光禄大夫吏部侍郎王公神道碑铭》（方宗诚代笔），载缪荃荪编《续碑传集》卷十一。
③ 王茂荫：《振兴人才以济实用折》，《王侍郎奏议》卷一·台稿上。

之谓贫"的观点，是一致的。

王茂荫十分重视人才在治国安邦中的作用。他说："臣见今日之天下，似未可作晏然无事观也。外则英夷之祸心包藏，而未知发于何日也，内则粤省之贼势滋蔓，而遂以至于今日也。山野则有匪，河海则有盗，隐匿讳饰所不能尽者，月或数闻焉。治盐，而盐之利未可必兴；治漕，而漕之费未能尽革；治河，而河决又见告矣。此犹得谓无乏才之虑乎？"① 他在分析国家时势之同时，第一位强调的不是别的，而是人才问题，其思才安邦之心，不可谓不诚矣！

面对紧张局势，外内臣工"每遇盘错，辄曰无法"。对此，王茂荫深感忧虑，他说："国家所以重赖臣工而宠异之者，为其有法耳。若皆以为'无法'，即何不思访求有法之人而用之？为天下得人难。诚欲访求有法之人蓄以待用，似非设法以振兴之，使天下之聪明材力务于有用之学不可。聪明材力误用可惜，真实经济骤期为难，自今而振兴之，犹虑其缓，似不宜仍守相沿之积习，而为整顿之空言。"② 这番话说得够有分量。为振兴人才，治国安邦，他大声疾呼要切切实实加以整顿，改革相沿陈规陋习。

咸丰六年 (1856)，太平天国革命已蔓延东南数省，清军节节败退。这年八月十七日，王茂荫给咸丰帝上《荐举人材折》，他说："方今所急在将才，尤在吏才。盖得一将才可以平乱；而得一贤督抚，则该省自不乱；得一贤牧令，则该州县自不乱。"③ 他所说的"平乱"，无疑是指镇压太平天国运动和其他农民起义，对于一个忠于封建政权的官员，他持这一立场，很自然，无足为怪。他所说的"将才""吏才""贤督抚""贤牧令"，标准也不可能与我们今天一样，但作为观察问题和处理问题的方法，他说的还是很有道理的。

① 王茂荫：《振兴人才以济实用折》，《王侍郎奏议》卷一·台稿上。
② 王茂荫：《振兴人才以济实用折》，《王侍郎奏议》卷一·台稿上。
③ 王茂荫：《荐举人才折》，《王侍郎奏议》卷九·省稿四。

### 三、天下之大，安得无才

王茂荫认为，"聪明材力，世所不乏，务于有用，则用得其力；务于无用，则用不得其力"[1]，"天下之大，安得无才？亦在地方有司之留心访察耳"[2]。这大意是说：经邦济世之才，什么时候都会有。关键在于发现人才，使用人才。

那么，如何振兴人才呢？王茂荫在《振兴人才以济实用折》中提出五条建议：

一是"请乡会试务期核实，以拔真才"。乡、会试是旧科举取士制度中的初试，成绩出色者方有资格参加殿试（朝考），从而取得"文凭"，晋身仕途。如果初试不核实，就难以选拔到真才。王茂荫认为，乡、会试一定要重经策，舍此不能辨学之虚实。他建议策问要分五门发题：一曰博通史鉴；二曰精熟韬钤；三曰制器通算；四曰洞知阴阳占候；五曰熟谙舆地情形。应考者可以自选一门答题，成绩出色者方可拔魁登选。这实际上是主张考生必须在史学、军事、实用科学、天文学、地理学中任选一科，作出答卷。这个意见，原是道光二十二年（1842）两广总督祁墳提出来的，因守旧派反对未被通过。而王茂荫却在九年之后奏请咸丰按这个意见改革科举制度，以便振兴人才。

二是"请殿试朝考务重文义，以式多士"。这是针对当时考生大都端致于摹墨卷练小楷，而将群书束之不观这一相沿的积习提出来的。他请咸丰饬令各阅卷大臣，今后不能只讲究字体工拙、笔画偶疏，而应专取学识过人之卷，进呈钦定。

三是"请遴选岁贡，以劝人才"。旧科举制度中由地方选送国子监的贡生有恩贡、拔贡、副贡、岁贡和优贡，另有捐纳取得的贡生称为例贡。拔贡，是旧科举制度中由地方贡入国子监生员的一种。清朝制度，初定六年一次，乾隆中改为逢酉一选，也就是十二年考一次，优选者以小京官用，次选以教谕用，每府学两名，州、县学各一名，由各省学政从生员中遴选，保送入京，作为拔贡。经过朝考合格，可以充任京官、知县或教职。王茂

---

① 王茂荫：《振兴人才以济实用折》，《王侍郎奏议》卷一·台稿上。
② 王茂荫：《振兴人才以济实用折》，《王侍郎奏议》卷一·台稿上。

荫建议应以考列优等最多者充贡，"应将历过五次以上者比较，未历五次者不与"①。

四是"请广保举，以求真才"。即请各级官员推荐人才。王茂荫在《振兴人材以济实用折》中说：道光三十年谕旨内外臣工荐举人才，然而被荐举者皆已登仕版之员，科举之外的草野之士则没有一个得到荐举，这样势必会"淹没"人才。为此，他建议："拟请令各省州县并教官留心察访，或博古通今，才识非常；或专门名家，精通一艺；或膂力过人，胆勇足备者，访验的（得）实，无论士民，准于学政按临时备文，将该生所长申送考试，学政就所长考验得实，文则奏明送国子监，武则奏明送督抚标，均许官给盘费廪饩。国子监与督抚标考试一年，果有过人之能，奏明送礼部引见，随材酌用，不称者发回原籍。"②在人才发掘上，王茂荫主张扩大视野，留心察访，无论士民，用人一技之长，特别要注意从未登仕版的"草野之士"中发掘人才，"随材酌用"。这一见解，是十分高明的。这实际上也就是前人所主张的"隐处求才"。两晋文学家左思在一首《咏史》诗中说："英雄有迍邅，由来自古昔。何世无奇才，遗之在草泽。"注意从"草野之士"中发掘人才，这是一种极其明智的做法。

五是"请造就宗室八旗人才，以济实用"。

将王茂荫提出的这五条办法加以综合，可以看出，他主张改革科举制度，选拔有真才实学的人，尤其要重视在科举之外发掘人才。一个半多世纪前，一个出身于旧科举的人，能提出这样的改革意见，难能可贵。

因循守旧，粉饰成风，积重难返，是道咸时期政治腐朽的一大表现。这就使得王茂荫的上述改革意见，在当时不可能得到完全实施。正是因为这一缘故，咸丰六年 (1856) 四月初三日，他在另一个奏折中再次大声疾呼：

> 今天下才实不足，久在圣鉴之中，此诚可忧之事也。然，莫谓天下无才也。天生才以供世用，不在上，则在下，如罗泽南，今皆知为将才矣，初则一岁贡耳。且湖南一省，有江忠源兄弟，

① 王茂荫：《振兴人才以济实用折》，《王侍郎奏议》卷一·台稿上。
② 王茂荫：《振兴人才以济实用折》，《王侍郎奏议》卷一·台稿上。

又有罗泽南师弟，则他省可知，第少有留意人才如曾国藩、骆秉璋者耳。唯贤知贤，唯才爱才。①

他进一步说："皇上赏谕令各督抚广为诏访矣，诚恐各督抚有见而不能知，知而不能用者。"②

"唯贤知贤，唯才爱才"，这话说得何等好啊！身为督抚者，本有诏访、荐举人才之责，倘若对人才"有见不能知，知而不能用"，那就不是一个贤督抚，就不是一个德才兼备的督抚。这样的人治国理政，国家怎么能没有灾难呢？民众怎么会有好日呢？

### 四、百年之计，莫如树人

春秋时齐国政治家管仲在《权修》篇中说："终身之计，莫如树人。"王茂荫也有这样的思想，他说："百年之计，莫如树人。"③

在王茂荫看来，治国以人才为本，人才以教化为先。他说："自来非常之才，有不必从学出者，然从学出者千百，不从学者一二，即后汉臣诸葛亮亦有'学须静''才须学'之言。"④ 这个观点，是正确的。成才的基础是立志于学，发愤攻读。从历史上看，有不少人才是由科举出身，也有不是科举出身，但有一点是相同的，那就是这些人从小就好学笃远，讲究真才实学。王茂荫认为，一个官吏，是必须有学问的，尤其要精通经史。一个生员如果为应对科举考试，重字不重文，成天去练字，即使练出了好字，但将群书丢在一边不读，无真才实学，这样的人，是不能成为治国之才的。

这里，要着重提到的是，王茂荫对咸丰朝为解决财政困难而推行的报捐举人制度（按：通俗地说，就是用钱买得"文凭"而做官），是坚决反对的。咸丰二年（1852）九月初二日，他在上给咸丰的一个折子中说，报捐举人附生，不仅"无益于目前"，而且将"贻讥于后世"。他说：举人秀才，天下所贵，

---

① 王茂荫：《时事危迫请修省折》，《王侍郎奏议》卷八·省稿三。
② 王茂荫：《时事危迫请修省折》，《王侍郎奏议》卷八·省稿三。
③ 王茂荫：《振兴人才以济实用折》，《王侍郎奏议》卷一·台稿上。
④ 王茂荫：《振兴人才以济实用折》，《王侍郎奏议》卷一·台稿上。

天下之士，莫不从攻苦力学以求之，岂能用钱来买？他说："入赀拜官，虽非善政，然自汉以来有之。至报捐科名，则古所未有。臣闻筹国大臣于此一事惧阻人言，谏之甚秘，发之甚速，以为可以立致千万，故甘冒千古之不韪而不辞，其用心亦良苦。而考之未详，虑之未深，将来无益度之，而徒伤国体。窃恐诸大臣之终将悔之而已无及也！"[1]

据传，王茂荫在上这一奏折之前，他的一位很有钱的舅兄曾来找他帮忙捐个举人，以便买个知县做做。王茂荫知道舅兄的来意后，劝他还是多读几年书再说，否则当了官连自己的名字都还得请人代签，这岂不成笑话。而他的舅兄却不以为然地说：现在知县有几个书读得多的？听说徽州府的府官还叫师爷替他画行字呢，他还不是照样刮钱。王茂荫反驳说：这真是笑话！如果当官是为了刮钱，那么老百姓又何必要这个官呢？第二天，他的《驳部议捐纳军功举人生员片》奏折，便呈在咸丰皇帝的面前。

### 五、简用才能，不拘资格

用人不循常格，这是我国古代人才论中的一个精华。包拯就说过，"常格不破，大才难得"，"选素有才能公直廉明之人充职，不以资序深浅为限"。王茂荫继承了古代人才论中的精华，主张"破格用人"[2]，"简用才能，不拘资格"[3]。

咸丰二年十二月十四日，王茂荫在《条陈军务事宜折》中请求咸丰特旨，宣谕中外：

> 有能精通谋略，善晓兵机，可以参赞军务者；或才能出众，智勇足备，可当将帅之任者；或专门名家，精于一艺，可备军营之用者，无论内外大小臣工，均许各举所知。不能自奏者，呈该管衙门代奏，以备试用。[4]

---

① 王茂荫：《驳部议捐纳军功举人生员片》，《王侍郎奏议》卷二·台稿中。
② 王茂荫：《条陈军务事宜折》，《王侍郎奏议》卷二·台稿中；又见王茂荫《请将臧纡青随同吕贤基办团练折》，《王侍郎奏议》卷五·寺稿下。
③ 王茂荫：《请将臧纡青随同吕贤基办团练折》，《王侍郎奏议》卷五·寺稿下。
④ 王茂荫：《条陈军务事宜折》，《王侍郎奏议》卷二·台稿中。

　　既然，上自军务参赞、将帅之任，下至军营委差，均可从内外大小臣工中选拔，那就没有什么资格可论。这对封建社会那种"循资格"用人的陈规陋习，是强有力的挑战。如果真能做到这样，那些"虽出草野"，但"素习武略，谋勇兼优之士"，就有可能被破格擢用。

　　次年十月十二日，王茂荫上《条陈兵事折》，再次强调用人不可循资格按名位委任，而应注重真实才能。他说，如果不考察一个人是否有真实才能，就凭其"名位所在"而责其带兵打战，势必有名无实。他说：

　　　　近闻贼（按：指太平军）至天津，总兵惴惧欲逃，而敢督战能杀贼者，乃在知县。总兵者，武职大员也；知县者，文职小员也。由此观之，事固存乎其人，而不可以资格论矣。伏愿皇上用人不论名位，但问其能，再试其胆。有能杀贼敢向前者，即用以带兵。不交与不能不敢者，以钤束之。[①]

　　咸丰八年（1858）四月十八日，英法联军打到天津城外，王茂荫给咸丰帝提了好几条防御措施，其中很重要的一条就是破格用人，他说：

　　　　今日在位诸臣，大抵老成醇谨，大奸恶固属绝无，而大才能亦殊不易。彼夷所来之人，必极彼国之选。于此而欲言战，必先谋敌之所以败我。至于竭智毕虑，共决其无可败，而后可以言战。欲言守，必先谋敌之所以攻我，至于竭智毕虑，共决其无可入而后可以言守。此岂寻常循分者之所能？若但按名位为委任，势必至于误事，非彼为误，其才能限之也。夫天地生才，不在上则在下，观湖南一省，得骆秉章之知人善任，而其才遂用之不穷。是其明证。应请诏令廷臣各举所知，无论资格，例得奏事者自行具奏，不能者具呈长官代奏，以期群策群力之效。[②]

　　王茂荫是在年逾花甲时说以上这番话的。他居官三十余载，"简用才能，不拘资格"这一思想，一直贯彻始终。

---

① 王茂荫：《条陈兵事折》，《王侍郎奏议》卷五·寺稿下。

② 王茂荫：《条陈夷警事宜折》，《王侍郎奏议》卷九·省稿四。

## 六、简贤任能，得人而任

王茂荫还认为，如果仅仅注意识别人才和一般地使用人才，那还不够，还必须对真正的人才委以重任，让他发挥特长，主管一个部门的工作，那才能起到作用。他说："行军必以选将为先，国家简贤任能，岂不欲得人而任？"①

王茂荫认为，在人才使用上，有四种情况是不幸的：

一是"以有将才之人，而交无才之人用，上既不知所以用，而下又不乐为用，则有用亦归于无用矣"②！

二是只是一般地使用人才，而不能破格超擢，这与不用人才没有什么不同。他仍然以军旅大事为例说："方今能者不易得，若得之而不用，用之而不使各路之兵皆为所用，则必不济；用而不能统全局而大胜大破之，终亦与不用等。"③

三是不能虚心采纳有才者的意见。他说："有善用之人，或献谋而不见听，或力谏而不见从，则虽有真才，而亦终无以见。今天下多患无才，窃恐湮没于此中者，正不少也！"④

四是有才能之人被任用后，工作中偶有闪失，就轻率解除职务。关于胜保的使用问题，王茂荫不止一次上疏发表意见。胜保被任命为统兵，与王茂荫力荐不无关系，他因骄矜而贻误战机受到处分，王茂荫仍然希望他"翻然改为，由战将而进而跻于大将"⑤。至于胜保不能"翻然改为"，一错再错，最后走向反面，那实在是他自己的悲剧。

正因为如此，王茂荫的结论是："聪明材力，误用可惜。"他所说的"误用"，既包括未能及时选用人才，也包括一般地使用人才而不能破格擢用，委以重任，以便其施展才能。不论何者，皆属人才浪费。而人才浪费，是最可惜的事情。

---

① 王茂荫：《论怀庆兵事折》，《王侍郎奏议》卷四·寺稿上。
② 王茂荫：《请将臧纡青随同吕贤基办团练折》，《王侍郎奏议》卷五·寺稿下。
③ 王茂荫：《论怀庆兵事折》，《王侍郎奏议》卷四·寺稿上。
④ 王茂荫：《荐举人才折》，《王侍郎奏议》卷九·省稿四。
⑤ 王茂荫：《论胜保折》，《王侍郎奏议》卷七·省稿二。

　　当然，晚清名臣思想家王茂荫强调理财也好，强调用人也好，目的都是为巩固清王朝的统治。在太平天国革命兴起之际，他强调人才问题，也主要是从"理财"和"平乱"角度考虑问题的。这与他的政治态度完全一致。用历史唯物主义的观点来分析，这是不足为怪的。"观今宜鉴古"，王茂荫人才观中的积极方面，无论如何值得我们借鉴。

## 第四节　王茂荫的军事观

　　以前的王茂荫研究，都很少涉及王茂荫的军事观。其实，王茂荫的军事观是很值得研究的。一部十一卷的《王侍郎奏议》，共收王氏奏折102个，其中专门谈论军事进攻与防御的奏折就有53个，占所收奏折大半。此外，在其他谈论人才与时务的奏折中，他也同时谈论到军事问题。他的这些关于军事问题的奏折，上奏在咸丰二年（1852）至同治元年（1862）这十年间，这一时期，正是太平天国军兴以后清王朝处于严重的内忧外患时期。

　　扼要地说，王茂荫的军事观集中在以下五个方面：一是"行军打仗，选将为先"；二是"紧逼驻扎，靠前指挥"；三是"战略要地，兵家必争"；四是"知己知彼，百战不殆"；五是"骄兵必败，自古为戒"。

### 一、行军打仗，选将为先

　　太平天国革命爆发的第三年即咸丰三年，已承平日久、腐败无能而又因循粉饰的清廷方将选将练兵提上议事日程。这年二月初二日，咸丰皇帝在一则"上谕"中说："令各旗营官兵，挑选精壮，实心简练，并令该营大臣常川督率，阅兵大臣分班亲阅，使马、步、火器一律严整。等因，钦此。"

　　同年二月十二日，时任监察御史的王茂荫看到这一谕旨，即给咸丰帝上《选将练兵折》，在这道奏折中，他原文抄录了咸丰的"上谕"，以"仰见圣谟深远，自足大振军威"十二字过度，紧接着说出了掷地有声的话语：

　　　　唯是练兵必先练将。将不知兵，虽日事操演，亦似无益。现
　　在承平日久，各旗营大臣曾经行阵者少，未必尽属知兵。但令循

例奉行，未免徒成故事。当此时事孔亟，伏乞皇上令各旗营大臣，

或选择曾经出师、历过行阵之员，以资教导，兵丁虽年纪已老，

亦堪任用；或延访素习武略、谋勇兼优之士，以资讲求调度，虽

出自草野，亦许保举。庶几冀得将材，足胜御侮……天下之事，

多坏于因循粉饰。①

咸丰三年七月二十日，王茂荫上给咸丰帝的《论怀庆兵事折》，可以说是一篇阐发其军事思想的檄文。有道是"兵熊熊一个，将熊熊一窝"。在这篇檄文中，他依据其卓尔不群的人才观，对行军打仗必须首先选择好将帅作了阐述，他说：

窃臣闻三军之命，系于一将。将得其人，则军用命；不得其

人。则军不用命。故行军必以选将为先。国家简贤任能，岂不欲

得人而任。然而承平日久，军旅之事，在群臣既多未学，行阵之际，

非历试亦无由知。能者固难期，不能者亦难辨。军兴数载，贼氛日炽，

皆由将未得人故也。②

他劝谏咸丰帝：

为巨室必使工师，治玉必使玉人。况军旅大事，安得不任能

者！军中得一能人，未必即足济事；而任一不能人，则必足以误事。

各路统兵情形如此。③

尤为难得的是，同治元年四月二十日，他开缺养病多年刚刚复出署都察院左副都御史，得知四川与河南的太平军进击陕西，非常忧虑，即上《请饬潘铎办理陕西军务折》，他在奏折中说："办理军务，贵得其人。"陕西巡抚瑛棨"未经兵事，恐非御侮之才"。而代理云贵总督潘铎在湖南时"守城御贼有效，兵机将略，年来尤为究心"。他建议旨敕潘铎办理陕省军务，而令瑛棨以员弁兵饷资给之，与张芾分投剿办。三人同心协力，庶可迅速蒇功，同时推荐熟悉军务的陕省陇川知州邵辅和陕西富平县知县江开"交

① 王茂荫：《选将练兵折》，《王侍郎奏议》卷三·台稿下。

② 王茂荫：《论怀庆兵事折》，《王侍郎奏议》卷四·寺稿上。

③ 王茂荫：《论怀庆兵事折》，《王侍郎奏议》卷四·寺稿上。

潘铎差委"①。因陕省军务告急，有关大臣决定调拨尚未正规训练过的"南苑兵"入陕，同时任命虽然为战将但却"非独当一面之才""负乘偾事"（《清史稿》论曰）的德兴阿为统领，王茂荫得知之后，深为震惊，又立即上《请止调南苑兵赴陕折》，他在折子中说：

> 臣闻陕西军事，现调拨南苑兵，又命德兴阿为之统领，闻者人人诧异。夫将者，三军之司命也。君不知将，谓之弃其国；将不知兵，谓之弃其师。盖古人之慎重若此。德兴阿前在扬州、天津偾事，有明征也，何以保其此后之不偾事乎？现在可称为完善省分者有几？国家之有陕西，实不堪再为尝试矣。②

同一时期，他还上奏说"将得其人则利，不得其人则害"③。

### 二、紧逼驻扎，靠前指挥

咸丰三年（1853）八月二十二日，王茂荫在给咸丰皇帝的《请饬山陕统兵各员逼剿片》奏折中说道：大将胜保已率军绕出贼前，可以扼贼北窜，但恩华等督领大员倘不知何日可到，兵贵神速，伏乞皇上严限诸将以必到之日，"到即与胜保等合力围攻，勿更似怀庆之远驻隔河四十里外"。他认为，追剿部队一定要紧逼驻扎，如果"其大员率拥兵驻扎远处，为藏身之固，以致贼到即破"。因此，"此时各路防守大员，务令逼紧驻扎，既可大壮军威，尤便相机协剿，若有以离贼远处为必宜守者，即系饰辞以遂畏缩之情。"④

其实，早在一个多月前他在上给咸丰皇帝的《论怀庆兵事折》中，就表达了紧逼驻扎，靠前指挥的思想。他认为，战场形势瞬息万变，前线指挥员必须靠前指挥，临机决胜。他以当时的统兵讷尔经额为例，指出："总统如讷尔经额远贼百里，接仗情形尚未得见，安能临机决胜乎？夫兵谓之机，临机应变，盖有不容发者，是殆非远隔百里所能知也。且贼计百出，不乘其计

---

① 王茂荫：《请饬潘铎办理陕西军务折》，《王侍郎奏议》卷十·续稿。
② 王茂荫：《请止调南苑兵赴陕折》，《王侍郎奏议》卷十·续稿。
③ 王茂荫：《论成明不可赴军营请用宝山折》，《王侍郎奏议》卷十·续稿。
④ 王茂荫：《请饬山陕统各员逼剿片》，《王侍郎奏议》卷五。

之未定，协力扑灭，坐事迁延，事机必且又变。"

然而，太平天国军兴以后，特别是咸丰早中期，有多少清军将领甚至高级将领是按照王茂荫这一军事思想进剿的呢，实在没有多少。更多的倒是进剿时在距太平军老远就扎营骚扰，以各种饰辞，强调远处驻扎为宜，从而"遂其畏缩之情"。既然如此，清兵愈进剿，太平军愈强势，东南半壁成涂炭，大清几于不可收拾，势成必然。

通过观察、分析与判断，王茂荫比较看好当时怀庆战场追剿北伐太平军的四路清军官兵中胜保率领的一支，有由他担任怀庆前线总指挥的意向，他说：

> 方今能者不易得，若得之而不用，用之而不使各路之兵皆为用，则必不济；用而不能统全局而大胜大破之，终亦与不用等。幸得一胜保，能既已见，用即宜专。伏望特旨，命恩华与胜保合为一军。恩华为宗室懿亲，必有推贤让能之美，而无嫉贤妒能之心，胜保有功即恩华之功。其总统讷尔经额，但令遥作声援，不必勉强轻动。而其所带弁兵与各路弁兵，均饬听胜保调遣，有畏缩者许以军法从事。庶可克期并举，四面进攻矣。贼在怀庆，如在肘腋，一日不灭，北方一日不安。不独各路进剿之兵其费难计，即京师与直隶东西各省防堵之费，亦甚难计。择能而使，行军胜负之机，即天下安危之机。破此一股，然后可及他股。伏祈皇上立奋乾断，勿更瞻顾周旋。军机大臣祁寯藻忠荩有余，刚断不足，语言唯恐伤人，知胜保之能，亦未必即敢力言。①

### 三、战略要地，兵家必争

战略要地是指对战争的进程乃至全局有重大的决定性影响的地区，又称战略重地。自古交战双方，都十分重视对战略要地的争夺和控制。

清军官兵防剿太平天国革命初期，王茂荫虽然不是清军指挥员，但却十分关注军事问题，选拔军事将领是他最关心的事。此外，战略要地的争

---

① 王茂荫《论怀庆兵事折》，《王侍郎奏议》卷四·寺稿上。

夺与控制，他也反复强调。

太平军占领江宁（南京）是在咸丰三年（1853）二月，在这之前，至少有三个战略要地——安徽的小孤山、江西的九江和湖南的岳州，王茂荫是念念不忘，一再提醒的。

关于严防死守长江防线中的安徽小孤山，王茂荫大声疾呼过多次。咸丰二年十月初九日，他在上给咸丰帝的《筹备安徽防剿事宜折》中，第一次提出要守小孤山。事后实践证明，他当时对军事形势的分析判断完全正确。他说："安省与两湖一水可通，湖南大兵剿贼，贼必将四窜，一或窜入湖北，则顺水乘风，三四日可到。"[①] 他强调说：

> 防必期于扼要，饷始免于虚糜。安省防堵，不在省城，而在安庆府属之宿松。该县与湖北黄梅、江西彭泽均属交界。大江中流，特耸一小孤山，俨为门户，非独安省之扼塞，实亦全江之锁钥。自来元、明御贼，使不得过安庆，全在于此。此处善为设防，贼断无从飞越。顾臣所虑者，不在设防之难，而在得人之难。[②]

第一次提出严防湖南岳州，同时第二次提出死守小孤山，是在咸丰二年十一月十二日上给咸丰的《请严防岳州以固荆武折》中。在这道奏折中，王茂荫开门见山称其上奏是为了湖南贼匪虽窜，未知所向，急宜严防岳州、荆州、武昌，并请严饬大帅迅速兜围事。他说：

> 臣读日抄，知湖南贼匪于十月十九日黍夜纷奔，有窜至宁乡之说。而署督徐广缙分饬员弁，防其窜入常德、宝庆。常德固商贾聚集之区，该匪或不无歆羡；宝庆则退回广西之路，该匪自广西来，岂不知该处菁华已尽？臣以为，宁乡逼近沅江，直达洞庭，其窥伺岳州，势所必至……
>
> ……倘岳州稍有疏失，则湖北必为大震。大江顺流而下，既无水师，又无厚饷。臣前奏请办安徽防堵，扼守小孤山，未知曾否准行？倘江西与安徽江防稍疏，只以不扰民为高，不以先弭患

---

① 王茂荫：《筹备安徽防剿事宜折》，《王侍郎奏议》卷二·台稿中。
② 王茂荫：《筹备安徽防剿事宜折》，《王侍郎奏议》卷二·台稿中。

为要，则由长江而下江西之九江，安徽之省城一水可通，并无阻遏，恐江淮人心亦复震惊。况荆州为古力争之瞰地，康熙年间，吴逆构乱，逼扰岳州当国家鼎盛之时，亦费全力以取之，现在更宜加谨可知。①

王茂荫所说的"岳州"，即湖南之岳阳，古称巴陵。其实，他前一奏折上陈之时，湖南岳州已被太平军攻占。实践证明，王茂荫对局势的判断是准确的。

岳州陷落，湖北告急！长江东下一线岌岌可危！

咸丰二年（1852）十一月十九日，王茂荫再上《筹备湖北水陆防堵事宜折》，他在奏折中说：

> 长江东下，由江西九江，过安徽省城，直指江宁，顺流扬帆，不过旬日。漕、盐两务，皆在东南，国家养命之源，一经骚动，关系匪轻。此一路所以最宜防也。陆路一由孝感达河南之信阳，一由襄阳达河南之南阳与陕西之南山。贼若由孝感三里城至信阳一路，南北通衢，可以直犯中原。右由襄阳至南阳，则河洛震惊，若至陕西之南山，则尤宜出没。此两路所以宜防也。防水路之法，请以江西兵勇调至九江驻扎，以江南水师调至安徽之小孤山，拦江截守。以安徽绿营兵弁调扎小孤山之两岸。此处江面最狭，不过里许，而小孤山壁立中流，水师依山据险，迎头奋击；两岸兵弁，枪炮夹攻，贼匪自难飞渡。唯小孤山南岸皆山，有险可守；北岸旷野，非得重兵掘濠修垒，不足以资堵御。且北岸宿松、望江一带，亦系通衢，不可不一律兼防。②

这里，王茂荫再次提到要守小孤山！他第三次吁请防守九江、防守小孤山，有一个专门奏折，即著名的《请严守小孤山片》，这个奏折是咸丰二年十二月十四日上奏的，同一天他上奏了《条陈军务事宜折》。《请严守小孤山片》只有350余字，全文照录：

---

① 王茂荫：《请严防岳州以固荆武折》，《王侍郎奏议》卷二·台稿中。
② 王茂荫：《筹备湖北水陆防堵事宜折》，《王侍郎奏议》卷二·台稿中。

再，臣闻安庆大江，唯小孤山可守。从前元、明之守，载在史册，至今地方犹传。安庆大员，唯臬司张熙宇能办事。以张熙宇守小孤山，似为得宜，而虑其独力难支，故尝迭奏，请用周天爵。乃近闻督臣陆建瀛以小孤山为不可守，今又闻抚臣蒋文庆欲撤小孤山之守，真不可解。舍小孤山不守，不知欲守何地。以为守省城耶？是舍门户而守房室也。省城周围不过九里，倚山临江，无论未必能守，即能守，而贼舍之不攻，亦可直达江宁矣。是不守小孤山，直欲开门而延盗也。然督抚两大员有此意见，一臬司何以当之？即或勉力支撑，必且动成掣肘。贼一过江，此地恐不可问矣。此地不守，而贼即在江宁矣，天下大局可为寒心。伏乞皇上严饬督臣以必保九江，严饬抚臣以必保小孤山。两处有失，唯该督抚是问。并请钦派可靠大员，于小孤山协同防堵，使贼必不得过，江南幸甚！天下幸甚！谨奏。[1]

从战略位置考察，江西九江是太平军沿江东下直取安庆的必经之要隘，安徽小孤山是安徽省城安庆的门户，而安庆又是江宁的门户。太平军欲取江宁，必先占安庆，欲先占安庆，必先克小孤山，欲图小孤山，必先克岳阳与武昌，再克九江。正因为战略位置如此重要，所以王茂荫一而再再而三地劝谏，不嫌其烦、声嘶力竭地吁请防守这些战略要地，可惜始终不被最高统治者所重视，随着战局的发展，结果必然不妙。

果然，咸丰三年正月初二（1853年2月9日），太平军自武汉顺长江东下，十四日冲破清军宿松防线，向安徽省城安庆推进，十七日，太平军渡江进攻安庆，杀巡抚蒋文庆，缴获库银34万余两，制钱4万余串，仓米3万余石，大炮189尊。十八日，太平军拔营东去，进军江宁（南京）。同年二月初十日（1853年3月19日），太平军攻克江宁，并定都为"天京"。

王茂荫关于抢占和控制战略要地的思想，还可以从他所论关于徽州与宁国的防御利害关系举例说明。

徽州位于皖南山区腹地，情况与其他地方有所不同，军事防御应从当

---

[1] 王茂荫：《请严守小孤山片》，《王侍郎奏议》卷二·台稿中。

地实际情况出发，因地因势制宜。王茂荫在一封《遗札》中说：徽州"处万山中，天险可守，又地僻粮少，无所可贪，故自古鲜见兵甲"①。清咸丰同治年间，徽州之所以为祸难所被，依王茂荫的说法，系由青阳、石埭（今安徽石台县）人招引之。他原话如此："窃综前后之所闻，推（徽州）祸难之由致，因思贼之入徽，实青、石之人所招。青、石招贼入徽，关徽勇之奸淫掳掠致之。而勇之所以如此，则以花会之人为之也。"②咸丰四年正月，太平军零星小部"攻扰祁、黟，劫财物，掳民人，其势方炽，一闻浙有援兵即至，遂惊走退去"③。而在这之前，王茂荫就提醒过，徽州防御的战略要地不在府衙县城，而在四处关山要隘，尤其是与江西饶州接壤的婺源边界和祁门边界，以及毗邻江北安庆的黟县、太平边界。咸丰三年八月二十二日，他在上给咸丰帝的奏折中说：

> 臣闻现在江西逆贼，窜扰饶州、乐平等处，该处与徽州之婺源、祁门紧相连接。徽处万山之中，四面交界之处，多有崇山峻岭，天险可守。守徽州与他郡不同，他郡务在守城垣，徽州务在守边界。边界守得住，全郡可保；若边界不守，全郡即将糜烂。城垣卑薄，亦断无能保之法。本年自春以来，臣迭以此意致在籍绅士，江西有警，务请本府赴婺源、祁门督办团练防御。乃至今仅闻休、祁两县竭力设防，而婺源无闻，知府亦未曾到祁、婺等处。若知府坐守府城，置边界要隘于不问，将来势必不保。④

咸丰四年四月初六日，他在上给咸丰帝的奏折中，第一次提出守徽保浙的战略构想，他说：

> 徽处浙上游，为浙之西路门户，若有疏虞，顺流而下，以达于杭，实有建瓴之势。唯入徽之境，率皆崇山峻岭，能保徽州，

---

① 王茂荫：《遗札》，原件藏王茂荫裔孙处。该《遗札》拟为清咸丰末同治初王茂荫写给当时带兵驻守祁门的曾国藩信文底稿。

② 王茂荫：《遗札》，原件藏王茂荫裔孙处。该《遗札》拟为清咸丰末同治初王茂荫写给当时带兵驻守祁门的曾国藩信文底稿。

③ 王茂荫：《请将徽州暂隶浙江折》，《王侍郎奏议》卷七·省稿二。

④ 王茂荫：《请饬徽州知府驰赴婺源防堵片》，《王侍郎奏议》卷五·寺稿下。

方能保浙。况苏、杭素称富庶，久为逆匪觊觎，其所以不即攻扰者，以常、镇一路有向荣以扼之。上年扰及饶州，本年扰及祁、黟，未必非窥伺浙省之意。臣愚以为为今之计，似宜为变通，以徽郡暂归浙江管辖，缓急相援，可以借浙之力保徽，亦可借徽之力保浙。唇齿相依，庶期得力。①

咸丰四年（1854）闰七月初九日，在《请保徽宁以固苏杭片》的奏折中，王茂荫进一步阐述了守徽保浙的战略构想，指出：

> 臣思浙江虽似完善，而兵单饷竭，人所共知。该抚臣尚能将本届全漕运津，京师人心藉以安定。即苏省本年未经办漕，若年复一年，浙之嘉、湖近苏诸郡，势必效尤，抗不完纳。是今必得早奉严旨，饬下新任苏抚臣，督属预筹新漕事宜。况该省岁收丰稔，积谷必多。今贼匪已觊觎及此，岂可不急为之防。保护浙、苏，必先保护徽、宁；欲徽、宁之晏安，必先于江面上游太平、芜湖、池州三口岸，派委水师得力将弁，多带师艇、拖罟，红单各船，于各口岸堵剿兼施，联络上下声势。但能不令一匪船阑入内河，则所以保苏、杭，以保全明岁南漕者，为功实大。倘此三口不能扼守，而徽、宁稍有疏虞，则顺流入浙，不日可至杭州。浙江未经战阵之兵，即该抚训练激励，不至畏葸，而力不敌众，有堪深虑者。彼时大江南北两帅，以收复镇江空城、瓜州破垒为捷报，臣窃谓所得万不偿所失也。伏望谕知向荣，严饬水师，多派师船，横截太平、芜湖江口；仍望特饬琦善，分拨水师，溯流而上，直达安庆对渡之池州大通河口，实力戒击，与太平、芜湖两口之师船联为一气，不得稍存畛域之见。②

关于宁国在全局中的战略位置及其防御策略，王茂荫的战略眼光也决非一般军机大臣和军事将领所能企及。咸丰五年二月二十二日，他在《请饬张芾往徽宁一路防堵片》中，作了这样的分析：

---

① 王茂荫：《请将徽州暂隶浙江折》，《王侍郎奏议》卷七·省稿二。
② 王茂荫：《请保护徽宁以固苏杭片》，《王侍郎奏议》卷七·省稿二。

臣闻徽州现又被贼，贼屡窥此，意必有在。此地倘为贼破，则以建瓴之势东下浙江，固在意中；而西道江右之饶州，一湖相望，又将与九江声势联络。且由徽而与池、太之贼，三面以攻宁国，宁国势不能守。宁国不守，则安省之江南四府已为打成一片，而苏、杭处处皆通，于大局甚为可虑。徽州处万山中，四面崇峻，原自有险可守。无如府县皆甫到任，而本地绅士又鲜御侮之才。学政沈祖懋闻现带勇赴渔亭防堵，素少经练，恐亦难恃。即浙抚极力维持，亦止能固东方一面。窃见前任江西巡抚张芾，曾奉旨交和春、福济差委，江北大员颇多，可否请敕将张芾派往徽、宁一路，择要驻扎，筹办团练防堵事宜。资其声威，加以董劝，当较得力。[①]

随着战略要地的反复争夺与战局的纵深发展，在长江一线中，江西九江与江苏浦口的战略防御显得尤为突出。关于九江，王茂荫认为：

南方之势全在长江，长江之要全在九江。此陆建瀛当日之败逃，所为关东南全局也。夫以曾国藩、塔齐布水陆两军，三日而克武汉，长驱直下，势如破竹，独于九江数月不下者，盖贼以九江为扼要，故悉全力以守之，如扬州瓜步，虽屡挫败，终不肯舍之。今之分窜汉口，正欲使我师回救，彼乃得保九江而无忧耳。若曾国藩等一行回救，不独前此之功废于一旦，即后此欲复至九江城下，窃恐难矣。何则？贼惩前失，但得我师一动，必悉九江之全力以上拒，使我不能下行也。贼势之盛，全在得长江千数百里之地姿其游行，数省沿江郡县姿其劫掠。兵无阻处，粮无断处，故得肆行无忌。今自汉口至九江，其间亦几六百里。我兵驻九江不退，则此段江面为我有；虽不回救，而与上游声势联络，尽可调兵拨船于其间，贼终有畏忌，不能往来自如，一退，则全江皆为彼有，下游消息不通，纵留兵于九江，亦必被拦截。此九江之所以万不可舍，而回救之非策也……为今之计，唯有专心一志，力图九江。九江未下，不独将不可轻动，即兵亦不可多分。九江既下，亦必多用兵勇，

① 王茂荫：《请饬张芾往徽宁一路防堵片》，《王侍郎奏议》卷八·省稿三。

第二章 王茂荫研究

扼要驻扎，以成重镇。①

关于江苏浦口，王茂荫认为这里最为扼贼北窜之要，咸丰三年太平军窜皖、豫、晋而至直隶，即由此驱入。咸丰六年春，有关统兵偶将浦口防兵调移至扬，结果导致太平军遂乘机大股而来，攻陷浦口，径趋六合围城，如果不是张国梁救援之速，血战之力，杀退贼兵，很快收复浦口，六合早已不可保。王茂荫由此得出结论，"可见贼情固日思由此北窜，专伺隙而动也；是可见浦口防兵万不宜有移动也"。当时，张国梁克复浦口时，水路亦赖有叶常春等艇师在江面截杀。浦口这一战略要地，不仅陆营之兵不可动，水路之兵亦不可动，前车之鉴，后人之师。

咸丰七年九月王茂荫上奏折说：

> 近闻浦口防兵有调往瓜、扬之说，该处仅留兵五百名，并将久驻浦口得力之水师一并调开，绝无防堵，不独对岸下关观音门之贼船，可以扬帆而至浦口，即江浦城内之贼，亦可出而与南来之贼并攻六合。窃思六合坚守数年，贼之垂涎甚久，结恨甚深。若此自撤藩篱，倘一旦有警，救援不及，不独该县忠义之民尽成灰烬，可为悯惜；且六合不守，则由泗达淮，毫无险守，贼将直趋而北，尤为可虑。不知统兵大臣何以出此？如谓调守瓜、扬，则瓜、扬守已数年，并非兵少，何以必撤浦口之兵？如谓防贼北窜，则浦口亦北窜之路，何以反行撤防？此事利害安危，所关甚巨，臣偶有所闻，甚为焦虑，不敢不以上陈，务求皇上迅饬统兵大臣，不宜专顾扬州一面，必须通顾全局，即将所调浦口之营兵与水师，赶紧仍发回浦口防堵，以杜贼心窥伺之萌，以免上年窜扰之失，是为至幸。②

## 四、知己知彼，百战不殆

"知己知彼，百战不殆"，这个话出自中国春秋时期军事家孙武的军

① 王茂荫：《论长江形势请急图九江折》，《王侍郎奏议》卷八·省稿三。
② 王茂荫：《论浦口防兵不宜调动折》，《王侍郎奏议》卷八·省稿三。

事著作《孙子兵法》之"谋攻"篇，原话是："知己知彼，百战不殆；不知彼而知己，一胜一负；不知彼，不知己，每战必殆。"意为在军事纷争中，既了解敌人，又了解自己，百战都不会有危险；不了解敌人而只了解自己，胜败的可能性各半；既不了解敌人，也不了解自己，每战都有失败的危险。

王茂荫将"知己知彼"中的"知己"解释为"审己力"，而将"知彼"意会为"揣敌情"。他的原话是这么说的：

> 臣闻行军之道，贵揣敌情，尤贵审己力，所谓知己知彼，百战百胜。[①]

这里不能不提到晚清名将僧格林沁。僧格林沁（1811—1865），博尔济吉特氏，蒙古科尔沁旗（今属内蒙古）人，成吉思汗二弟哈布图哈萨尔的第26代孙，善骑射，道光五年（1825）入嗣袭扎萨克多罗郡王，旋入京为御前行走，道光十四年授御前大臣，后历任领侍卫内大臣、正蓝旗蒙古都统、镶白旗满州都统等职，颇得道光、咸丰二帝宠信。咸丰三年（1853）受命为参赞大臣，率骑兵防堵太平天国北伐军，咸丰五年俘获林凤祥、李开芳，晋封为博多勒噶台亲王。此人比较善于治军，所部亦为清军精锐，在与太平军和英法联军作战中，战功卓著，是清廷倚重的大将。但他气性骄横，不谙敌情，恃勇少谋，作战往往只图近利，而少远虑，终在同治四年（1865）五月于山东菏泽高楼寨之战中，中捻军伏击，全军覆没。[②]

咸丰三年八月，林凤祥、李开芳等率领的北伐太平军攻入京畿重地，钦差大臣讷尔经额师溃临洺关，河北正定告急，咸丰帝诏授惠亲王绵愉为奉命大将军，僧格林沁为参赞大臣，亲自将清太祖努尔哈赤使用过的宝刀授予僧格林沁，命其率军进剿。咸丰三年九月二十一日王茂荫上《请催僧格林沁迅速赴剿折》之时，僧格林沁正受命以参赞大臣，统领劲旅出京防堵北伐的太平军，驻防紫荆关。王茂荫在奏折中说："逆贼北来，意在窥我虚实，以图大举入寇。观其屡次窥窃渡河，竟由温而至怀庆，迨为胜保

---

[①] 王茂荫：《请催僧格林沁迅速赴剿折》，《王侍郎奏议》卷五·寺稿下。
[②] 慈禧太后曾有言："僧格林沁在，我大清国在；僧格林沁亡，我大清国亡。"僧格林沁战死沙场，清廷上下一片震惊，皆以失去"国之柱石"而惋惜。嗣后，清廷只得依靠曾国藩等汉族军事统帅及湘军、淮军。

所迫，势不能北，乃入山西，由山西曲折奔驰，不窜陕境，而仍窜直境，其情可见。"①对僧氏统全军会剿，同许多大臣一样，王茂荫也寄予厚望，不意僧氏率部于九月中旬行至涿州便安营扎寨，各路亦皆不前。而太平军自九月初六渡河以后，亦迁延于深晋之间。王茂荫在奏折中称："臣闻参赞勇优长，想其在涿，自有深意，非寻常所能窥。"他揣测说，僧氏如果是"欲遂为防守，则臣窃谓非计"。因为，"自逆贼窜出广西，至今皆为守字所误。远而衡岳，近而临洺，何处不防？何处能守？此前车之鉴。夫守所以防贼来，我能杀贼，贼从何来？我不杀贼，贼来又焉能守？向之言守者，皆怯也。且守亦必审时势，果使贼众我寡，贼盛我衰，锋不可当，力不能制，因而持重以老贼师、疲贼力，待贼粮尽，然后一举灭之，此亦有说。今贼自怀庆窜逸，止于数千，即有裹胁，亦不过万，而我军不啻数倍，是贼寡我众也。贼既屡败，又奔驰数千里，其众已疲惫不堪，而我军蓄锐既久，一鼓作气，是贼衰我盛也。我方操此胜算，而贼以疲惫无援之孤军远来送死，不即灭之，而何待耶？况战则利在我，而守则利在贼。时至今日，有万不可以言守者。贼住一日，既可养息，亦便裹胁。我住一日，锐气日堕，精气日销。贼人所过劫掠，行不持粮。我军需饷甚繁，部库告匮，坐守一日，縻饷不知若干。设贼不遽来，亦不遽去，进不敢战，退不敢撤，如此数月，饷绝兵溃，不待贼至，而已自困矣。遑言守乎？"②王茂荫先以主张防守的口气称：现在主张防守的人可能会说，剿贼之任还是由胜保来完成吧。岂不知胜保所带之兵，在怀庆攻剿两月余，在山西又奔驰月余，其力亦至疲矣。善御马者，不竭马之力；善用兵者，不竭兵之力。胜保之竭力如此，由他进剿并不妥。他说："总之，此番之贼，断不可使有一人得返，有一南返，贼必轻我而更来。为今之计，贼方以怯疑我，即因其情而用之。"③紧接着，依据兵不厌诈的原理，他亮出自己"声东击西"与"明修暗度"的战术，以图出奇制胜之效，他的原话是：

---

① 王茂荫：《请催僧格林沁迅速赴剿折》，《王侍郎奏议》卷五·寺稿下。

② 王茂荫：《请催僧格林沁迅速赴剿折》，《王侍郎奏议》卷五·寺稿下。

③ 王茂荫：《请催僧格林沁迅速赴剿折》，《王侍郎奏议》卷五·寺稿下。

愿皇上密饬王大臣等，明发号令，按兵防守；阴选敢战之将、敢死之士数千人，潜师疾趋，昼夜兼行，离胜保营数里驻扎，暗与会合。俟胜保攻战急时，陡出参赞旌旗，挥兵直击。贼众狃于官兵逗留之积习，必不料我骤至，一旦出其不意，不啻从天而降，于惊惶失措之余，一鼓灭之，使各路之贼咸知大皇帝之威灵，参赞之谋勇，京营劲旅之利害，心悸胆栗，不敢更生北窜之念矣。[1]

据《清史稿》僧格林沁本传透露，当年十月，北伐的太平军攻陷静海，窥视天津，僧格林沁率部在天津南王家口与北伐军开战，北伐军损失惨重，被迫退到连镇一带。（咸丰）四年正月，僧格林沁会同钦差大臣胜保军乘夜越壕燔其垒，太平军南逸，被追击至子牙镇南，擒斩甚众，因大败北伐军，被咸丰帝赐予"湍多巴图鲁"称号[2]。接着，又连败北伐太平军于河间束城村、献县单家桥、交河富庄驿。在胜保的配合下，后在连镇大败北伐太平军。

实践证明，在"审己力""揣敌情"之基础上，王茂荫主张僧格林沁与胜保联手会剿的战略方针，不失为正确的战略方针。《清史稿》所云"僧格林沁围林凤祥、李开芳于连塘，久未下，命胜保回军会剿"[3]，很可能是咸丰变通地采纳了王茂荫的谏议。

### 五、骄兵必败，自古为戒

"骄兵必败"，这是兵家常识，意为骄傲的军队或将士必定打败仗。班固《汉书·魏相传》云："恃国家之大，矜民人之众，欲见威于敌者，谓之骄兵，兵骄者灭。"骄名必败这个汉语成语出于此。著名作家曲波在《林海雪原》中也有言："古人云'骄兵必败'，这就是少剑波致死的原因。"

王茂荫讲"骄兵必败"，是在咸丰四年（1854）闰七月初九日上给咸丰的《论胜保折》中，其原话为：

---

① 王茂荫：《请催僧格林沁迅速赴剿折》，《王侍郎奏议》卷五·寺稿下。
② "巴图鲁"为满语中"英雄""勇士"一词音译，与蒙古语的"巴特尔"同源。元明时期，音译为"拔都""拔都鲁""八都儿"与"把都儿"。清代对于有武略武功过人的勇士，命为"巴图鲁"，获此嘉赏者有至上的荣耀。康熙大帝为"大清第一巴图鲁"。清初鳌拜也曾被称呼为"巴图鲁"。
③ 赵尔巽等：《清史稿》列传第一百九十"胜保"。

人心一有自喜之念，则骄矜不期而生。由是谀言日至，善言不闻，一切措施皆误而不自觉。故骄兵必败，自古为戒。①

王茂荫是在分析评论晚清将领胜保时作以上表述的。

这里先介绍一下胜保。胜保（？—1863），字克斋，苏完瓜尔佳氏，满洲镶白旗人，道光二十年（1840）举人，考授顺天府教授，迁赞善，以大考二等，擢侍讲，迁国子监祭酒，屡上疏言事，甚著风采，历光禄卿、内阁学士。咸丰二年，上疏论时政，言甚切直。咸丰三年，任江北大营帮办军务大臣，截击太平军北伐，因兵解怀庆之围有功，加都统衔，赐黄马褂，予"霍銮巴图鲁"名号。后又因战功，"授钦差大臣，代讷尔经额督师，节制各路，特赐康熙朝安亲王所进神雀刀，凡贻误军情者，副将以下立斩以闻"②。林凤翔、李开芳等率领的北伐太平军转入直隶境，因督师讷尔经额师溃临洺关，胜保追贼不力，诏命惠亲王绵愉为大将、科尔沁郡王僧格林沁为参赞大臣，驻军涿州，直隶军务仍责胜保专任。胜保久攻高唐不克，遭革职，遣戍新疆。咸丰六年，召还，发往安徽军营差遣。咸丰七年，复授副都统衔，帮办河南军务，赴淮北剿捻军。咸丰八年，招降捻军首领李兆受、苗沛霖。咸丰十年，在河北通州八里桥抗击英法联军，战败；次年，擢兵部侍郎，支持慈禧、恭亲王发动"辛酉政变"，后赴山东招降捻首宋景诗。同治二年，授钦差大臣，督办陕西军务，镇压"回乱"，作战不力，接连战败。自以为在"辛酉政变"中有功，专横跋扈，拥兵养寇，靡费军饷，遭众大臣弹劾。同年十二月初四日，慈禧密诏多隆阿率部前往陕西，将其押送回京。次年七月，以"讳败为胜，捏报战功，挟制朝廷"等多条罪状，赐令自尽。

胜保就是这样一个因骄横而堕落，最后成为"败保"的人。

王茂荫在奏稿中专就一个将领而发表议论，同时在其他奏稿中又屡屡提及的，唯胜保一人而已。正是因为他看中胜保治军之前的直言敢谏及其他的善战，思才若渴的王茂荫才在咸丰皇帝面前一再举荐胜保，正如他自

---

① 王茂荫：《论胜保折》，《王侍郎奏议》卷七·省稿二。
② 赵尔巽等：《清史稿》列传一百九十"胜保"。

己所说："臣于该大臣初无素识，然爱之重之，亦尝称其能军矣。"① 咸丰三年七月二十日王茂荫所上《论怀庆兵事折》，可以说是特意向咸丰推荐胜保将才的一个折子。

王茂荫对胜保一直关注着。时间推移还不足一整年，耳闻朝野上下各方面对胜保功过是非的评论，深感胜保"举动日非，声名日坏，诚恐将以骄矜致误大事，而该大臣亦不得保其功名"②，他向咸丰皇帝上了《论胜保折》，直陈所闻。他上这个奏折的出发点仍然是珍惜人才：

> 伏愿皇上激励裁抑之，又从而提撕警觉之，使之憬然有悟，翻然改为，由战将而进跻于大将焉，则国家幸甚，该大臣亦幸甚。③

王茂荫禀告咸丰：胜保之所以久攻"贼数无多之高唐"而不克，是因为据闻胜保"谓高唐破后，必责以破连镇，责以南下而破金陵、镇、扬，彼自计不能，因而养此小寇以自安"；又听说胜保不再有新的战功是因"为小人所惑，现已耽于声色玩好，日饮酒为乐，不以军务为重"。王茂荫说，"该大臣素以报国自命，当不至此"。话是这么说，其实胜保这方面的问题是很严重的。最令王茂荫为之震惊的，是胜保"不得三心"：

一是"不得民心"。道光十二年（1832）举人四川新都人谢子澄，大挑一等，历官直隶青县、静海、邯郸、卢龙、滦州、无极县知县，所至皆有惠政，咸丰三年调天津，擢直隶州知州，留视县事，时北伐的太平军由河南进攻山西、河北，谢子澄募津勇三千人拒之，战死，"天津之人爱如父母"。胜保到津后，本该将谢子澄的事迹保奏，将乡勇从优请奖，以收民望而鼓舞士气，但他没有这么做，因而"津人之心遂不属之矣"；再者，咸丰四年（1854）深得民望的山东巡抚苏北人张亮基，正带兵勇守临清之际，突被钦差大臣胜保以"取巧冒功"而弹劾革职，而"（山）东人之心又不属之矣"。

二是"不得将心"。胜保被擢为统帅，因年纪轻资历浅，很多宿将难

---

① 王茂荫：《论胜保折》，《王侍郎奏议》卷七·省稿二。
② 王茂荫：《论胜保折》，《王侍郎奏议》卷七·省稿二。
③ 王茂荫：《论胜保折》，《王侍郎奏议》卷七·省稿二。

免不轻视，胜保"既不能谦冲以用群才，又未能调度出奇，如周瑜之有以服程普，故其不甚听令处有之"。胜保与诸将又很少见面，很少沟通，"每日但传令派某军出队，其出队之如何运谋，如何制胜，即领军人不知，其余将弁又安能识大帅之心"？王茂荫尖锐指出："不能得心，安能应手？夫分营围剿，其间距数里、十数里不等，必待令而动，则南营战而北营坐观，东面攻而西袖手，固无足怪。然兵至于不相救应，岂有胜理！军务机宜，间不容发贼虽诡谲，岂无间隙可乘？有可乘而莫之乘，往往都成错过，则不得将心之过也。"①

三是"不得兵勇之心"。王茂荫说，胜保"其待兵勇也，厚薄不免歧视，故勇多不为用。至兵宜为用矣，而又以宽纵失之。当其闻令不进，见贼辄退，未尝不肆口痛骂，极称要杀；而一经求免，即止不问。夫军令如山，大帅一言不可苟。苟可下杀，不宜轻出诸口；业经出口，则令出唯行，乃所为必罚也。杀而可以求免，其兵尚可用乎？"②

通过分析，王茂荫指出，以上"三心"，有一不得，就足以偾事了，而胜保竟"不得三心"。他的结论是胜保并非所谓"转战无前，所向克捷者"。为什么这么说呢，王茂荫指出：

> 臣尝细加访闻，知该大臣喜人称颂战功，又时以百战威声、一腔血愤自负，而窃有以得其故矣。人心一有自喜之念，则骄矜不期而生。由是谀言日至，善言不闻，一切措施皆误而不自觉。故骄兵必败，自古为戒。夫勇往直前，冲锋不避，此该大臣之能也，然此乃战之能也。古之大将不矜己能，不伐己功，集群谋而必使无隐，用群力而务尽所长，该大臣岂未前闻，而遽以自足耶？③

王茂荫以深为惋惜的口气说："昔诸葛亮兵数败衄，自咎不闻其过，谓诸君攻亮之过，则兵决可胜。田单以破燕之威，攻狄三月不能下，一闻

---

① 王茂荫：《论胜保折》，《王侍郎奏议》卷七·省稿二。
② 王茂荫：《论胜保折》，《王侍郎奏议》卷七·省稿二。
③ 王茂荫：《论胜保折》，《王侍郎奏议》卷七·省稿二。

鲁仲子言而下之。"[1] 王茂荫是多么希望胜保能向三国时著名军师诸葛亮学习，向战国时期齐将田单学习，去其骄气，虚心博采人言，憬然有悟，"翻然改为"，实现由战将到大将的转变。但是，不幸的是，一代战将胜保终因骄横而最终身败名裂。胜保被慈禧责令自尽之时，正是王茂荫重新复出之年，他一定是为胜保走向反面而深深遗憾的。

《清史稿》撰官论曰：

> 胜保初以直谏称。及出治军，胆略机警，数著功绩。然负气凌人，虽僧格林沁不相下。自余疆臣共事，无不龃龉互劾。文宗严驭之，屡踬屡起，盖惜其才也。始终以客军办贼，无自练之兵，无治饷之权；抚用悍寇而紊纪律，滥收废员而通贿赂，又纵淫侈不自检束。卒因袒庇苗沛霖，与楚军不相能，朝廷苦心调和而不之喻，遂致获罪，功过固莫掩也。[2]

# 第五节　王茂荫的吏治思想

吏治，旧时指地方官吏的作风与治绩。用今天的话说，所谓"吏治"，也就是各级干部的作风和他们的政绩。治国理政，吏治是关键，吏治腐败，亡党亡国。王茂荫的吏治思想集中体现在三个方面：

### 一、民惟邦本，良吏勤民

王茂荫继承、光大古代思想家、政治家"民惟邦本"的思想，希望为官者将百姓视为衣食父母，善待他们。从被收入《王侍郎奏议》的奏折文字考研，他最早使用"良吏"一词，是在著名的《条议钞法折》中强调行钞之法，同"保甲法""社仓法"施行一样，必须有好官监督执行才能生效时，使用"良吏"一词的，所谓"良法具在，苟非良吏，亦终不行"[3]。

---

① 王茂荫：《论胜保折》，《王侍郎奏议》卷七·省稿二。
② 赵尔巽等：《清史稿》列传第一百九十。
③ 王茂荫：《条议钞法折》，《王侍郎奏议》卷一·台稿上。

但是，表述"良吏"的一般标准，则是在咸丰六年（1856）八月十七日上给咸丰的《荐举人才折》中，讲到人才治国特别是"吏才"在治理乱世中的作用时提出的，他的原话是这样讲的：

> 凡为良吏，皆志在勤民，而不在获上，必不效趋承，不为阿顺。
> 不事钻营，非求诸三者之外则不见。①

在王茂荫看来，大凡能称为"良吏"之人，都是深得民心的"循吏"。"循吏"之名最早见于《史记》的《循吏列传》，后为《汉书》《后汉书》直至《清史稿》所承袭，成为正史中记述那些重农宣教、清正廉洁、所居民富、所去见思的州县级地方官的固定体例。除正史中有"循吏""良吏"的概念外，到元杂剧中又有了"清官"乃至民间的"青天大老爷"的称谓。

所谓"良吏"，说白了就是老百姓所讲的好官。这样的好官，他们的志向和用心，并不在"获上"（讨好和取宠上官），而是始终定位在勤勤恳恳为民众谋利益上。这样的好官，他们不懂得也不想学会趋炎附势，搞团团伙伙；不懂得也不想学会阿谀奉承，唯诺依顺；不懂得也不想学会拍马溜须，投机钻营。如果不以这样的标准衡量，就很难说是"良吏"。

在封建专制的背景下，王茂荫能提出"良吏"的概念和标准，并且是在奏给皇帝的折子中提出，难能可贵。他能提出这个概念和标准，反映民本主义理念在他的头脑中已经根深蒂固。

"民惟邦本"，这是中国古代思想家、政治家反复强调的道理。"民本"一词，最早出自《尚书·五子之歌》，原句为："皇祖有训，民可近不可下。民惟邦本，本固邦宁。"意思是说，民众是国家的根本，统治者要敬民、重民、爱民，认识到民众的力量，懂得自我约束，进德修行，慎重处理民事、国事；民众是国家的根本，根本稳固，国家方得安宁。

"民惟邦本，本固邦宁"的理念，在谙熟儒家经典的王茂荫来说，是青少年时代就已形成，入仕之后一直践行，并且贯彻始终。《论语·为政》有这么一段话："哀公问曰：何为则民服？孔子对曰：举直错诸枉，则民服。举枉措诸直，则民不服。"这段话的意思是：鲁哀公问："如何使民众服从？"

---

① 王茂荫：《荐举人才折》，《王侍郎奏议》卷九·省稿四。

孔夫子回答说："举用正直的，放置在邪曲的上面，民众便服了。举用邪曲的，放置在正直的上面，民众便不服了。"邪不压正，道理出于此。王茂荫青少年时期，作过一篇《则民服》的课稿，在这篇课稿中，他认为举直错枉，亲贤远佞，与普通民众也大有关系。他说，好德之心，人皆有之，每当贤者寂处茅庐，民众皆引领望之，常思奋不顾身引荐贤能；每当贤才得以任用，人民无不欢欣鼓舞，悦服于帝王洞鉴之明。又说，恶恶之情，人皆有之，每当大奸巨猾尚未执国柄，人民皆怀生灵涂炭之忧；每当奸邪之人被摒逐，顺民心得民意，人人皆敬服于帝王知人之哲。在课稿中，他还阐述了"小民"不可欺的道理。

时隔多年以后的咸丰六年四月初三日，他在《时事危迫请修省折》中，则以孔子以举直错枉奏对鲁哀公的典故劝谏咸丰皇帝，他说："昔鲁君以民服为问，而孔子对以举直错枉。夫举错何关于民？乃一直举而民快然若所亲，一枉错而民快然若所仇，岂必尝有德怨哉。盖斯民也，三代之所以直道而行也。故《大学》言：'平天下，唯在公好恶。'汉高祖封雍齿而斩丁公，盖当进者虽所不喜亦必用，当罪者虽所甚喜不亦必诛，正以收人心也。皇上诚察民之所好者好之，则好一人而可得千万人之心；察民之所恶者恶之，则恶一人亦可得千万人之心。"①

深受民本主义思想影响、在任有治绩的循吏好官，深得百姓敬畏，在民间有很好的口碑，他们一般不会激起"民变"，不会被造反。激起"民变"，被造反的官吏，一般都是些贪官污吏和奸佞臣僚。王茂荫虽然是站在封建统治阶级的立场上，但他看问题还是比较客观的。他说："民变总是由州县之办理不善，以致激成事端。但能开诚晓谕，惩治为首之长，余民即可解散，与逆匪（指太平军、捻军等——引者注）之轻重难易迥不相同。"②包括太平天国革命在内的历代农民起义，开始都源于一般的"民变"。起义的农民军对有循吏好官执政的地方，都退避不犯。咸丰三年（1853）二月，王茂荫在《请速剿捻匪折》中就指出了这一点，他说："庐、凤、颍三府，

---

① 王茂荫：《时事危迫请修省折》，《王侍郎奏议》卷八·省稿三。
② 王茂荫：《请饬江忠源瞿腾龙驰赴滁凤协剿折》，《王侍郎奏议》卷三·台稿下。

正在剿办捻匪吃紧之时，尤在守令得人，方足以固民心而资捍御。从前三省教匪案内，有居官素好之刘清，所到贼即退避。上年粤匪在湖南，有五县不犯，曰：'此其县有好官。'是可见州县官好，不独本境之匪不起，即他境之匪亦不来。"① 他劝谏咸丰皇帝降旨，将庐凤一带府县贪鄙昏庸、不能称职的官员严行参办，以"治贼之源"。"非独庐凤各府，亦非独皖省，而实为各省所宜实行。应并请旨，通饬直省各督抚，一体遵照办理，将贪官污吏严行参劾，免致为贼借口，实方今切要之务。"②

太平天国军兴方炽、捻军又起之际，王茂荫主张把参办直隶和各省昏庸不职之员及贪官污吏，作为"治贼之源"和防剿的"切要之务"，这不是一般谏臣考虑得到和说得出口的。

"民惟邦本，本固邦宁"，在王茂荫的头脑中是根深蒂固的，青年求学问道时期打下烙印，入仕之后执着地践行，一直贯彻始终。咸丰年间，他倡行币制改革，首先考虑的是推行钞法是否会"扰民"和"疑民"，他担心为发行纸钞"禁用银而多设科条，未便民而先扰民……谋擅利而屡更法令，未信民而先疑民"③。他以为推行币制改革，基本原则必须是"先求无累于民，尔后求有益于国，方可以议立法"④。他上书言事，都是关乎国计民生的大事，知无不言，言无不尽。咸丰年间，他不止一次地劝谏咸丰帝颁旨明示当今之民苦难深重，为官者应多多轸念民生。⑤

## 二、惩治腐败，急收人心

晚清时期的官场，贪污腐败已病入膏肓。王茂荫身在官场，洞若观火，

---

① 王茂荫：《请速剿匪折》，《王侍郎奏议》卷三·台稿下。
② 王茂荫：《请速剿匪折》，《王侍郎奏议》卷三·台稿下。
③ 王茂荫：《条议钞法折》，《王侍郎奏议》卷一·台稿上。
④ 王茂荫：《条议钞法折》，《王侍郎奏议》卷一·台稿上。
⑤ 咸丰三年八月初六日，他在《再请宽贷胁从以信恩旨折》中说："数年以来，民苦于贼，又苦于水，又苦于贪黩之地方官。兼之兵马之过境，不能不资于民；团练之经费，不能不出于民；军饷之捐输，不能不借于民。"咸丰六年四月初三日，他在《时事危迫请修省折》中又说："今日之民，苦至极矣。苦贼、苦兵、苦水灾，捻匪转徙无常，存亡莫定，流离穷迫，莫罄形容。皇上诚悯民生之苦，念切恫瘝，至诚恻怛，深自咎责，于随时随事，皆深视民若同胞。"

痛恨万分。贪腐成风与吏治不振，互为因果。

打铁先得自身硬，反对腐败和主张大力惩治贪腐的人，首先自己要堂堂正正为人，干干净净做事，决不贪腐，用老百姓的话说就是"自己屁股要干净"。王茂荫就是坚持这么做的。他知黑守白，严以律己，守身如玉，他没有什么特殊嗜好，"性恬淡，寡营欲，京宦三十载，恒独处会馆中，自奉俭约，粗衣粝食处之晏如"①。他在《家训和遗言》中告诫后人的一段话，讲得极为妙绝，他说：

> 凡人坏品行损阴骘，都只在财利上，故做人须从取舍上起。富与贵是人之所头章，所以从此说起也。此处得失利害关头，人心安得无动？惟当审之以义，安之以命。我命中有时，即不取非义亦有，命里无时，即取尽非义，终归于无。看着当下取来虽见为有，不知非灾横祸出而消耗之必且过于所取。须以当下之不取为消将来之横祸，则此心自放得下。古云：漏脯充饥，鸩酒止渴，非不暂饱，死亦随之。当时时作此想，则自然不敢妄取。渴不饮盗泉水，热不息恶木阴。有志者须极力持守，方可望将来有好日。②

他还说过"吾以书籍传子孙，胜于良田百亩，吾以德名留后人，胜过黄金万镒。自己不要什么，两袖清风足矣"，他是有清一代典型的清官。

王茂荫曾极力反对实行捐纳举人生员和入赀拜官制度，他认为这容易助长腐败。鸦片战争之后，特别是太平天国革命爆发后的第二年，面临内忧外患的清政府财政状况十分窘迫。为了增加财政收入，各种建议主张都提出来了，其中最下作的是几个当朝大臣建议咸丰帝实行捐纳举人生员和入赀拜官制度。用今天的话来说，就是要国家把文凭、官职也当作商品来出售。如果这个馊主意被钦定执行，势必导致腐败，国家的栋梁将由不学无术的饭桶充当。时在监察御史任上的王茂荫知道此事后，深为震惊，他决意抗疏劝谏。徽州民间相传：一天，王茂荫正准备起草给咸丰帝的奏折，不料他的一位很有钱的舅兄为捐官的事来请他帮忙。"听说政府将要实行

---

① 王铭诏、王铭慎：《显考子怀府君行状》，清光绪十三年刻本。
② 王茂荫：《家训和遗言》。见曹天生《王茂荫集》，中国档案出版社 2005 年版。

捐纳举人生员，我想请你替我捐个举人，再买个知县做做"，舅兄一进门，就说明了来意。王茂荫听后，既好笑又好气，他笑着问舅兄："你也想做官？做官有什么好处？我看你还是多读几本书，不然的话，做了官还得请别人代为签名。"这位舅兄还以为王茂荫在同他开玩笑，于是也笑着说："哎哟，现在的知县有几个是书读得多的？听说我们徽州府的府官还叫师爷给画行字呢，他还不是照样刮钱。""什么？当官是为了刮钱吗？如果是这样，那么老百姓何必要这个官？！真是笑话。对不起，这桩事我办不到，何况我正在写奏折劝谏皇上不能批准实行捐纳举人生员制度哩。"王茂荫真有点生气了。舅兄原以为王茂荫是当朝大官，请他帮忙捐个举人，再花钱买个知县做做，一定不难办到，不料却碰了满鼻子灰，便悻悻地离去了。当天晚上，在微弱的烛光下，王茂荫沉思良久，继而奋笔疾书，第二天，他的反对实行捐纳举人生员制度的奏折便呈送在咸丰皇帝的面前。这一传说是否确有其事，现已难考究，但是向以国计民生为重的王茂荫在咸丰二年（1852）九月初二日，给咸丰帝上《驳部议捐纳军功举人生员片》的奏折，却是历史事实。

王茂荫主张严查地方官员假劝捐之名以肥私。太平天国军兴以后，清政府军费开支骤增，财政支出捉襟见肘，难以为继，皇上诏谕各地"劝捐"办团练，即动员社会各界捐款组建地方防御武装。国家有难，社会各界帮助渡过难关，这本无可厚非，问题在于有人假劝捐之名而中饱私囊，这就是腐败了。咸丰年间各地的"劝捐"中，就出现了这类腐败，王茂荫主张严肃查处。

咸丰四年（1854）六月十三日，王茂荫在《论徽州续捐局扰害折》中反映"（徽州）民捐徒费，民患转深，势恐激变"，他揭露说：咸丰三年歙县一邑民捐制钱统计不下十万，"因经手之人冒销不可胜计，现在均已成空，乃复立续捐局，用不肖绅衿数人，按户诛求。有不遵者，或带勇登门以扰之，或锁押牵连以逼之。有老幼同系者，有弃房变产者。数日之间，集有三万，又声称要五十万。区区一邑，何能堪此！现在怨声载道，叫苦连天，民情皇皇，不可终日"①。"国家劝捐，原不忍竭民之力。果所捐为报国家之用，即竭力亦所当然。若以民捐之钱养勇，即以所养之勇害民，竭良善之脂膏，供无赖之鱼肉，贼不来而肆行无忌，贼一至而避匿无踪，则民命堪怜，钱款尤可惜。"② 由于安徽巡抚军务方殷，又苦于鞭长莫及，他恳请咸丰降旨，密饬一向公正廉明的浙江巡抚黄宗汉派员潜驰赴徽勘查，并立除勒捐锁押之威，以安民心。

咸丰年间，王茂荫上《江南北捐局积弊折》，既是从恤商考虑，更是为了惩治大江南北设立捐局抽厘助饷中出现的假公济私腐败行为。咸丰五年六月，王茂荫之所以再上《论徽州练局积弊折》，是因为徽州从咸丰三年开始劝捐办团练，加上各种"捐厘"，前后筹款"统计以钱合算，总不下七八十万串"，到咸丰五年初即称饷匮，"其中隐存者甚多"，王茂荫上书请旨，主张"即行查办"。

王茂荫还曾写过一个名为《为查办废员张秉德盘踞书院折》的奏折，此折未收入《王侍郎奏议》，它反映的是这样一件事：山西省介休县（现介休市）"绵山书院"，被一个捐纳教职、声名狼藉的废员张秉德盘踞十余年，将培养人才之区，据为私产和养奸之地，为害一方，败坏世风。他奏请"严饬认真查办，以重文教"。

人心向背，决定一切。在王茂荫看来，太平天国官兵都注意"收人心"，大清政权要维护自己的统治，就更要急收人心了。咸丰二年，他在《条陈军务事宜折》中说："臣闻贼（指太平军——引者注）之所至，专示假仁假义。其到汉口也，先使人安抚市肆，令如常买卖，毋得关闭。其买市物也，照常市价，无有短少，市人安之。而官兵（指清军官兵）一到，反多残害。近闻直隶、山东，亦有官兵骚扰之事。"他接着说："夫民为邦本，贼以不扰诱我民，而兵以骚扰迫我民，是驱民心以向贼也。民心一去，天下将谁与守？"③ 他把话说到这个份上，也真是够绝的。

---

① 王茂荫：《论徽州续捐局扰害折》，《王侍郎奏议》卷七·省稿二。
② 王茂荫：《论徽州续捐局扰害折》，《王侍郎奏议》卷七·省稿二。
③ 王茂荫：《条陈军务事宜折》，《王侍郎奏议》卷二·台稿中。

### 三、整肃纲维，振兴吏治

早在咸丰帝登极的第二年，王茂荫就在《条陈时务折》中用六句话二十四字分析了当时的国内形势："粤匪未平，河决未合，吏治不振，盗风不戢，人才不兴，庶务不治。"①"吏治不振"，是一大时弊。他不仅提出问题，而且根据自己的思想观点，提出了解决问题的建议和主张。他曾上过两个《条陈时务折》，前一个是咸丰二年（1852）上给咸丰帝的，后一个是同治元年（1862）上给同治帝的。咸丰六年，还给咸丰帝上了《时事危迫请修省折》。他的"整肃纲维，振兴吏治"的思想观点集中反映在这三个奏折中。

在提出"良吏论"和主张惩治腐败的同时，王茂荫还有五个方面的建言：

一是最高统治者要注意"修省"；

二是议政王与军机大臣要"务宜专一"；

三是要"言官宜务优容"；

四是"京城府尹不宜兼部务"；

五是"奔竞之风，宜杜其渐"。

所谓"修省"，即修身反省。咸丰皇帝爱新觉罗·奕詝，年方二十即位当国，前期重用汉族大臣，励精图治，严惩贪腐，改革力度不仅超过道光皇帝，也超过嘉庆皇帝，但他在大变革的时代对世界大势缺乏了解，加之后期在载垣、端华、肃顺几个奸臣的诱惑下，内忧外患不断，加上长时间纵情声色，怠于朝政，最终颓废而招致骂名。王茂荫在第一个《条陈时务折》中说"皇上御极以来，励精图治，夙夜不遑，凡在臣工，所共闻见"。即便如此，朝野关于咸丰帝的"浮言"仍然没有尽息，王茂荫引述乾隆三年（1738）清高宗弘历息"浮言"的谕旨，劝谏咸丰帝"止谤莫如自修""法祖省躬，益徵不迩声色之戒"②。王茂荫如此直言极谏，与其"忠君匡君"的思想完全一致。咸丰五年正月，在内忧外患已极的局势下，王茂荫据闻

---

① 王茂荫：《条陈时务折》（咸丰二年七月十四日），《王侍郎奏议》卷一·台稿上。
② 王茂荫：《条陈时务折》（咸丰二年七月十四日），《王侍郎奏议》卷一·台稿上。

咸丰帝仍然准备临幸圆明园，并驻为行宫，给咸丰帝上了《请暂缓临幸御园折》，劝谏皇上效法古代帝王，"躬忧勤节俭""以乾健不息者，心体而力行之"①。这实质上是劝谏咸丰帝修身反省，以《易》经中的"天行健，君子以自强不息"鞭策自己，为天下作出样子。咸丰六年，王茂荫给咸丰帝上《时事危迫请修省折》，称："皇上轸念民生，勤求治术……早为天下共见，而效顾未著者，何也？"他的回答是"天心未转，唯念修省有未尽"，委婉地劝谏咸丰帝进一步修省："愿皇上之更益深思而内省也。"②同治元年三月，刚刚复出的王茂荫上了第二个《条陈时务折》，建言献策五条，其中第一条就是"天象示警，急宜修省"，他说："臣伏愿皇太后、皇上与议政王（依次指慈禧太后叶赫拉拉氏、同治帝即清穆宗载淳、议政王奕诉——引者注）交儆于微，毋忽于近，随时随事，皆存戒惧之神，增一分修省，则减一分灾异，增十分修省则减十分灾异。"③

在前一个《条陈时务折》中，王茂荫提出"请于军机大臣责以重大，而宽其琐细"，"昔之重且大者，责在宰相，而今则在军机大臣"④，又说"凡军机大臣之管部务……琐细之事少一分纷扰，即于枢密重大之务增一分心力"⑤。在后一个《条陈时务折》中，他进而强调，"议政王宜专心机务，其余事件，综其大纲而已"⑥。在今天看来，这实际上是建言领导干部特别是高级干部和主要领导干部要善于抓大事，不可事无巨细都抓在手。换句话说，就是要抓纲综目，以求纲举目张。这不仅是领导方法问题，更是振兴吏治的一个关键。

王茂荫所说的"言官宜务优容"，强调的是优奖谏臣（言官），广开言路。兼听则明，偏信则暗。古往今来，开明的人君，都是有大的肚量，听得进不同意见。他们知道，让人讲话，天塌不下，而专横霸道，搞"一言堂"，

① 王茂荫：《请暂缓临幸御园折》，《王侍郎奏议》卷八·省稿三。
② 王茂荫：《时事危迫请修省折》，《王侍郎奏议》卷八·省稿三。
③ 王茂荫：《条陈时务折》（同治元年三月初八日），《王侍郎奏议》卷十·续稿。
④ 王茂荫：《条陈时务折》（咸丰二年七月十四日），《王侍郎奏议》卷一·台稿上。
⑤ 王茂荫：《条陈时务折》（咸丰二年七月十四日），《王侍郎奏议》卷一·台稿上。
⑥ 王茂荫：《条陈时务折》（同治元年三月初八日），《王侍郎奏议》卷十·续稿。

则很危险，因而从谏如流，择善而从。为鼓励言官直言进谏，王茂荫主张发扬民主，优奖言官，给言官言事创造良好的舆论氛围。王茂荫身为二品大员，居官谏垣几十年，他提出"优容言官"的思想观点，是为振兴大清吏治全局和国家社稷考虑的。正如他自己所说："臣为天下计，非为一人计也。"①

在后一个《条陈时务折》中，王茂荫建言"府尹不宜兼部务"，是对当时京兆尹即顺天府尹石赞清兼任刑部侍郎的成命提出异议。从振兴吏治的角度考虑，他认为这一兼职是不合适的。这里，实际提出了主要领导干部兼任其他领导职务要慎重考虑的问题。

在后一个《条陈时务折》中，王茂荫还建言"奔竞之风，宜杜其渐也"。所谓"奔竞"，是指为功名利禄奔走争竞。类似"跑官""要官"。《南史》颜延之本传有"外示寡求，内怀奔竞，干禄祈迁，不知极已"②之评论。

官场上的拉帮结派，结党营私之风由来已久，晚清时尤为突出。同治初年遭到惩处的"咸丰三奸"之一的肃顺，曾权倾一时，王茂荫官户部右侍郎时，肃顺拉拢了不少当朝大臣，王茂荫也险被拉拢。晚清举人徐珂在其《清稗类钞》中以《王茂荫不附肃顺》为题，记载了这件事："歙县王子怀，名茂荫。咸丰初，为御史，抗疏直言，于国家大计多所建白。未几，洊升户部侍郎，遇事力持正论，朝贵为之敛迹。时肃顺柄国，颇忌惮之，遗客通殷勤。王意颇动，订于某日偕谒。客待于外堂，车驾矣，衣冠而出。过厅事东偏，有巨镜，忽对镜立，瞻顾一周，拈须自语曰：'焉有堂堂王子怀，而为权臣屈节者乎！'遽谢客。客还报，肃恚甚，将谋所以中伤之，乃引疾归。"③王茂荫在关键时刻拒绝肃顺拉拢，保持了晚节。如果王茂荫当时入了伙，则晚节不保。王茂荫大女婿洪承基的堂侄洪澧在《秋树轩见闻录》中写道："未几，肃顺败，查抄信札。门下附和者多得罪，而子怀先生独免。

---

① 王茂荫：《条陈时务折》（同治元年三月初八日），《王侍郎奏议》卷十·续稿。
② ［唐］李延寿：《南史》卷三十四，列传第二十四，中华书局 1975 年 6 月版《南史》第三册第八七九页。
③ 见中华书局 1984 年《清稗类钞》第七册第 3044 页。歙人许承尧在其《歙事闲谭》中也有类似记载。

同治朝，官至吏部侍郎。观此，足见人生利达，并不关乎奔竞也。"①

"立法贵能行""令行禁止"，这也是王茂荫为整顿吏治，在前一个《条陈时务折》中的建言。令行禁止，本为汉语成语，意为下令行动，就立即行动，下令停止就立即停止，形容法令严正，毫不含糊。这个成语出自《管子》"立政"篇，原文："令则行，禁则止，宪之所及，俗之所被。如百体之从心，政之所期也。"《韩非子·八经》也说："君执柄以处势，故令行禁止。"南朝梁武帝《断酒肉文》亦言："令行禁止，莫不率从。"整顿吏治，如果没有令行禁止之效，甚而上有政策、下有对策，那就是吏治的失败。

王茂荫的观点很明确："夫致治纲维，端由诏令。令有不行，则天下不可得而治。"在他看来，立法下令要从实际出发，要讲究可行性和严肃性。要么不立法，既已立法，就得有法必依，违法必究；要么不下令，既下令则必行而后已；要么不言禁，既言禁则必止而后已（"有不令，令则必行而后已。有不禁，禁则必止而后已"②）。

## 第六节　王茂荫的管理理念

管理理念，是人们在社会实践中对管理活动的思考所形成的观点、想法和见解的总称，是人们对管理实践中种种社会关系及其矛盾活动自觉的系统的反映。生于徽州茶商之家的王茂荫，入仕前饱读诗书，谙熟儒家经典中关于管理的知识，有过亲身管理茶庄的经历，入仕后又长时期供职户部从事管理，各事熟悉，管理经验丰富，理念非同一般。

### 一、以人为本，知人善任

管理学的一个基本原理是"人本原理"，是一种以人为核心的管理思想。中国儒家十分重视人在管理过程中的地位，将人的管理和施行管理的人作为儒家理论的核心。有了人才有管理，这种观点和儒家的哲学是分不开的，

---

① 转引自安徽人民出版社 2015 年 3 月版王经一编著《王茂荫年谱》，第 155 页。
② 王茂荫：《条陈时务折》（咸丰二年七月十四日），《王侍郎奏议》卷一·台稿上。

孔夫子就说过：“天地之性，人为贵。”人为贵的思想，是儒家的一个根本观念。儒家认为天地之间只有人是最宝贵的，是万物之灵。

王茂荫继承了儒家的这一思想，他的治国理政理念始终贯穿了管理学中的“人本原理”。王茂荫的人才思想卓尔不群，与管理思想自然是相融合的。太平天国革命爆发的那一年即咸丰元年，他在上给咸丰皇帝的《条议钞法折》中，第一句话就是：

> 用人理财，二者固分本末，然当务之急，今日之需才急矣，而理财亦正不容缓。①

在著名的《振兴人才以济实用折》中，他又开门见山地说：

> 治平之道，在用人理财二端，而用人尤重。用非其人，财不可得理也。②

文治国，武安邦，靠的都是人。人才断层，后继无人，任何管理都将成为空谈，更不待说治国理政了。因此，任何社会形态下高明的管理者，总是把培养人才放在首位。王茂荫所说的“百年之计，莫如树人”③，就是这个道理。

善于认识人的品德和才能，合理地予以任用，这叫知人善任，也是自古以来对百官任用和人事管理最起码的要求。但是在实践中真正能做到，并不容易。首先，“知人”这一步就比较难。王茂荫也认为：“知人则哲，自古为难。故《虞书》纪辟四门，必继以明目达聪，盖诚虑耳目有未周，即用人有未当，而欲合天下之聪明以为一人之聪明也。”④

王茂荫在上给咸丰帝的奏折中还讲过这么一段很经典的话，他说：

> 今且以商贾之道言之，大抵能创一肆、守一业者，其人必工心计，习俭勤，旦夕以身入其中，而又知人而善任。非是则败。
>
> 盖有创立数年，买卖甚旺，一旦身离其地，而顿亏者矣；有资本

---

① 王茂荫：《条议钞法折》，《王侍郎奏议》卷一·台稿上。
② 王茂荫：《振兴人才以济实用折》，《王侍郎奏议》卷一·台稿上。
③ 王茂荫：《振兴人才以济实用折》，《王侍郎奏议》卷一·台稿上。
④ 王茂荫：《时事危迫请修省折》，《王侍郎奏议》卷八·省稿三。

巨万，偶用非人，不数年而全覆者矣；有日习其中，而计虑未精，

业仍销歇者矣。臣所见闻，不知凡几。[①]

这里，王茂荫根据自己的亲身经历和诸多耳闻目染，对一个成功商贾的经营管理经验进行了理性总结，他认为一个商贾之所以能成功，基本经验至少有三条：一是工于心计；二是勤俭节约，且亲自参与管理；三是知人善任。历史上徽州商帮的营商之道又何尝不是如此？

"工心计"，多含贬义，但王茂荫这里所讲的"工心计"，意指懂谋略、用计谋。一个成功的管理者，是必须懂谋略、用计策的。

"习俭勤"是讲勤与俭，就商贾而言，主要是勤于任事，注意节省资本。一个成功的管理者，是必须讲勤俭的，只勤不俭不行，只俭不勤也不行。节省资本，讲究效益，也符合管理学上的"效益原理"。

王茂荫所说的一个成功的商贾还要"旦夕身入其中"，这也完全符合儒家一贯倡导的"仁"的管理方法，即以身作则，率先垂范。

"知人而善任"，就商业经营而言，是讲该聘请什么样的人参与管理，比如该聘用什么样的人做管事、做经理，等等。

王茂荫把这几条作为营商成功的经验，无疑是令人信服的。商业管理是这样，其他任何管理都不例外。

## 二、物尽其用，人尽其才

管理学的另一基本原理叫"效益原理"，要求投入的人财物等资源，能充分、合理、有效地利用，以产生最佳的经济效益和社会效益。

咸丰元年（1851）以降，清政府为镇压太平天国革命以及随后的捻军起义，军费开支大增，以致军饷无从筹措。咸丰三年，王茂荫给咸丰帝上了《条陈筹饷事宜片》，建言四条，讲的都是物尽其用：

第一条是"请停各省采办诸物，均归折价"。之所以要这样做，是因为：

各省采办诸物，解贡到京后，书吏讹索，部费甚重。如江苏

解颜料、铜、锡须费三千两，飞金须费千余两；江西抬连纸须费

---

① 王茂荫：《条奏部议银票银号难行折》，《王侍郎奏议》卷三·台稿下。

五百余两；浙江丝斤须费五千两，油茶须费二千两。以此推之，各省莫不有采办，即莫不有部费，已不知几万两。又闻福建办抬连纸，一百万张例价约千两，将乐县津贴纸价一千二百余两，水脚三百余两，又津贴委员九百余两，以作川费、部费之用。而委员往返二年，尤赔累不堪。以此推之，各省解办之物，合计津贴不知几万两。各省解运之员，合计赔累又不知几万两。凡此皆民之脂膏也，而徒以供部胥之囊橐，诚为可惜。臣愚以为，京师百货云集，用物随时购办，无虞缺乏。请除滇、黔铜铅外，饬令各省，额解各物，一概停止。其本有例价者，既免开支，其本属例贡者，即令折价。而向来津贴采办、津贴运解之数，均核计声明，全行搭解部库，以备购买各物之用。有需用时，购买有资；无需用时，不致徒费。如此变通办理，部库增多解之款，各物无陈朽之虞，委员免费赔累之苦，内外似均有益。①

由于有关衙门"书吏讹索"，各省贡品解押到京，环节太多，部费甚巨。这些民脂民膏政府得不到，都进了一些部胥的私囊。他劝谏咸丰帝：京师百货云集，除了货币材料黔滇的铜铅，其他都能随时购办。因此必须"变通处理"。这实质上是用改革的办法解决管理中的弊端，既有利于国家，也有利于惩治贪腐，又免去委员"赔累之苦"，可谓一举多得。王茂荫不愧为精明的理财家。

因为战乱，造币材料滇铜解运困难，为缓解货币危机，王茂荫主张"请拆铜寺，以资铸钱"（第二条建言），"请用兵省份即令铸钱"（第三条建言），"请将抄产珍宝发给变价"（第四条建言），都是为了筹集军饷。王茂荫认为这样做，"似不取于民而可以济用"②。显然，如此物尽其用，符合管理学"效益原理"。

咸丰三年（1853）九月二十一日，王茂荫给咸丰帝上了《请官收买庐州米石片》，这个奏折虽然只有两百多字，但反映了王茂荫关心国计民生

---

① 王茂荫：《条陈筹饷事宜片》，《王侍郎奏议》卷三·台稿下。
② 王茂荫：《条陈筹饷事宜片》，《王侍郎奏议》卷三·台稿下。

的品格和善抓商机、物尽其用的管理思想，这个折子全文是：

> 再，臣闻安徽庐州各属，秋收颇称丰稔。其上熟之处，每米一石棵钱仅六七百文，次者亦不过千余文。向来该处余米，专恃江苏销售。现在江路多贼船往来，而商民冒险载运，屡遭掳劫而不止者，以舍此处无销路也。多米之家，有米无从易钱，若以官票加价收买，亦所甚愿，此该处人言如此。请饬户部速发官票十万两，交署安抚试行采用，以给兵食，并免被贼抢劫。倘官票部发不及，即请饬署抚先行出示采买，发给藩库实收，俟官票到日，再行补给。谨附奏。①

关于人尽其才的道理，王茂荫是讲得最多的，他认为人力资源的浪费是最大的损失，"聪明材力误用可惜"②。

咸丰二年四月，他上《请饬选募丰北灾民成军以备征调折》，主张将停工苏北、无所得食的数十万灾民，除老弱妇女及愚蠢无用者外，选募编队成军，用以抵御太平军。他认为这样做，"国家多一有用之士，即灾区少一生事之人。强而多智者既奋勇于功名之路，愚而无知者自安于穷困之余。消患未萌，转移甚便"③。

为珍惜人力资源，王茂荫保举和疏荐各方面的人才实在太多，仅咸丰六年八月一次上疏《荐举人才折》荐举人才就有十二员，为《王侍郎奏议》作过序的清人易佩绅称王茂荫有"三以"精神，即在"以思格君心为性命，以求苏民困为家事"之同时，"以博采人才为嗜好"。④

"物尽其用，人尽其才"，关键在一个"尽"字，做到最好不容易。为了做到"人尽其才"，王茂荫将自己的人才思想和管理思想都发挥到了极致。咸丰三年五月，他根据巡视北京中城时司坊反映，给咸丰帝上《请将革员效力片》，称已革之员北城副指挥任正训"办事认真，缉捕尤属勤能，

① 王茂荫：《请官收买庐州米石片》，《王侍郎奏议》卷五·寺稿下。
② 王茂荫：《振兴人才以济实用折》，《王侍郎奏议》卷一·省稿上。
③ 王茂荫：《请饬选募丰北灾民成军以备征调折》，《王侍郎奏议》卷一·台稿上。
④ 易佩绅：《易佩绅序》，载《王侍郎奏议》。

到任甫及二年，迭次拿获要案重犯，奉旨赏换六品顶戴，以应升之缺，尽先升用，钦尊在案。嗣因海甸老虎洞劫案，疏防革职，甚为可惜"①。为惜人才起见，王茂荫劝谏说："现在正当用人之际，可否请旨，饬都察院堂官将该员察看，如果臣之所闻不妄，或许奏请发交五城，令其自备资斧效力，协同缉捕。俟缉捕果有成效，再准酌量保奏。"②王茂荫的这一奏请，很快得到咸丰帝的批准。又如，咸丰三年八月，王茂荫在一个保举人员的奏折中，保举"武艺优长"的道光十八年（1838）一甲二名武进士、已革参将佟攀梅，他认为"有用之材，弃置似为可惜"③。咸丰三年十一月，王茂荫上疏保举李鸿章之父、刑部郎中、记名御史李文安（合肥人）与吕贤基之子吕锦文（旌德人）回籍办团练，同时建议准许已革江苏巡抚杨文定（道光十三年进士，定远人）也回乡带勇协剿，前二者得到咸丰帝的批准，杨文定著不准行。

为了人尽其才，王茂荫甚至不惜直言极谏。江苏宿迁人臧纡青，道光十一年举人，为人豪爽，慷慨有大志，好谈兵，有智略。鸦片战争时期主张抵抗外侮，有"谋士"之称。咸丰三年，太平军席卷江淮，他团练乡勇，自成一队，随同有德望的周天爵进剿捻军。后经清宗室奕经保奏，咸丰帝诏授以通判留于安徽补用。咸丰三年十一月，王茂荫上疏提出臧"才气甚大，不能谨守绳尺"，授其以安徽通判，"恐犹未足以资得力"，"莫若令其督率练勇，随吕贤基协同剿匪"。他的理由是"吕贤基熟悉其性情才力，自必乐为所用。俟其剿匪大著功绩，再令保奏，请旨破格擢用，以过其劳"。王茂荫接着说："方今所患，在无将才。然天下未尝不生才，不在于上，则在于下。凡处乡而能团练数千人唯其所用者，其人皆有将才之人也。以有将才之人，而交与无才之人用，上既不知所以用，而下又不乐为用，则有用亦归于无用。"④

---

① 王茂荫：《请将革员效力片》，《王侍郎奏议》卷十一·补遗。
② 王茂荫：《请将革员效力片》，《王侍郎奏议》卷十一·补遗。
③ 王茂荫：《请将叶灿章桂清佟攀梅发交军营差遣片》，《王侍郎奏议》卷四·寺稿上。
④ 王茂荫：《请将臧纡青随同吕贤基办团练折》，《王侍郎奏议》卷五·寺稿下。

### 三、坚守信用，立法有度

儒家的管理思想以"治国平天下"为终极目标，以管理者的自我修养为管理的前提条件。同时，儒家也有外在的管理规则，这就是"礼"，即所谓的"齐之以礼"。"礼"，实际是社会各种活动的规则。讲到"礼"，不能不讲到"信"。儒家的"五常"即"仁、义、礼、智、信"是一个整体。《三字经》中有"曰仁义，礼智信。此五常，不容紊"。

再说"度"。"度"的基本字义，多有十数种。从管理学上讲，"度"是指事物所达到的境界，如程度、高度，同时也指法则，指应当遵行的标准，如制度、法度。管理学上的"度"，从哲学意义上说是指一定事物保持自己的质的数量界限。王茂荫非常讲究凡事把握好"度"。

王茂荫非常注重"信用"，他在不同场合都讲到要守"信"。咸丰三年八月初六日，他在《再请宽贷胁从以信恩旨折》中说：

> 夫信，国之宝也，民无信不立。圣人虽至去食、去兵，而终不敢去信。①

他被擢升为户部右侍郎，是在咸丰三年十一月初三日，十八天之后（十一月廿一日），他给咸丰帝上《论行大钱折》，这是一个很著名的折子，正是在这个奏折中，他就"信为国之宝"而大声疾呼：

> 信为国之宝。现行大钱、钞票，皆属权宜之计，全在持之以信，守而不改，庶几可冀数年之利。今大钱分两式样，甫经奏定，颁行各省，大张晓谕，刊刻成书，未经数月，全行变更。当五十者较向所见而忽大轻，当一百者较向之五十而犹见轻。且当五百当千，纷见错出，民情必深惶惑，市肆必形纷扰，而一切皆不敢信行。钱为人人日用所必需，裕国便民，所关甚重，万一如臣所虑，诚恐贻悔。②

---

① 王茂荫：《再请宽贷胁从以信恩旨折》，《王侍郎奏议》卷四·寺稿上。据《论语·颜渊》记载，关于"信"，孔子有许多精辟论断，如，子贡问政，孔子回答是："足食，足兵，民信之矣。"子贡提出一个假设："必不得已而去，于斯三者何先？"孔子的回答是："去兵。"子贡再问："必不得已而去，于斯二者何先？"孔子的结论是："去食。自古皆有死，民无信不立。"

② 王茂荫：《论行大钱折》，《王侍郎奏议》卷六·省稿一。

孔子在《论语》为政篇中说："人而无信，不知其可也。大车无輗，小车无軏，其何以行之哉？"意思是说，一个人如果不讲信用，那就没有什么可以肯定的了。譬如大车没有輗，小车没有軏，怎么能行动呢？管理者如果言而无信，规章、制度、条例等，仅仅只是挂在嘴上、贴在墙上，而在实践中却做不到，哪还有什么意义呢，其管理必然是混乱的。单位是这样，行业是这样，部门是这样，国家也同样如此。正是在这个意义上，王茂荫一再强调"信为国之宝"。

管理说到底，靠法规，靠制度。但是，不论是立法规，还是定制度，确定事物要达到的标准、境界和质的数量界限，都必须有一个"度"。

王茂荫非常爱惜民力，认为政府从商民百姓处派捐抽取必须有一个"度"，不可无限盘剥，使民不堪重负。即便对富民，也不可无节制地抽取，以防伤了地方元气；他在主张发行钞币之先，就明确指出："钞之利自不待言，行钞之不能无弊，亦人所共尽晓。"[1]与铸大钱相比，主张行钞，只是"以为两利取重，两害取轻计"[2]，只是财政危机和货币危机极端严重之时，不得不采取的权宜之计，这里就体现了"度"；王茂荫认为铸大钱是对人民的无度掠夺，因此坚持反对。他的币制改革方案中，设定了一个钞币最高发行额，即"极钞之数，以一千万两为限"[3]，这个最高发行额就是"度"，对统治者无度盘剥无疑能起到一定的限制；他之所以建言整顿捐局、缓办义仓、禁收漕规费，劝谏咸丰皇帝暂缓临幸圆明园，"躬忧勤节俭"，目的也是节制统治者的贪欲，使商民有喘息之机。

任何法规、制度出台，总是有人生弊，有人违犯，管理者应当怎么办？管理者自己必须以身作则，认真稽查，秉公执法，切不能徇私枉法，或者只是将法规、制度的出台作为管理的终端。

王茂荫说得好："自来法立弊生，非生于法，实生于人"，"保甲（法）、社仓（法），良法具在，苟非良吏，亦终不行，是岂法之过与？州县得人，

---

① 王茂荫：《条议钞法折》，《王侍郎奏议》卷一·台稿上。
② 王茂荫：《条议钞法折》，《王侍郎奏议》卷一·台稿上。
③ 王茂荫：《条议钞法折》，《王侍郎奏议》卷一·台稿上。

则商民奉法；督抚得人，则官吏奉法”①。

"有规条而并无稽查"，这是晚清政府行政管理或者说行政执法失败的一大症结。咸丰二年（1852）七月，王茂荫在《条陈时务折》中就直言不讳地指出这一点，他举例说：

> 如上年通政司使罗惇衍奏崇俭禁奢一折，皇上谕旨亦至肫切矣。礼部颁行规条已经数月矣，问京城奢靡之风，亦少易乎？在礼部以为奉旨颁行规条，但将规条一颁，告示一出，即无余事。在各衙门，不过添一层案牍，多一番转行，于风俗安有整顿？此近在目前者尚如此，况其远且大者乎？臣以为，凡此皆由臣工奉行之不力，于奉旨之初，未尝思能行之法，于不行之后，不更求可行之方。何则？立法必贵能行，有严而不行者，如禁烟之不准讦告而必定斩绞是也；有宽而不行者，如禁奢之但有规条而并无稽察是也。②

历史的经验告诉我们，立法规、定制度，一定要从实际出发，立信而有度，贵在能实行，同时认真督查，这是管理工作的一条基本经验。

### 四、按职论责，赏罚分明

管理学中还有一个"责任原理"，指的是在管理工作中，必须在合理分工的基础上明确相关部门和个人应承担的相应责任。显然，合理分工与明确职责，是责任原则的主要内容。列宁也有这样的说法：管理的基本原则，是一定的人对所管的一定工作完全负责。

王茂荫认为，不同等次的管理者，有着不同的职责。古时，皇帝之下的宰相的职责何在？在前一个《条陈时务折》中，王茂荫以西汉名相陈平奏对汉文帝和唐太宗交代名相房玄龄、杜如晦的话劝谏咸丰帝。陈平的奏对是："宰相者，上佐天子理阴阳、顺四时，外镇抚四夷，使卿大夫各得任其职。"唐太宗赋予宰相的职责比较具体，即："公为宰相，当须开耳目，

---

① 王茂荫：《条议钞法折》，《王侍郎奏议》卷一·台稿上。
② 王茂荫：《条陈时务折》（咸丰二年七月十四日），《王侍郎奏议》卷一·台稿上。

求访贤哲。有武艺谋略、才堪抚众者，任以边事；有经明德修、立性明悟者，任以侍臣；有明干清慤、处事公平者，任以剧务；有学通古今、识达政术者，任以治人。此乃宰相之裨益也。"① 王茂荫认为，宰相责任重大，"昔之重且大者，责在宰相，而今则在军机大臣。国家特设此任，原以赞襄密勿，参画机宜，以辅皇上之用人行政"。正因为军机大臣上辅皇帝，下统百官，用人行政，责任重大，王茂荫建言对他们应"责以重大而宽其琐细"②。唐太宗在责房、杜以重任的同时还说过：据说你们还听受词讼，日不暇给，你们哪有时间来辅助我求贤呢？正因如此，王茂荫认为军机大臣管部务，有的还兼管两部者，这实在是分散了精力，他劝谏咸丰对军机大臣"宽其琐细，责以重大"。同治元年（1862），他上的《条陈时务折》中，仍然持这一见解，主张"用人者，必惜人力；用马者，必惜马力"，"议政王宜专心机务，其余事件，综其大纲而已"③。

试想，如果王茂荫对古代行政管理思想精髓理会不透彻，如果没有卓尔不群的吏治思想和管理思想，他能有这些精辟的见解吗？能说出这番话吗？不可能的。

古时言官也称监官、谏官或台谏，他们的职责是代表君主监察各级官吏，同时对君主的过失直言规劝并使其改正。王茂荫认为对言官务宜优容，优奖谏臣，以便广开言路。他认为，言官切忌"空言塞责，激直沽名"。咸丰六年（1856），他在上给咸丰帝的《时事危迫请修省折》中，写了这么几句话："齐威王令群臣吏民能面刺过者，受上赏；上书谏者，受中赏；谤讥以闻者，受下赏。诸国闻之皆来朝。"④ 身为言官，忠君而又匡君的王茂荫，多么希望咸丰帝也能像齐威王那样优奖谏臣。

就王茂荫的管理思想而言，内外臣工，各级官吏都要在其位谋其政，忠于职守，保证"令出惟行"，使法令"立见施行"。他说：

---

① 王茂荫：《条陈时务折》（咸丰二年七月十四日），《王侍郎奏议》卷一·台稿上。
② 王茂荫：《条陈时务折》（咸丰二年七月十四日），《王侍郎奏议》卷一·台稿上。
③ 王茂荫：《条陈时务折》（同治元年三月初八日），《王侍郎奏议》卷十·续稿。
④ 王茂荫：《时事危迫请修省折》，《王侍郎奏议》卷八·省稿三。

议法必期于能行，既行必期于能效。如奏行不效，必责令推求。以不效之故，另行筹议。如不效而饰奏有效，一有败露，即严加惩治。[①]

王茂荫的这几句话是一个多世纪前说的，他说得够严肃，也很经典，对现今的依法纪管理者显然有现实指导意义。

① 王茂荫：《条陈时务折》（咸丰二年七月十四日），《王侍郎奏议》卷一·台稿上。

第二章 王茂荫研究

# 第三章
# 中国近代思想史上的王茂荫

晚清名臣王茂荫是马克思神交的人物。马克思《资本论》中提及的名人有 680 多位，而中国人仅王茂荫一人。他被称为 "《资本论》中唯一提及的中国人"。王茂荫名播天下，固然与马克思推崇大有关系，与二十世纪三十年代郭沫若、吴晗等人的撰文考证与倡议研究大有关系，与八十多年来众多学者的研究大有关系。但是，实事求是地说，王茂荫能够成为人们永久的记忆，归根结底还在于他思想之不朽。

在本书第二章，我们用了六节篇幅分别介绍了王茂荫的经济思想、政治思想、人才观、军事观、吏治思想和管理理念。本章将王茂荫相关方面的思想观点放入中国思想史进行考察，对其价值与地位作一评述。

## 第一节　王茂荫经济思想评述

### 一、货币观点与币制改革

在中国古代货币思想中，早有 "纸虚银实" 的观念，这是一种货币金属主义的观点。货币金属主义又称金属主义货币论。货币金属主义，强调货币的价值尺度、贮藏手段与世界货币的职能，将货币同充作货币的足值的金银等同于一，认为货币是一种商品，货币的本质是贵金属。

与王茂荫同时代的包世臣、魏源、许楣，基本上属货币金属主义者。王茂荫则是一个特殊的货币金属主义者。

安徽泾县人包世臣（1775—1855），认为"银钱实而钞虚"，发行纸币必须坚持"虚实相权"的原则，主张钞币发行的同时，金属币并不退出流通，如果"行钞而废银"，就是"造虚而废实"①。他认为行钞虽然是"救弊之良策"，但不是"理财之大经"。

湖南邵阳人魏源（1794—1857），是晚清著名思想家，但在货币问题上，他也是一个典型的货币金属主义者，主张广开货币资源，采金浚银，还可以用玉币、贝币代表金币银币，就是反对发行纸币，认为纸币没有资格代替金属货币。他不懂得"金虽然是实在的金，但只执行虚幻的金的职能，因而在这个职能上可以由它自己的符号来代替"②。在这个问题上，王茂荫的认识比魏源也前进了几大步。

浙江海宁人许楣（1797—1870），比王茂荫迟一年举进士，是一个典型的货币金属主义者。他不主张行钞，认为白银是最理想的货币，其地位是国家权力动摇不了的，认为"银，银也；钞，纸也"③，"钞法之必不可行"④，"如欲尽废天下之银，是惟无银。有则虽废于上，必不能废于下也"⑤。马克思说，"本来意义上的纸币是货币作为流通手段的职能中产生"⑥。许楣不懂得这一点，而王茂荫则比较懂，认为"虽虚可实"，主张"以实运虚"，"以数实辅一虚"，他显然比许楣高明一些。

中国货币思想史上还有一种货币名目论。持此论者从货币的流通手段和支付手段角度认识货币，否定货币的商品性和价值性，认为货币不是财富，仅仅是一种符号，一种票证，是名目上存在，是交换的工具。

与王茂荫同时代的江苏吴县人王鎏（1786—1843），就是中国封建时

---

① 包世臣：《安吴四种》卷二六《再答王亮生书》。

② 马克思：《政治经济学批判》，见《马克思恩格斯全集》第13卷第105页。

③ 许楣：《钞币论·通论八》。

④ 许楣：《钞币论·钞利条论十八》。

⑤ 许楣：《钞币论·通论六》。

⑥ 马克思：《资本论》第一卷，人民出版社1975年版第146页。马克思正是在讲这两句话之后，紧接着加标号83的脚注提到王茂荫："清朝户部右侍郎王茂荫向天子上了一个奏折，主张暗将官票、宝钞改为可兑现的钞票。在1854年4月的大臣审议报告中，他受到严厉申斥。他是否因此受到笞刑，不得而知……"

期货币名目论的集大成者。王鎏否认"纸虚银实",认为"银钞皆同"[1],而且钞(纸)币是更理想的货币,因为它取之不尽:"凡以他物为币皆有尽,惟钞无尽,造百万即百万,造千万即千万,是操不涸之财源。"[2]"货币国定说"是货币名目论的主要观点,早在十八世纪,英国经济学家尼古拉斯·巴本就提出货币是国家创造的,铸币因国家的权威而具有价值。在咸丰朝币制改革过程中,王茂荫自始至终反对铸大钱。针对主张行大钱者所谓"国家定制,当百则百,当千则千,谁敢有违"的"货币国定说"观点,王茂荫指出:"官能定钱之值,而不能限物之值。钱当千,民不敢以为百;物值百,民不难以为千。"[3]王茂荫对货币名目论者这种国家决定货币价值谬论之批判,如此精辟彻底,表明其货币观点超出流辈已经甚远。

王茂荫的货币观点和币制改革方案,是在总结前人认识的基础上提出来的,尽管清政府不能完全照他的方案进行币制改革,但其科学性客观存在,是得到马克思的赏识与肯定的。我国已故著名经济学家巫宝三先生六十年前的评价甚为中肯:

> 王茂荫的货币理论,实质上是从货币商品的金属币出发的,无论他主张发行可兑换钞币,或反对发行不兑换钞币和铸行低值铸币,都以实足的金属币为其归趋的,都保持其在理论上的一贯性。在当时近代货币制度和信贷制度尚未建立,和在当时清朝腐烂统治之下,他的这种理论,是有其科学性的,是使他对当时实行的恶性货币政策的抗争增加战斗力量和说服力量。[4]

以"纸虚银实"为基本观点,王茂荫认为纸币"虽虚可实",表明他是一个特殊的货币金属主义者,他已经突破货币金属主义的保守性框框,比之包世臣、魏源、许楣等人,他是前进了几大步。他的货币思想已经达到中国封建社会前所未有的水平。我国已故著名学者孙树霖先生认为"王

---

① 王鎏:《钱币刍言续刻·与包慎伯明府论钞币书》。

② 王鎏:《钱币刍言·钱钞议一》。

③ 王茂荫:《论行大钱折》,《王侍郎奏议》卷六·省稿一。

④ 巫宝三:《略说王茂荫的货币理论》,见1959年科学出版社出版《中国近代经济思想与经济政策资料选辑》。

茂荫是中国传统货币思想的最后一位代表人物，他的货币思想是中国传统货币思想的终结"①。

## 二、重商恤商与借助商人资本推行币制改革

中国古代经济思想发展，经历了从"重本抑末"（重农轻商）的古代"旧四民观"（士农工贾），向明代王阳明"四民同道"与黄宗羲"四民皆本"的"新四民观"的转变。可以说，中国几千年的封建社会从来没有形成重商主义思想体系。晚清以来，随着外国资本主义的入侵，在救亡图存的氛围下，国家才改弦易辙，实行重商主义政策。出身商人家庭，生长于徽商社会的王茂荫，重商观念形成较早，青年时代就深受"新四民观"影响②，入仕后重商恤商思想彰显于言行。他主张依靠民间商人资本力量，把钞币信用与商业信用紧密结合，以推动币制改革，表明在封建社会晚期，在外国资本主义入侵下，在思想观念更新、国家政策调整方面，他称得上是先行者。与王茂荫同时代的包世臣观念还停留在"天下之富，在农而已"③，而王茂荫则已清醒地认识到"必得商贾流通，百货云集，方足以安民生"④。从经济思想史角度考察，王茂荫的重商恤商思想很值得深入研究。

## 三、保护富民与养护地方元气

王茂荫这方面的思想观点，与同时代思想家魏源完全一致。魏源从保护地方"元气"的意义上强调要"保富民"，认为富民是"一方之元气，公家有大征发、大徒役皆倚赖焉，大兵燹、大饥馑皆仰给焉"。他认为"贪

---

① 详见北大出版社 2004 年版赵靖主编《中国经济思想通史续集·中国近代经济思想史》第三章。
② 道光二年（1822），25 岁的王茂荫（时名茂萱）受乡人之托，作《处士胡鹏程先生传》一文，开门见山提"士农工贾"旧四民观，认为"士"为四民之首，当为表率，"穷则独善其身，达则兼济天下"。咸丰六年（1856），他为家庙撰写楹联："一脉本同原，强毋凌弱，众毋暴寡，贵毋忘贱，富毋欺贫，但人人痛痒相关，急难相扶，即是敬宗尊祖；四民虽异业，仕必登名，农必积粟，工必作巧，商必盈资，苟日日多游不事，匪癖不由，便为孝子贤孙。"表明他已由"士农工贾"旧四民观向"四民同道"新四民观转变。
③ 包世臣：《安吴四种》卷七下《说储上篇前序》。
④ 王茂荫：《请筹通商以安民业折》，《王侍郎奏议》卷三·台稿下。

人为政"，"专朘富民"，继而"朘中户"，直到"邑井成墟"。这样做，势必导致"故土无富户则国贫，土中无中户则国危，至下户流亡而国非其国矣"[①]，从而大伤地方元气。王茂荫的思想与魏源惊人相似，他在《歙邑利弊各事宜》中表述的观点，以及在咸丰二年上给咸丰帝《条陈时务折》中反映的问题和见解主张，充分体现了这一点。魏源在解释《周礼》保富的意义时说"《周礼》保富，保之使任恤其乡，非保之使各啬于一己也"[②]，意为保富不是为了富民自身，而是为了要他们发挥赈恤乡里的作用。正是在这个意义上，王茂荫认为"富民为地方元气，事多依办，若不养其余力，则富亦立穷"，对富民劝捐不可逼勒，应该藏富于民。否则，便是蠹国病民。

## 第二节　王茂荫政治思想评价

### 一、忠君匡君，直言敢谏

忠君，这是儒家正统思想中的一个重要组成部分，其基本内容既包括无条件忠于君主，也包括"匡君济世"。无条件忠于君主的愚忠，这是封建糟粕，是腐朽的；而"匡君济世"，帮助君主纠正错误，治理国家，造福民生，则无疑具有积极的进步意义。王茂荫在故里生活的时间至少有三十四年，占了人生光阴的一半，深受忠孝清白家风熏陶，受学后饱读经史，浸润正统的儒家思想，忠君匡君思想从小就扎下了根。他以进士及第步入仕途后，两次南归省视，祖母都告诫他要严守家风，忠于王事，恪恭尽职，不要图升官发财。这对他来说，是刻骨铭心，裨益终生的。他是一个地道的忠臣，同时又是一个鲜有其比的清官。

值得特别提出的是：有清一代，忠臣、清官，不只王茂荫一个，但像王茂荫那样在忠君的同时，又死心塌地地匡君的名臣，却是极少见的。他的匡君主要表现在直言敢谏，不避权要，国计民生，始终在心。即便身在退处，也心忧天下。

---

① 魏源：《默觚下·治篇十四》，见《魏源集》上册。
② 魏源：《默觚下·治篇十四》，见《魏源集》上册。

吴大廷评论王茂荫上奏咸丰帝的《请暂缓临幸御园折》和《时事危迫请修省折》，"拳拳以格君为心，几乎程朱正心诚意之遗风"[1]；易佩绅赞誉他"以思格君心为性命"[2]；清代名臣何璟称"新安王子怀先生，立朝三十年，謇谔尽诚，著于中外"[3]；名儒方宗诚称他"立朝清直，有古大臣之风"[4]；石台人杨德亨称他"立朝敢言，磊落俊伟，俨如奇男子之所为"[5]；清末翰林许承尧声称："王公子怀单凭《请暂缓临幸御园折》，即足以名留千古！"

王茂荫是完完全全做到了"孤忠自许众不与，独立敢言人所难"。欲知古大臣如何忠君匡君，单看王公子怀足够矣！

## 二、师夷制夷，抗御外侮

"师夷长技以制夷"，是 170 多年前比王茂荫年长四岁的魏源在其著作《海国图志》中提出的著名主张。所谓"师夷"，当时是指学习西方资本主义各国在军事技术上的长处，主要指战舰、火器与养兵练兵之法。所谓"制夷"，即抵抗外侮，克敌制胜。师夷是手段，制夷是目的。魏源强调说，不善师夷者，外夷制之。意为不善学习先进，长期落后，势必被人欺负。这是一个光辉的爱国主义思想。这一思想后来成为放眼看世界、学习西方先进的思想源头，在中国近代思想史上占有重要地位，可以说它是后来洋务运动甚至维新变法、辛亥革命等革新运动的先声。

第一次鸦片战争期间，抵抗派的首领是林则徐。第二次鸦片战争期间，清廷官吏中真正主战的人并不多，而时任兵部左侍郎的王茂荫则是一个极力主张抵抗的人。咸丰八年（1858），英法联军打到天津时，王茂荫连上几个奏折，建言"密筹防备"。他始终没有妥协求和思想，认为打胜了，固然好；即使打败了，也可以退出城外，在农村继续打击侵略者。

---

[1] 吴大廷：《阮陵吴大廷序》，载《王侍郎奏议》。
[2] 易佩绅：《易佩绅序》，载《王侍郎奏议》。
[3] 何璟：《王节母颂文》。
[4] 方宗诚：《节母方太夫人颂文》。
[5] 杨德亨：《方太夫人行略》。

林则徐是中国近代史上最先放眼世界的人。魏源是林则徐好友，受林则徐影响较深。魏源"师夷长技以制夷"的思想，对王茂荫影响亦至深，魏源去世的第二年即第二次鸦片战争爆发之年，王茂荫给咸丰帝上了《请刊发〈海国图志〉并论求人才折》，建议亲王大臣人手一部《海国图志》。同林则徐、魏源等人一样，王茂荫也是主张放眼看世界的爱国主义者，他在花甲之年政治上仍然不保守，推崇"师夷以制夷"，这给后人诸多启迪。

### 三、绥靖地方，稳定社会

地方政权是国家政权的基础。地方政权松垮，社会治安混乱，势必影响社会稳定，以致危害国家政权，正所谓"基础不牢，地动山摇"。王茂荫深知这个道理，身在京城为官，时刻关注地方。哪里有杰出人才，哪里冤假错案而人命关天，哪里有勒捐逼死人命，哪个督抚庸懦贪污、声名狼藉，哪里有土匪活动、危害社会，哪些利该兴、弊该革，只要知道，他都要上奏，知无不言，言无不尽。他建言旌表节烈，旌表太平天国战乱中的殉难士民，实际上是为地方为社会树立风表，是得人心之举，是推崇正能量。

他主张处理动乱"趁初起"，把问题处理在萌芽状态，这是一种防微杜渐的思想。《诗经·豳风·鸱鸮》中说："迨天之未阴雨，彻彼桑土，绸缪牖户。"明人朱柏庐《治家格言》："宜未雨而绸缪，毋临渴而掘井。"讲的就是要先做好准备工作，预防意外事发生。咸丰年间，他在《请速剿捻匪折》《请饬拿办昱岭关等处土匪折》《论贵州土匪情事折》等奏疏中，就体现了未雨绸缪、防微杜渐的思想。

王茂荫复出后的同治初年，对陕西省"回乱"问题特别敏感，他深知民族矛盾如果处理不好，将会酿成内乱。从同治元年（1862）四月初二日起至五月二十九日止，他写了十九天的《陕西军务日志》，其中对处理"回乱"有明确方针，指出，"回悍，善用之"，"汉回互斗，如回再勾合匪众，更棘手"，要"严防回滋事"，特别强调"汉回互斗，持平办理"。① 所谓持平办理，即秉公处理，不偏不倚。当时陕西巡抚瑛棨和督办团练的张芾

---

① 王茂荫：《陕西军务日志》，载曹天生《王茂荫集》，中国档案出版社 2005 年版。

没按这个方针办，没有持平处理，结果导致矛盾激化。

王茂荫绥靖地方、稳定社会的思想，至今熠熠生辉，永远不会过时。

## 第三节　王茂荫人才观评述

### 一、"存心"端正，"才""学""识"并重

王茂荫是把"存心""才""学""识"四者作为人才标准的。这其中的"存心"也就是通常讲的"德"。人才综合标准为德、才、学、识。这其中"存心"（"德"）是指存于人内心的情感或信念，用于人伦，指人的本性、品德；"学"指学问或知识；"才"指才能；"识"指见识，一种高瞻远瞩、预见事物发展趋向的能力。王茂荫认为：一个真正的人才，必须是"存心端正"（即品德端正），同时"才、学、识三者并重"；如果"存心不正，才、识虽优，适为天下患"。

王茂荫将"德"作为"才""学""识"的统帅，继承了中国古代人才思想的精髓。司马光就说过："才者，德之资也；德者，才之帅也。"[①]中国共产党坚持德才兼备、以德为先的用人标准，是对历史经验的科学总结。

### 二、治平之道，用人尤重

治国平天下，关键或根本问题，在于选拔和任用优秀人才。诸葛亮曾经说过："治国之道，务在举贤。"[②]唐太宗李世民反复强调"致安之本，惟在得人"[③]。明太祖朱元璋在求贤令中称："致安之本，惟在得人。"[④]清雍正皇帝也认为，治理天下惟以用人为本，其余皆枝叶事。当年，北宋思想家、改革家王安石在《上仁宗皇帝言事书》中说："方今之急，在于人才而已。"太平天国军兴之时，王茂荫在上给咸丰帝的奏折中，也表达

① 司马光：《资治通鉴·周纪一》。
② 见《诸葛亮集·便宜第十六》。
③ 唐太宗：《贞观政要》。
④ 《明史·选举志》。

了同样的心情，他几乎为此大声疾呼了一生。

### 三、天下之大，安得无才

孔夫子说"十室之邑，必有忠信"；刘向说"十步之泽，必有香草"；苏东坡在《蝶恋花·花褪残红》词中写道"天涯何处无芳草"。王茂荫在《振兴人才以济实用折》中发声"天下之大，安得无才"，意在劝谏君主（咸丰帝）：国家那么大，怎么会没有人才呢？关键在于慧眼识才，在于有好的人才考察机制和使用机制。言外之意是，"千里马常有，而伯乐不常有"。后来，他甚至把话说到"唯贤知贤，唯才爱才"的地步。

为了发现和挖掘人才，王茂荫先后提了许多好建议，其中"广保举以求真才"就是十分高明的一条。常言道"高手在民间"，王茂荫主张从草野之士中发现人才，堪称一绝。中国古代有"隐士"，或称"幽人"，或称"处士"或"居士"，这些人大都品端博学，有真才实学，或为有一技之长的隐君子。请他们出山为官，利国利民。王茂荫正是主张这样做的，他认为埋没人才，实为可惜。包世臣就曾为此惊呼："旷才在野，可为寒心！"

### 四、百年之计，莫如树人

人才的培养造就，是根本大计，长远之计。古代思想家很早就有这个观点，人们常引用的"一年之计，莫如树谷；十年之计，莫如树木；终身之计，莫如树人"经典之语，就是春秋时期齐国政治家管仲在《权修》篇中说的。"汲汲以设法振兴人才"[1]的王茂荫完全继承了中国古代人才思想中的这一精华，为此他一而再、再而三地疏请造就人才。对晚清士子"一专于墨卷，则群书遂束之而不观；专攻于作字，则读书直至于无暇"[2]的陋习流风，他予以猛烈抨击，认为殿试朝考重墨卷轻文义、重形式轻内容的倾向，是极其有害的，建言皇帝下诏革除"摹墨卷、作小楷"的积习，以利于人才培养造就。一个出身旧科举的人，能提出这样的改革意见，实在难能可贵，

---

① 吴大廷：《王侍郎奏议·阮陵吴大廷序》。
② 王茂荫：《振兴人才以济实用折》，《王侍郎奏议》卷一·台稿上。

对后世影响很大。

## 五、简用才能，不拘资格

一味地"循资格"，按照资历深浅决定一个人的升降去留，这是一种保守的陈腐做法，使得有真才实学之人不能破格擢用，有才难展，有志难酬。因此，不少明君名臣都一再强调选贤任能要不拘资格。包拯说得精辟："常格不破，大才难得。"朱元璋三令五申，用人要"毋拘资格"①。清雍正皇帝用人思想也比较解放，他在一则谕批中说："周书建官惟贤，位事惟能，国家用人，原不限资格，其出生贵贱亦在所不论。"②

思想家龚自珍年长王茂荫六岁，他的《己亥杂诗·九州生气恃风雷》七言绝句，是《己亥杂诗》中的第125首，是清道光十九年己亥（1839）辞官南归途经镇江时，应道士之请而作的祭神诗，三个甲子年过去了，这首诗而今依然脍炙人口，诗云："九州生气恃风雷，万马齐喑究可哀。我劝天公重抖擞，不拘一格降人才。"诗以祈祷上天的口吻，呼唤风雷般的变革，以打破清王朝束缚思想、扼杀人才的死闷局面，表达了振兴人才、复兴中华的愿望。王茂荫呼吁"简用才能，不拘资格"，其愿望又何尝不是如此。

## 六、简贤任能，得人而任

在本书本论第二章介绍王茂荫人才观时，还有"简贤任能，得人而任"一段，重点介绍王茂荫的四个用人观点：一是不宜将有才之人交于无才之人用；二是对真正的人才不能一般地用，能重用的应破格重用；三是要虚心采纳有才人的意见；四是有才能之人被任用以后，如果工作中出现闪失，解除职务宜慎重。这其中第四点即用人"赦小过"的观点，在实践中能做到不容易，关于胜保的使用，王茂荫所发表的议论实际上体现了这一点，这一用人观实质就是古代思想家所强调的用人不可求全责备、"不因小过

---

① 《明史·选举志》。

② 《朱批·张楷奏折批谕》。

斩大将"。所谓"有大略者不问其短，有厚德者不非小疵"①，讲的也是这个道理。

## 第四节　王茂荫军事观评述

对王茂荫的军事观作一研究，本书还是第一次。在本书第二章第四节，笔者分为"行军打仗，选将为先""紧逼驻扎，靠前指挥""战略要地，兵家必争""知己知彼，百战不殆""骄兵必败，自古为戒"五个部分，对王茂荫的军事思想作了尝试性研究。这五个方面的军事观点，就古代军事科学而言，均属常识，王茂荫结合当时的实际，分别作了生动的、令人信服的阐述。实践是检验真理的唯一标准。王茂荫试图运用这些军事理论指导当时的实践（并接受实践的检验）。实践证明，这些军事理论是科学的、正确的，因而是有价值的。

咸丰三年（1853）七月，王茂荫在一疏奏中向咸丰申论怀庆兵事，谦称自己不懂军事，但有些想法不能不说，他以撰文"起伏照应"来解析兵事，他的原话是：

> 臣质性至愚，本不知兵。窃尝以作文之法推之，凡文之前后，起伏照应，奇正相生，虚实相间，必以一意行之，而后卷舒能一气。若以数人分段为之，即不相联贯，不能成文。用兵之道，殆亦如是。如一人通筹全局，某处宜先攻，某处宜后攻，必应先有分别。迨意中注定宜攻之处，或先从攻处入手，或不从攻处入手，而转从不必攻处入手，又必先有成谋。至定何处入手矣，何处宜埋伏，何处宜照应，以至奇正虚实之处，莫不各有其。此未战之先，所谓谋定而动者，已应如此。至出战而后临机应变，出奇无穷，则尤所谓运用之妙，存乎一心。若兵归各路，不由一人调度，虽约定期日，同时进攻，如文之篇幅相联，而意势不相联，终不足以成文。故扎营不妨分各处，进兵不妨分各路，而调度必须归一人，

---

① 范晔：《后汉书·陈宠传》。

方足以期得心应手。[①]

他比喻生动，解析入情入理，实在令人信服。设若只懂文而不知兵，或仅仅一介武夫，他绝不可能如此融会贯通，触类旁通。

王茂荫祖上出过精于兵事的武官。他的曾祖王德修（字洪烈，一字心培，号静远），也曾是乾隆壬申（1752）恩科武举人，本有希望就试兵部而成武进士，晋身武将，只是赶考途中"闻父暴得疾，星夜驰归，设桶卧侧，虽污秽不假手奴婢，由是余年未尝一日离侧。及父卒，绝意进取，孝养其母以终天年"[②]。或曰王茂荫身上有知兵基因，有懂军事的天分，这不是不可信的。咸丰四年三月，他遭申饬后被调兵部，先后任右侍郎、左侍郎，可以说是咸丰帝的知人而善任。

## 第五节　王茂荫吏治思想评述

### 一、民为邦本，良吏勤民

民本思想是中国传统文化中极其重要的思想资源，在国家政治制度的发展及变革之中，一直存在并发挥着重要的影响。古代民本思想经历了从重天敬鬼神到敬德保民，再从重民轻天到民贵君轻的发展历程。从孔夫子提出"节用而爱人，使民以时"的思想，发展到孟子的"民为贵，社稷次之，君为轻"的仁政思想，告诉统治者要"爱民""利民"，轻刑薄赋，听政于民，与民同乐，这标志着民本思想真正形成。明末清初，古代民本思想得到极大发挥，以黄宗羲、顾炎武、王夫之为代表的进步思想家开始对封建君主专制独裁进行揭露和批判，可以看作早期民主思想的启蒙。

晚清时期的王茂荫，虽然还没有把思想观念集中到揭露和批判封建专制方面，但是他在坚持"民为邦本"理念的同时，比较注重循吏的渲染。他提出"良吏勤民"的思想，是对古代循吏思想的继承与发展。他把"志在勤民而不获上""不效趋承""不为阿顺""不事钻营"作为良吏的衡

---

① 王茂荫：《申论怀庆兵事片》，《王侍郎奏议》卷四·寺稿上。
② 《道光徽州府志》卷四·人物·孝友。

x

x

x

量标准，可以说是对古代吏治思想的一个创新和发展。他的"良吏勤民"论，对我们今天的吏治管理深有借鉴意义。我们所做的一切都是为了人民。人民是我们的衣食父母，我们有什么理由不勤勤恳恳地为人民服务？没有任何理由。设若一个好官，就没有任何理由去讨好上级而得罪人民。

### 二、惩治腐败，急收人心

惩治腐败是吏治管理上的一个重要问题。有清一代，始终贯穿腐败与反腐败。王茂荫生活的晚清时期，政治上吏治腐败，贿赂成风；经济上贪污挪用，钱粮亏空；官员生活腐化堕落，奢靡成风……从很大程度上说，所谓"洪杨之乱"和"捻匪造反"，就源于腐败导致。因此，无论是政界的有识之士，还是学界精英，都对这一问题进行了凝重的思考，王茂荫从振兴吏治的角度，大声疾呼腐败不得人心，必须惩治腐败，急收人心。他甚至把"将贪官污吏严行参劾"作为"治贼之源"①。清朝统治者非常重视严刑惩处贪官污吏，并有详尽的法律条款，《大清律》就相当完备。总体说来，清朝的顺治、康熙、雍正和乾隆时期，做得不错。顺治帝主张贪酷重惩。康熙帝亦说"贪官之罪，断不可恕"。雍正帝是清朝皇帝中惩治贪官污吏最为严厉者。乾隆帝治理国家较雍正温和，但对贪官污吏也不手软。咸丰帝执政之初，也表示决心惩治贪腐，励精图治。可是，晚清终究未能摆脱腐败的旋涡，原因固然是多方面的，缺乏强有力的监督机制是其中重要一条。

"打铁还需自身硬"。惩治贪腐，自己屁股必须干净。王茂荫身居高位，一身正气，两袖清风，深得朝野敬仰。晚清时期，像他这样的清官并不多见。其居官不图发财，洁身自好，抵制贪腐，保持清廉的思想在中国近代史上留下浓墨重彩，对后世深有启发和影响。

### 三、整肃纲维，振兴吏治

纲维一般是指礼、义、廉、耻。如果不以四维治理国家，那非出问题不可。我国古代思想家、政治家管仲认为："礼义廉耻，国之四维，四维不张，

---

① 参见王茂荫《王侍郎奏议》卷三载《请速剿捻匪折》。

国乃灭亡。"王茂荫强调整治纲维，振兴吏治，继承和弘扬了管子这一思想，其意义自不待言。

王茂荫对整肃纲维、振兴吏治有五个方面建言：一、皇上要注意"修省"；二、议政王与军机大臣要"务宜专一"；三、"言官宜务优容"；四、京城"府尹不宜兼部务"；五、"奔竞之风，宜杜其渐"。

王茂荫的这五点建言，非常著名，他从最高统治者的自我修省，讲到议政王和军机大臣的抓大事或称抓纲治国，讲到要善待言官，鼓励他们大胆直言以履行监督职责，再讲到京兆尹（明清时称直隶总督、顺天府尹）不宜兼部务，最后讲到要杜绝官员跑官要官的不正之风，这都是整肃纲维、振兴吏治的重大问题。如果不讲这些基本规矩，哪还有什么纲维？

## 第六节 王茂荫管理理念评述

### 一、以人为本，知人善任

"人"在哲学上，常常和神与物相对应，人相对于神和物而言。大致说来，西方的人本思想主要相对于神本思想，强调把人的价值放在首位。中国历史上的人本思想，主要强调人贵于物，"天地万物，唯人为贵"。"本"在哲学上，可以解释为世界的本原，也可以解释为事物的根本。以人为本的本，不是"本原"的本，而是根本的本。所谓以人为本，是哲学价值论概念，而不是哲学本体论概念。管理学上的"人本原理"，是一种以人为核心的管理思想。

王茂荫的管理理念，继承了中国历史上的人本思想的精髓，强调以人为本，主张要善于知道一个人的德才学识，合理地予以任用。这种以人为核心的管理理念，与我们强调的科学发展观，应该说是一致的。

### 二、物尽其用，人尽其才

管理学上有一个基本原理，叫"效益原理"，要求在管理中所投入的人、财、物等资源，能得到充分、合理、有效的利用，以产生最佳的经济效益和社会效益。"物尽其用",是指各种物品资源都有其可用之处,能用的都要尽量利用,一点都不浪费。"人尽其才",意为每个人都可以发挥自己所有的才能,语出《淮南子·兵略训》。"物尽其用""人尽其才"这两个汉语成语的本意,反映了管理学中"效益原理"的根本要求。认真研读王茂荫的奏疏,特别是其关于用人理财和管理方面的奏疏,便可清楚地发现他对人尽其才、物尽其用非常讲究,甚至于苛刻。他不仅能熟练地运用中国古代管理学知识指导实践,而且在实践中又有了自身的经验,并且将亲身经验再进行理性总结。他不仅是管理学家,而且是实际的管理大师。

### 三、坚守信誉,立法有度

所谓"信用",指的是依附于人与人之间、单位之间、商品交易之间所形成的相互信任的生产关系和社会关系。信誉则构成了人与人之间、单位之间、商品交易之间的双方自觉自愿的反复交往,消费者甚至愿意付出更大的代价来延续这种关系。所谓"度",从管理学上讲,它是指事物所达到的境界,如程度、高度、法则、标准等。王茂荫非常讲究信用,也非常讲究法、度问题。明清时,徽商为十大商帮之首。王茂荫出身于徽商之家,更是生长于徽商社会,徽商"以诚待人,以信接物,以义为利"的风格对他影响至深。

关于"度"的把握,这是一门大学问。王茂荫于此,可谓精通,有非同寻常的精神风格。以发行纸币为国理财而言,他主张"先求无累于民,而后求有益于国,方可以议立法",主张限额发行,"极钞之数,以一千万两为限",主张交私商银号发行,同时"准与微利"①,这就体现了把握"度"的思想。再说捐输,他反对勒捐派税,主张养护元气,这也体现了"度"的把握。如果说,清政府财政政策制定者是竭泽而渔,杀鸡取卵,那么王茂荫所主张的则是适可而止,留有余地。晚清时期,像王茂荫这样坚守信誉、立法有度的管理思想家,并不多见。

---

① 王茂荫:《条议钞法折》,《王侍郎奏议》卷一·台稿上。

## 四、按职论责，赏罚分明

这也是王茂荫管理理念中的一个重要观点。这与管理学中的"责任原理"完全一致。咸丰三年（1853）六月，王茂荫给咸丰上的《论刑威好恶折》，是一篇申明赏罚的著名文论。该文实际是申论最高统治者咸丰帝对几个"闻命不行""拥兵不动"的骄惰轻朝大臣如琦善、赛尚阿等，该治罪的不治罪，该振以雷霆之威的不振雷霆之威，相反却继续给予信任，任其所为，这怎么能治理好国家？王茂荫用时任湖南巡抚江苏铜山（今徐州）人张亮基奏疏中一时传诵的名言，再次极谏："法行自贵，天下无不用命之人；罚不逾时，军中自有震动之意。"①职责不清，刑威颠倒，赏罚不明，是管理中一大败笔。吏治管理中一大腐败，是咸丰朝甚至是晚清政府"无可奈何花落去"的重要原因之一。

王茂荫的经济思想、政治思想、人才观、军事观、吏治思想和管理理念，继承了中国历史上相应方面的文化传统，属于中国思想史宝库中的财富。"观今宜鉴古"，王茂荫思想的精华，将是不朽的，永远值得后世借鉴。但是，也应当指出，王茂荫毕竟是中国封建社会晚期的大臣，他的思想也毫无例外地打上时代的烙印，我们应当用发展的眼光来看待、来对待他，而不宜苛求于前人。

---

① 王茂荫：《论刑威好恶折》，《王侍郎奏议》卷十一·补遗。

# 附录一

## 王茂荫文选

# 附录二

## 皇清诰授光禄大夫吏部右侍郎加二级
## 谕赐祭葬显考子怀府君行状

# 附录三

## 诰授光禄大夫吏部侍郎王公神道墓碑铭

# 【经济思想篇】

## 条议钞法折
### 咸丰元年九月初二日

奏为敬筹济用，以备采择，恭折具奏，仰祈圣鉴事：

臣维用人理财，二者固分本末，然当务为急。今日之需才急矣，而理财亦正不容缓。粤西之军务未息，河工之待用尤殷，国家经费有常，岂能供额外之用？于是，部臣又有开捐例之议。夫捐例之弊，人皆知之，岂部臣独不知之而为此议耶？不得已也。

臣观自汉以来，不得已而为经国之计者有二：一曰铸大钱，一曰行钞币。二者之利同，而其难已经久亦略相似。然臣尝考铸大钱如汉元鼎迄明，兴者数矣，曾不三五年即废。钞币之法，昉于唐之飞钱，宋初因之，置便钱务，可考者，至道末，商人便钱百七十余万贯。天禧末，增二十三万贯，计其流行已三四十年。交子之法，自天圣至大观，行之七八十年。会子之法，始自绍兴，行之终宋之世。有元一代，皆以钞行。明沿用之，至弘正间始废，盖亦行百有余年。是钞又不能久中之尚可久者也。臣见往年议平银价，内外臣工多为铸大钱之说，因私拟为钞法，以为两利取重，两害取轻计。钞之利不啻十倍于大钱，而其弊则亦不过造伪不行而止。国初造钞，岁十万余，行之亦经十年之久。其行也，所以辅相夫不足。其止也，即以裁成夫有余。圣神妙用，百世可师，济用权宜，似莫逾于此。顾臣虽拟之，久而不敢上者，诚恐奉行不善，转为法累，苟可无需，自不必行。若为不得已之计，则刍荛之愚，似宜陈之，以备采择。用是不揣冒昧，敬将所拟钞法十条恭缮进呈，伏乞皇上圣鉴：

一、推钞之弊。钞之利自不待言，行钞之不能无弊，亦人所尽晓。然知有弊而不能实知弊之所在，知弊之所在而不能立法以破除之，则钞不行。间尝深思切究，即古来行钞之弊而详推之，盖有十端：一则禁用银而多设科条，未便民而先扰民；二则谋擅利而屡更法令，未信民而先疑民；三则有司喜出而恶入，适以示轻；四则百姓以旧而换新，不免多费；五则纸质太轻而易坏；六则真伪易淆而难识；七则造钞太多则壅滞，而物力必贵；八则造钞太细则琐屑，而诈伪滋繁；九则官吏出纳，民人疑畏而难亲；十则制作草率，工料偷减而不一。诚能举此十弊去之，先求无累于民，而后求有益于国，方可以议立法。

一、拟钞之值。元以前未尝用银，故钞皆以钱贯计。今所贵在银而不在钱，则钞宜以银两计。过重则不能便于分，过轻则不便于整，请定为两种：以十两者为一种，五十两者为一种。十两以下，则可以钱便之者也；十两以上至数十两，则可以十两者便之；百两以上至数千两，则皆可以五十两者便之。其平色，则以库平足色为准。既以便上库，亦以便流通。盖即仿现行库饷银锭式，以免琐碎参差之弊。

一、酌钞之数。钞无定数，则出之不穷，似为大利，不知出愈多，值愈贱。明际，钞一贯至不值一钱，于是不得不思责民纳银以易钞，不得不思禁民用银以行钞，种种扰民，皆由此出。宋绍定五年，两界会子多至三亿两千九百余万，此所以不行也。宋孝宗曰："会子少则重，多则轻。"此钞法之扼要也。请仿国初之法，每岁先造钞十万两，计十两者五千张，五十两者一千张。试行一二年，计可流通，则每岁倍之；又得流通，则岁又倍之。极钞之数，以一千万两为限。盖国家岁出岁入，不过数千万两，以数实辅一虚，行之以渐，限之以制，用钞以辅银，而非舍银而从钞，庶无壅滞之弊。

一、精钞之制。自来钞多用纸，故有楮币之名，既易黦烂，尤易造伪。今拟仿古者用币之意，请由户部立一制钞局，先选织造处工人，以上等熟丝织如部照之式，分为两等，方尺有五寸者为一等，方寸有二寸者为一等。

四周篆织花纹，中横嵌"大清通行宝钞"六字满文于额，直嵌"大清宝钞，天下通行"八字汉文于两旁，按每岁应制钞张数造办。以方尺五者为库年足色纹银五十两，尺二者为库平足色纹银十两。选能书吏，于钞中满汉合璧作双行书。每年拟定数字，每字一千号，编为一簿。钞之前，按簿上每张填写某字某号，钞之后，书"某年月日，户部奏准，大清宝钞与银钱通行使用，伪造者斩，告捕者赏银若干两，仍给犯人财产，诬告者坐"。皆汉书。再请饬另铸大清宝印一颗，于中间满汉文银数上钤以印。前某字某号上钞与簿钤骑缝印。钞质必厚实如上等江绸。篆文必细致，满汉书必工楷一律，印文必完整，印油必鲜明。监造各官有草率不如式者，治以罪。禁民间不得私织如钞花样，有犯必惩。再请饬于制钞局，特派一二有心计之员，另处密室，每于钞上暗设标识数处，所设标识唯此一二人知之。仍立一标识簿，载明每年之钞标识几处、如何辨认，封藏以便后来检对。其识按年更换，以杜窥视。一切均不得假手书吏，以防泄漏。如此则造伪甚难，辨识甚易，伪造之弊，庶几可杜。且绸质较足经久，亦不致遽虞朽烂矣。

一、行钞之法。立法必自京师始。如部中每岁制钞十万，请先以一万颁五城御史，令传属内殷实之银号，当堂将钞酌为颁发，取其领状，由城移送银库。银号领钞，准与微利，每库平五十两者，止令缴市平五十两；库平十两者，止令缴市平十两。限于领钞后次月，随同库上收捐时将银缴库。银号领钞后，许加字号图记、花字于钞之背面，听各处行用，并准兑与捐生作捐项，与银各半上兑。余钞九万，酌分各直省、大都会及东南两河，交各督抚，饬省会州县发交钱粮银号。其银号领钞，亦如京城，准与微利，库平止缴市平，将银于次月缴纳各州县库。领钞之银号，亦准加字号图记于钞之背面，听各处行用，并许为办解钱粮，与银各半解司。其有无钱粮银号之州县，或交官盐店与典铺。凡京城之银号，自多捐生兑换。外省州县之银号，有专为办解钱粮者，盐店、典铺亦皆与官吏较亲。倘书吏再有需索之弊，许该捐生、银号等指名呈究。该管官即严行惩办，庶几民情无所疑畏矣。

一、筹钞之通。京城发银号之钞，许捐生作兑项，则钞仍归于部库。

库上每月应放款项，除零星散数不可给钞外，如数十百两以上者，部库均可酌量以钞搭放。凡领钞者，如兵饷马乾不便分析，即可向银号兑银散给。钞上有银号图记，如他银号未晓，即使向原加图记银号兑换，自属甚便。该银号收钞仍可兑与捐生之用。外省发银号之钞，许其解充地丁，则钞仍归于藩库。该省每年应拨放款项，该藩司酌量以银与钞各半发给。领钞者均令就各州县钱粮银号兑换。该银号得钞，仍可为办解钱粮之用。在各该银号以银易钞，既听各处行用，且可为捐生上兑捐项，办解钱粮，并无苦累。如或故意勒掯，不肯兑换，扣减不肯如数，许民人指控，治之以罪。凡民畏与官吏交，而不畏与银号交。如此而疑畏之弊益除矣。

一、广钞之利。钞法行之自上，原不强民。然利轻赍与行远，无成色与重轻，较之金银，于民为便。内而顺天府、五城，外而督抚州县，令出示晓谕，使民咸知此意，听民人等向银号兑换行用，并听为随处上纳钱粮、兑换银钱之用。再请饬，发钞专在省会州县；而收钞，则凡天下州县，必令于城内立一收钞银号，无论本地异乡民人，有持钞至者，或作交钱粮，或兑换银钱，均即如数兑交。各州县收钞后，均可为办解钱粮之用。如行钞数年，而州县有并无钞解充地丁者，是该州县办理不善，使钞不得通于该处。该督抚查明，即行参处。京外各行钞银号，均饬于招牌上加"钞"字。有持钞至者，均即兑换，毋许抑勒。各州县解藩库者，均令于钞正面之旁注明某年月日、某州县恭解。至民间辗转流通，均许背面记明年月、收自何人，或加图记花字。遇有伪钞，不罪用钞之人，唯究钞所由来，逐层追溯，得造伪之人而止。如此，而民无用钞之苦矣。

一、换钞之法。部库令一人专司钞之出入。每收钞时，必详审钞之正反面，不必待其昏烂。但钞之背面图记花字注写略已将满者，即付送制钞局。各省收钞遇有似此者，即作解项解部，部库亦付送制钞局，使民间无换钞需索之虑。各省解部者，亦令于钞正面之旁注某年月日、某省解。制钞局于原制钞簿上对明年月字号，注明某年月日销，将钞截角，另贮一库。遇有伪钞，便可对明。如系已销之号，尚有未销之钞，则取当年制钞标识簿核对，前后两钞，何者真伪，立可辨认。按伪钞背面各图记追究由来，则伪造无不破矣。

一、严钞之防。制钞行钞各法，非不力思防弊，然恐法久而弊仍生。再请法行之后，不得另有更张，致民观听惶惑以坏法；造钞之制，不得渐减工料，致失本来制度以坏法；民人有伪造者，即照钞文治罪，不得轻纵以坏法。如是而坏法之弊庶几可杜。宋臣韩祥有言："坏楮币者，止缘变更。救楮币者，莫如收减。增添料质，宽假工程，务极精致，使人不能为伪者，上也。禁捕之法，厚为之劝，厉为之防，使人不能为伪者，次也。"是言得钞法之精意矣。

一、行钞之人。自来法立弊生，非生于法，实生于人。顾生弊之人，商民为轻，官吏为重。商民之弊，官吏可以治之；官吏之弊，商民不得而违之也。今于商民交易，虽力为设法不经官吏之手，然官吏果欲牟利，从而需索、扣减，亦复何难？商民兑换，一有扣减即不敢用，将使虚名徒悬，而利不通于上下。论者因以为钞不可行，似非钞之不可行也。保甲、社仓、良法具在，苟非良吏，亦终不行，是岂法之过与？州县得人，则商民奉法；督抚得人，则官吏奉法。是在圣朝洞鉴之中，又不独钞为然矣。唯是明臣丘濬谓："钞不可行，以用之者无权也。"故行钞尤贵称提有法。称提之法，则在经国大臣相时之轻重而收发操纵之，庶几可以经久。

以上所拟十条，第就管见所及，举其大纲，请旨饬部院大臣详悉妥议。如可施行，再令部臣详定节目。臣为急筹济用起见，是否有当，伏乞圣鉴训示。谨奏。

【附】

朱批：大学士会同户部议奏。钦此。

（录自《王侍郎奏议》卷一·台稿上）

# 条奏部议银票银号难行折

## 咸丰三年正月初八日

奏为银票亏商、银号亏国，部议未尽，请饬另筹事：

窃臣见户部会议行钞奏称："钞法收效稽迟，不如就目前本有之财，以图周转。拟请暂行银票期票，仿照内务府官钱铺之法，开设官银钱号以便支取。奉旨依议，钦此，等因。"伏查部议所称，提取各州县所存谷价银两，给以银票，为将来补买之用，及大员俸银，给与期票，令其届期关支。事虽权宜，而行无窒碍，自属可行。惟所称"用银票之法，请于各省当杂各商生息帑本内，每酌提十分之三，解交藩库，报部候拨。户部核明银数，应造一百两、八十两、五十两之票若干张，汇发该省。按原提本银数目分给各该商。准令该省捐纳、封典、职衔、贡监之人，向各商买票报捐，归还原提银款，其各商应缴息银，仍如其旧。于商无亏，于事有济"等语，臣不知各省生息帑本共有若干，有济与否，不敢妄议。若商，则知其必亏。

臣闻各省州县皆有典规，岁数千两至万两不等。即平居无事，而已视典商为鱼肉。今令州县以提帑本发部票，则必以火耗、脚价、部费为借口，而收钱有费，发票有费。费之轻重，固视官之贪廉。然官即能廉，吏亦断无空过之事。此商之一亏也。商之缴银也，限以三月。由州县而藩司，而报部，不知几月。迨部中核明银数，造票有时，发票有时，由该省以行至州县，分给各商，又不知几时。窃计自商缴银之日，以至领票之日，至速亦须一年。此一年中，该商等本银已缴其三，而息银仍如其旧，此息竟从何来？此商之亏又一也。商领银票，准令该省捐纳封典、职衔、贡监之人，向各商买以报销，归还原款。窃计捐生有银报捐，何为必欲买票？且买票入手，不知有无真伪；持票上兑，不知有无留难；何如持银上兑之可恃？苟非与该商素识，委曲代计补亏，断不向实。设领票年余，而素识中竟无欲捐之人，其票必悬而无着。则商之亏又一也。由前二亏，亏固难免；由后一亏，于更无期。于此而谓于商无亏，恐未可信。

夫提取存本，固商之本分，亦商所乐从。今欲济急需，则竟提用，俟度支充裕，再行发给可耳。若如部议，提本、给票、买票，费三层周折，而仍归于报捐。名避勒捐，而实较捐之费为更甚矣。

再，查所议官银钱号之法，"请于京城招商，开设银钱号三所，每所由库发给成本银两，再将户、工两局每月交库卯钱，由银库分给官号，令其与民间铺户交易。户部每月应放现钱，一概放给钱票，在官号支取。俾与钱票相辅而行，辗转流通，兵民两有裨益"等语，在部臣之意，以为有钱乃始给票，则票实而人可取信；给票不尽取钱，则钱存而利有可余。不知在商贾可行，而国家则不能行也。姑不论以经国谋猷下同商贾，其体为至亵，其利为至微。今且以商贾之道言之，大抵能创一肆、守一业者，其人必工心计，习俭勤，旦夕以身入其中，而又知人而善任。非是则败。盖有创立数年，买卖甚旺，一旦身离其地而顿亏者矣；有资本巨万，偶用非人，不数年而全面覆者矣；有日习其中，而计虑未精，业仍销歇者矣。臣所见闻，不知凡几。夫以商贾之自为，尚且如此，今乃欲以官招商为之，其人果殷实、在善经营也者，彼且自谋之不暇，何暇为官谋？其应招者，必其不可恃者也。而官又不能旦夕稽察其间，即使派员稽察，亦属徒然。况官吏往来，尤难保无沾染乎？况户部写票，悉由书吏，纷繁琐碎，尤难保无作假乎？假照之案，可为前车。此法若行，不数年而银本钱本必成大亏，此臣所谓亏国也。在部臣意，必谓有亏不难重治其罪耳。不知狡黠之徒，初时亏之，断不能见，至亏之已甚，则虽重治其罪，亦复何补！若谓内务府官钱铺行之数年，并未见亏，则其中利弊，人不易知，似未可借为仿照。臣实觉此法断不可行。

以上二条，现在章程未立，请饬部臣另行筹议。伏乞皇上圣鉴训示。谨奏。

【附】

朱批：户部议奏。钦此。

（录自《王侍郎奏议》卷三·台稿下）

# 请将钞法前奏再行详议片

## 咸丰三年正月初八日

再，查部臣议行银票，意谓票与钞相关，欲以此试钞之行否。臣窃谓此意似未深思也。诚欲试钞之法，当如其法而用之，方为试行。若变易其法，则行与不行，皆各自一事，安得因此而概彼？夫行钞，首在收发流通。惟收之能宽，斯发之不滞。今银票之发，唯以抵存本，而收唯以报常捐，上下均隘其途，安得而流通乎？

臣自元年十月曾上钞法十条，经部议驳，遂不复言。窃冀部臣别有良策，乃筹饷二十三条，不为不详，而大概皆出于捐。至所称赏银执照与银票，似尚不如钞之便。即近来言钞者多，而于推行收发之间，立法亦多未尽。必不得已，请饬部将臣前奏再行详议。其前所驳各条，唯暗设标识一条，即可照议删去，余或尚当致详。至钞上既去标识，即请加用部科印，先以成式颁发各省府州县以及行钞银号，使便比照，则伪者不敢出，用者自易信。而其要，尤在行之以渐，而限之以制。若一旦骤造数十万，势必不行。彼洋银流入中国，人亦初不敢用，迨行之久而人便之，且善辨识，遂遍东南各省。此岂一朝夕之故哉？事非通筹大局，深究始终，未易得其要领。

臣固非谓钞为无弊，但以此法不取于民，亦不强民，犹弊之较轻者耳。倘舍此他图，盖未有不取诸民者。今日之民，恐不堪命。为此冒昧渎陈，不胜惶悚之至。谨奏。

【附】

朱批：户部议奏。钦此。

（录自《王侍郎奏议》卷三·台稿下）

# 请筹通商以安民业折

## 咸丰三年三月二十五日

奏为请筹通商，以安民业，恭折奏祈圣鉴事：

窃思京城为根本重地，必得商贾流通，百货云集，方足以安民生。自上月钱店关闭者多，民心惶惶，几于不可终日。蒙皇上大沛恩纶，广宣谕旨，百姓感颂欢呼，街市顿觉平静，月余以来，似觉无事。然此第外见之象也，实则各项店铺之歇业者，竟自日多一日。若不赶紧想法，恐有罢市之势。

臣闻细推各歇业之由，大抵因买卖之日微，借贷之日紧。夫买卖多寡，由于时势，非人所能为也。而借贷之日紧，则由银钱帐局。各财东自上年以来立意收本，但有还者，只进不出，以致各行生意不能转动。闻帐局自来借贷，多一年为期。五六月间，各路货物到京，借者尤多。每逢到期，将本利全数措齐，送到局中，谓之本利见面。帐局看后将利收起，令借者更换一券，仍将本银持归，每年如此。故此时犹不甚显者，各帐未尽届期也。若届期全行收起，更不复借，则街市一旦成空。盖各行店铺自本者，十不一二，全恃借贷流通。若竟借贷不通，即成束手，必致纷纷歇业，实为可虑。

且可虑者店铺，而尤不独在店铺也。即如各行帐局之帮伙，统计不下万人。帐局收，而此万人者成无业之民。各店铺中帮伙，小者数人，多者数十人。一店歇业，则此数人、数十人者，亦即成无业之民。是帐局一收，而失业之民将不可数计也。此不可数计之无业闲民，既无所事，又不能归，终日游荡于京城之中，又将何以处之！

臣愚以为，各行店铺之歇业，患在帐局收本。而帐局所以收本，虑在各行店铺之将亏其本而不能收。拟请旨通行晓谕各银钱帐局，务宜照常各按旧章，到期收利换券，不宜将本银收起。其换券利息，亦不宜较前加增。倘各行店铺有不能交利者，准报官为严追。若店铺现在开设，不得立追本银。如此，则各行店铺可以暂保。再请将欠债律条酌改加重，倘将来各店铺有亏帐局借本者，照律严办，务为追还。如此，则各帐（局）财东亦可恃以无恐，而不必遽收。

又闻，现在典铺，多不肯当。即有当者，亦不过略应门面，百千之物不能当出十千，以致贫者益难为谋。应请并令各典铺财东，设法如常应当，不可关闭，则贫者尚有转移。

愚昧之见，是否有当，伏乞圣鉴训示。谨奏。

【附】

上谕：御史王茂荫奏，近日京城银钱帐局，立意收本，不肯借贷，以致各项店铺歇业居多。又典铺多不收当，贫民益难谋生等语。京师根本重地，必得商贾流通，方足以安民业。著步军统领、顺天府、五城剀切晓谕，凡挟赀经运之人，均各照常出纳，毋得故意刁难，致使贫民失业。至开典铺，原以便民，应如何设法开导，令其照常交易之处，妥筹办理，将此谕令知之。钦此。

（录自《王侍郎奏议》卷三·台稿下）

# 部议呈缴铜器无济实用折

咸丰三年四月初六日

奏为禁令徒严，济用无补，恭折奏明请旨事：

伏查上年四月户部议奏禁铜，令京师铜铺嗣后不准制造五斤以上铜器，限一年内将已造者售卖，逾期查出入官。其不及五斤者，并官民已经买用者，不论。立法至为妥善。乃本年三月二十五日，户部又有告示，令官绅有铜器在三斤以上者呈缴。此独指官绅言也。三十日又有告示，禁铜铺造一斤以上铜器，限三个月呈缴，逾期查出严办。当此铜斤短绌之时，原应设法收铜，以资鼓铸。然似此届期年，立法迭更，何以示信？且铜器中有日用必须者，如民间之饭锅、水壶，多在一斤以上，并此禁造，民用恐多不便。若不便民用而果能有济国用，抑犹有说，而无如其无济也。何则？呈缴之事，官绅可能，铜铺必不能。手艺生涯，非有大资本者可比，必禁一斤以上，则能改者改之，不能改者匿之耳。生计所在，安能呈缴？倘限满竟无缴者，不知户部又当如何？挨铺搜查，想部臣断不出此。私造售卖，即日久仍安故常，名虽严禁，殆亦与禁烟等。是此令固徒悬也。今民情方甚惶惑，而徒悬一不行之令，使民惊疑，既已不可，且此令止禁京城，无论其不呈缴也，藉使呈缴，用亦无济。京城内外，铜铺合计不过数百家，每铺缴铜百斤，合计不过数万斤，户工两局月需数十万，其何以济？夫军需孔亟，用款浩繁，凡在臣工，同深焦急。但有济用之方，咸思竭力尽心，岂愿更生阻挠？然势既不行，而用又无济，则臣实不愿部臣之为之也。雍正四年，曾禁铜器矣，当时国家威令森严，民人奉法为谨，然且有名无实，故乾隆元年即行停止。是此令虽能济用，亦属难行，况其本无济乎？然户部告示已行各衙门，臣在中城暂未张贴，各衙门恐难复收，唯有仰恳天恩，明降谕旨，著不必行，如捐举人、收铺税之例，立行停止。斯民皆欢欣鼓舞，称庆于道矣。

臣非徒阻部议而不为鼓铸计也，臣自正月奏请拆热河珠源寺铜殿，以资鼓铸。其时部议如何，臣未得见。近见内务府议，有"核计拆运工价，所费不赀，且坐落蒙古地方，尤属观瞻所寄"等语。伏思当年建立铜庙之意，臣不能知，原不敢于妄议。若以为观瞻所寄，则所系似轻矣。至拆运工价，云南铜运，曾有因天津冻阻，陆运抵通之案。自津至通二百余里，运铜百万，不过销银二千两，热河去京西百里，较之天津抵通，不过加倍，似运脚不至过费。拆卸之工，则热河都统所属兵丁，除调拨外，当必尚多。该兵丁等本食钱粮，今再加以津贴，日常操练之余，使之出力拆卸，能拆得百斤者，给钱若干，既可熬炼气力，又复得所津贴，于兵丁亦无不利。闻铜殿广有三间，每间之大，过民房数倍，计其为铜，当不止千万。但得铜六百万斤，即可抵铜本银一百万两，若得铜两千万斤，即可抵银三百余万两，区区拆运之费，又何足论？此举一行，约可资户、工两局二、三年之用。较之搜刮商铜，似为得济。倘有以佛像为疑，则臣正月所奏已详，似可无虑。伏愿皇上宸衷内断，饬户部迅速办理，勿更迟疑，非独鼓铸有资，亦使商民安业。

是否有当，伏乞圣鉴训示。谨奏。

【附】

上谕：御史王茂荫奏，部议呈缴铜器无济局用一折，著户部再行妥议具奏。钦此。

（录自《王侍郎奏议》卷三·台稿下）

## 关闭钱铺请展追限折
### 咸丰三年五月初三日

奏为关闭钱铺，请暂展追限，以恤商而利民，恭折奏明请旨事：

窃照本年二月，关闭钱铺甚多。定例：钱铺闭门，即将该铺户押追，勒限两个月，能将银钱全数开发者免罪。若逾限不完，送部照诓骗财物律计赃，准窃盗论。一百二十两以上，发附近充军。盖钱铺兑换现银票、存钱文，与借久不同，故定罪从严也。然一定罪之后，即不复追。故关闭钱铺到案，有力求宽限交钱，不愿送部者。亦有不求立限交钱，但愿送部者。其不愿送部者，盖其亏本无多，第因一时取钱拥挤，猝不及应，不得已而关闭者也。其但愿送部者，则其亏已有素，或早将银钱藏匿，或倒填年月立契，预行买人顶亏，有意于关闭者也。夫不愿送部，则其意尚在交钱；而但愿送部，则其意甚畏追钱。本年自银帐局收银不放，各行买卖转运多艰，不独借贷骤难应手，即收债变产亦难克期。若两月限期，即行送部，在该商之不欲负人，有意复开者，或以限迫而罹刑章，不得遂其交钱之愿，其情既多可悯，而奸商之有意藏匿，拌充数年之近军，以图终身之厚殖者，转得遂其不交钱之愿，其情尤为可恶。

民人持票，但愿钱铺之发钱，不愿钱铺之治罪。若钱铺之治罪者多，即钱票之受亏者益众。相应请旨，饬步军统领、五城，凡关闭钱铺，两月限满交钱不足者，准其展限四个月，勒令设法交钱。即有已送部者，亦仍发还勒追。倘限满仍不能还，再行送部治罪。似可使本分商民，得以从容设措，而奸狡商民，不得便其私图。钱铺多交一分，即民人亦无不利。

再闻钱铺经部定发配以后，更不交钱，而例有交钱仍准释回之文。各衙门将该铺先缴之钱存积，以待续缴，不遽开发，以至悬宕数年，票多成废。应请并饬刑部，将勒追无交之铺户定罪后，即行知各衙门，将缴存钱文并各货物变卖，按所亏票数均匀摊发，以免久延。

是否有当，伏乞皇上圣鉴。谨奏。

【附】

上谕：太常寺少卿王茂荫奏，关闭钱铺，请暂展追限一折，着步军统领衙门、巡城御史体察情形，酌核办理。

附录一

131

# 论行大钱折

### 咸丰三年十一月二十一日

奏为敬陈大钱利弊，恭折奏祈圣鉴事：

窃查本年三月户部奏铸大钱，请定当十、当五十二种，自六月始按成搭放。本月十四日，巡防王大臣奏请推广铸造大钱，奉朱批："所奏是，户部速议具奏，钦此。"臣蒙圣恩，擢任户部右侍郎兼管钱法堂事务，职司尤重，自当随在部诸臣，悉心推求，以期利用，何容独有异议。顾臣窃虑此法之难行，且虑行之稍窒，或并所已行者而亦致不行，有不敢不将利弊源流，备行陈奏，再请圣裁者。

臣维自来圜法，总以不惜工本为不易之常经。偶铸大钱，计图节省。由汉迄明，兴者尝数十矣，而不久即废，从未有能行者。现行大钱，颇见便利，盖人情喜新，历代初行，亦皆如此，非今法独异也。然闻当五十之钱，市人已多私议，奸人已多私铸，第为时未久，尚未见大阻格耳。今王大臣奏请添铸当百、当五百、当千三种，而当千但以重二两为率，其余以次递减。为裕筹经费起见，诚为至计，此法果行，岂非大利！顾臣考历代钱法，种类过繁，市肆必扰；折当过重，废罢尤速。前户部请铸大钱时，亦称历代之行而辄罢，皆由折当太重，分量过于悬殊，故止铸当十、当五十两种，而犹声明以后照式，一律不准稍有偷减，诚有监于前失而戒之也。方深戒之，何遽犯之？若当千之钱重二两，非所谓折当太重、分量过悬殊耶？

论者谓："折当太重，谓其嫌于虚耳。大钱虽虚，视钞票则较实，岂钞可行而大钱转不行？"不知钞法以实运虚，虽虚可实；大钱以虚作实，似实而虚。故自来行钞，可数十年，而大钱无能数年者，此其明征也。论者又谓："国家定制，当百则百，当千则千，谁敢有违？"是诚然矣。然官能定钱之值，而不能限物之值。钱当千，民不敢以为百；物值百，民不难以为千。自来大钱之废，多由私铸繁兴，物价涌贵，斗米有至七千时，此又其明征也。

宋御史沈畸之言曰："自为当十之议，召祸起奸。游手之徒，一再鼓铸，无故而有数倍之息，虽日斩之，其势不可遏也。"学士张方平之议曰："用大钱致奸人盗铸，其用日轻。比年以来，皆虚高物估，增值于下，取偿于上，虽有折当之虚名，乃罹亏损之实害。"又其显者，大观铸钱自蔡京，而其子蔡絛作《国史补叙》，其"始之得息而流通，继之盗铸而多弊，终之改当而折阅"，事皆亲见，言尤独详。夫聪明材力，古人远胜今人；作奸犯科，今人又远胜古人。古既不行而欲行于今，臣实不胜过虑。

顾使当千、当百虽不行，而当十、当五十犹可行，似不妨一试，而臣又虑其不能也。信为国之宝，现行大钱、钞票，皆属权宜之计，全在持之以信、守而不改，庶几可冀数年之利。今大钱分两式样，甫经奏定，颁行各省，大张晓谕，刊刻成书，未经数月，全行变更。当五十者，较向所见而忽大轻，当一百者，较向之五十而犹见轻。且当五百当千，纷见错出，民情必深惶惑，市肆必形纷扰，而一切皆不敢信行。钱为人人日用所必需，裕国便民，所关甚重。万一如臣所虑，诚恐贻悔。

或谓铜斤短绌，若不及时变通，则明年必致停铸，此又岂细故耶？顾变通欲其能行，不行则亦与不铸等。乾隆以前，铜初不取诸滇，鼓铸所资，有国初之成法在。逆贼一平，不患无铜；若贼不平，铜不能运，则虽尽现在之铜，尽铸当千，似亦无济。所可虑者，固不止停铸一事也。现在言大钱者甚多，如御史蒋达之奏，第计行之利，未计不行之弊。臣自为司员时，窃尝于此考之。伏愿皇上坚持一信，永保勿渝，实为幸甚。

臣性既拘迂，识尤浅陋，惟受恩深重，但有所见，不敢不言。为此备陈利弊，并呈历代大钱兴废略，伏乞圣鉴训示。自知谬妄，干冒宸严，不胜战慄待命之至。谨奏。

谨将历代大钱兴废，节录大略，恭呈御览：

汉元鼎二年，铸官赤仄一当五，赋官非赤仄不用。其后二岁，赤仄钱贱，遂废。王莽钱自当一以至当五十为六等，百姓溃乱。莽知民愁，改行当一与当十二品，尽六年，毋得复挟大钱。吴孙权嘉禾五年铸大钱一当五百，又铸当千钱。钱既太贵，但有空名，人间患之。权闻百姓不以为便，省息

133

之铸为器物，官勿复出也。宋文帝元嘉七年，以一大钱当两，行之经时，公私非便，乃罢。陈文帝天嘉五年，铸五铢钱，以一当鹅眼十。宣帝大建十一年，又铸六铢，以一当五铢之十，后还当一。后周建德三年，铸大布钱以一当十。五年，以布钱渐贱，人不用，遂废之。唐肃宗乾元元年，第五琦铸乾元重宝钱，一当十；又铸重轮乾元钱，一当五十。京师人人私铸，物价腾踊，斗米至七千钱。代宗即位，重宝钱以一当二，重轮钱以一当三，凡三日而大小钱皆以一当一。自第五琦更铸，犯法者日数百，州县不能禁止。至是，人甚便之。后唐钟谟请铸大钱一当十，谟得罪而大钱废。宋范雍、张奎皆铸当十钱，民间盗铸者众，钱文大乱，物价翔踊，公私患之，后皆改为一当二。神宗四年，皮公弼铸当十钱，后改当三，又减当二。徽宗二年，铸当十钱；四年，以盗铸多，诏改当五，旋又改当三。明洪武即位，初定钱制，当五、当十凡五等；四年，即改铸大钱为小钱。天启元年，铸当十、当百、当千三等大钱，旋诏收大钱，发局改铸。

历考前代大钱，惟汉昭烈入蜀，铸值百钱，史称旬月府库充实，未详所止，意亦愚民一时之计。余则始末具见，盖未有行三年而不改变废罢者，未有不称盗铸云起，物价腾贵，公私非便者。史册所载，彰彰如此。谨略。

（录自《王侍郎奏议》卷六·省稿一）

# 再论加铸大钱折

## 咸丰四年正月十二日

奏为敬筹大钱，再行渎陈，恭折奏祈圣鉴事：

窃臣于上年十一月因部议巡防王大臣推广大钱，曾上大钱利弊一折，未奉谕旨。今于本日恭进各大钱式样，臣职管钱法，惟当力求铸造精工，期能行，以仰副圣意，何容更有所言！顾臣于此事夙夜筹思，实觉难行，有不敢不再渎陈者。

今行当百以上三种大钱，与原行当五十大钱分两式样，无甚可辨。若恃字为辨，则此何以贵；彼何以贱，愚民莫解，恐致瞀乱，此其一难。钱本以便零用，今一钱而当五百、当千，窃恐以易市物，难以分析；以易制钱，莫与兑换，此其二难。大钱虽准交官项，然现在准以五成搭交者，有官有宝钞，再加大钱，何能并搭？此其三。然此犹其小也，最大之患，莫如私铸。论者以为私铸正可增官铸之用，可以无患。不知官钱以当千发之，以当千收之，故可无亏。若是奸人以四两之铜，铸两大钱，而抵交一两官银，其亏国将有不可胜计者。旧行制钱，每千重百二十两，熔之可得六十两，以铸当千，可抵三十千之用；设奸人日销以铸大钱，则民间将无制钱可用，其病民又有不可胜言者。即此二弊已无法杜，无论其他。今论者或知难行，又谓姑先少铸以试之，试之而不行，再停非晚。臣以为他事可试，兹事不可试。盖事之本未有得者，试而不行，亦无所失；事之已有所得者，试而不行，将并所得而失之。臣固非徒为难行之大钱虑，实为已行之大钱虑也。方今筹饷维艰，买铜不易，幸得当十、当五十之钱暂能行用，月既省铜数万斤，又多获钱数万串，于经费不无小补。设更动之后，稍有阻格，一样不行，各样皆废，挽回无术，悔将何追？

臣思推广大钱，原欲于利用之中，更为节省之计。方今官票、宝钞，其省远过大钱，其利亦远过大钱，有一能行，利已无尽。大钱之铸，似可以已。若必不得以，则惟一法，请于当百以上者，加嵌银点，以示贵重。当千者十点，当五百者五点，当百者一点，每点嵌银不过一二分，而可使辨者较易，造伪较难。再请将户局当十、当五十两种，亦照工局之制，原重一两八钱者减为一两五钱，原重六钱者减为五钱。使户局工局分两均归一律，新钱、旧钱式样无甚悬殊，市肆行用不致瞀乱，而户局铜斤已暗省数万斤，不为无益。即将来当百以上大钱或有不行，而此当十、当五十者，规模如故，制度仍然，亦尚可行，庶几有得无失。钱为人生日用所必需，法不宜于轻动。

臣非固执己见，妄肆阻挠，实因筹思已久，不胜过虑。为此，再行渎奏。

（录自《王侍郎奏议》卷六·省稿一）

## 再议钞法折
### 咸丰四年三月初五日

奏为钞法未尽，敬陈管见，并沥下情，恭折奏祈圣鉴事：

窃维今日度支告匮，需饷方殷，不得不资行钞。然钞法贵于行之以渐，持之以信。伏读上谕，有"行之日久，中外俱可流通"之旨。仰见圣明洞鉴，固知发之不宜太骤也。

今至上年议行钞法以来，初用银票，虽未畅行，亦未滋累。至腊月行钱钞，至今已发百数十万。于是兵丁之领钞者，难于易钱市物；商贾之用钞者，难于易银置货。费力周折，为累颇多。臣察知其情，夙夜焦急，刻思有以补救之。惟臣既在户部，凡有所见，必取决于总理祁寯藻、尚书文庆，乃所商多未取决，而设想更已无方，有不得不上陈于圣主之前者。

伏维自来钞法无传，然由唐宋之飞钱、交子、会子，循名而思其义，则似皆有实以运之。独无废银钱不用，而专用钞。上下通以此行，为能以虚运，然闻后亦少变。至明，专以虚责民而以实归上，则遂不行。历代之明效如此，故臣元年所上，皆以实运虚之法。今时世所迫，前法不行，议者遂专于收上设法，意诚善矣。然京城放多而收少，军营有放而无收，直省州县有收而无放，非有商人运于其间皆不行，非与商人以可运之方、能运之利，亦仍不行。谨就现行法中，酌拟四条，以通商情而期转运，敬为皇上陈之。

一、拟令钱钞可取钱也。查市行钱票，与钞无异，而商民便用者，以可取钱也。宝钞准交官项，本自贵重，而人总以无可取钱，用多不便。若于准交官项之外，又准取钱，自必更见宝贵。顾发钞已百余万，而欲筹钱以供取，似为大难。然以臣计之，户局向来月解部钱六万余串；自铸当十、当五十大钱，月约解十一万串；今加铸当百以上大钱，月可得二十余万串。若部中仍前月提十一万，则三个月后可积三十余万串；即较前月多提五万串，六个月后亦可积三十余万串。若出示许民半年以后以钞取钱，似属无难。现在民情望此若云霓，故崇实、伍辅祥皆奏及之。或谓倘三十万尽而不能给，将若何？臣谓此有二道：一则有钱可取，人即不争取。彼钱店开票，何尝尽见取钱？如四官钱店现在开票放饷之数，可为明证，似无庸虑。一则有钱许取，人亦安心候取。倘钱将尽而钞纷来，竟不能给，不妨示期停止，令半年后再取，人亦乐从。经过一次发钱，人知钞不终虚，自不急取。此法每年虽似多费数十万之钱，而实可行百余万之钞。如得准行，臣知不待发钱之日人心始安，即当出示之日而人心已安矣。此筹安人心之最要也。

一、拟令银票并可取银也。现行银票、钱钞，均属天下通行。而行远，要以银票为宜。欲求行远，必赖通商；欲求通商，必使有银可取。人疑无此如许现银以待取，而不知各省之钱粮关税，皆现银也。今既准以银票交官矣，此抵交之银不归之商人乎？既可准其抵交，何妨准其兑取！自上计之，二者初无所殊；而自商视之，则二者大有所异。盖抵交迟而兑取速，抵交滞而兑取灵。凡州县征收钱粮，必有银号数家将钱统易为银，将银统熔为锭，以便解省。今使商人持钞至倾熔钱粮之银号，准其兑取现银，则商人之用钞便，而得钞不待倾销即可解省，于银号亦便。在各州县收钞于商与收钞于民，初无所异。而零收之与整兑，亦有较见为便者。今若于准交之外，再加准兑取一层，则钞益贵重。处处可取银，即处处能行用而不必取银。御史章嗣衡、河督杨以增所奏之意，盖亦如此。诚知各州县银号之未必即照兑也，即照兑而不免需索扣减也。然许以兑取，则能取而贵之，即不能遽取而亦贵之。方今时势多阻，未必尽行，未必尽不行。得一处行，则一处之银路通；数处行，则数处之银路通。现在商人会票之局全收，唯此可以济银路之穷。京城之中，凡商人之来者皆货物，而往者皆银。使银票得随处兑银，则京城之银可以少出，而各路之银亦可得来，此又通筹全局之所宜加意也。

一、拟令各项店铺用钞可以易银也。各店铺日卖货物，惯用市票，何独惮于用钞？以市票能易银以置货，宝钞不能易银，即不能置货。此虽强令行用，将来货物日尽，宝钞徒存，市肆必至成空。不独商人自虑，即国家亦不能不代为虑。查银钱周转，如环无端。而其人厥分三种：凡以银易钱者，官民也；以钱易银者，各项店铺也；而以银易钱，又以钱易银，则钱店实为之枢纽焉。各店铺日收市票，均赴钱市买银，而钱店则以银卖之。今请令钱店，凡以买票银者，必准搭钞，则各店铺用钞亦可易银，而不惮于用钞矣。各店铺不惮用钞，则以银易钱之人无非用之于各店铺，凡令钱店开票者亦可准令搭钞矣。各钱店开票亦可搭钞，则以银买各店铺之票而亦不惮于用钞矣。凡以三层关节为之疏通，使银钱处处扶钞而行，此亦各行互为周转之法。虽似强民，而初非病民，似不至有大害。惟法行后，银价恐益增昂。然京城银之来路，专在外省解项，部中发项。今解项、发项日形其少，即不行此法，银亦日贵。此则须俟殄平逆匪，方有转机，又不徒关行钞也。

一、拟令典铺出入均准搭钞也。查现在典铺取赎者，用钞不敢不收；而当物者给钞，率多不要。使典铺之钞有入无出，将来资本罄而钞仅存，不能周转，必至歇业。典铺歇业，贫人盖无变动之方。应请令嗣后出入均许按成搭钞，此一行自为周转之法。

以上所拟四条，前二条是以实运法，而不必另筹钞本；后二条是以虚运法，而不至甚为民累。虚实兼行，商民交转，庶几流通罔滞。抑臣更有请者，现行官票、宝钞，虽非臣原拟之法，而言钞实由臣始。今兵丁之领钞而难行使者多怨臣，商民之因钞而致受累者多恨臣，凡论钞之弊而视为患害者，莫不归咎于臣；凡论钞之利而迫欲畅行者，又莫不责望于臣。而臣蒙恩擢任户部，业经数月，一无筹措，上负天恩，下辜人望，夙夜愧悚，实切难安。相应请旨，将臣交部严加议处，以谢天下，而慰人心，庶几浮言稍息。臣虽废黜，不敢怨悔。

谨陈管见，附沥下情，恭折具奏，伏乞圣鉴训示。谨奏。

（录自《王侍郎奏议》卷六·省稿一）

# 论徽州续捐局扰害折
### 咸丰四年六月十三日

奏为民捐徒费，民患转深，势恐激变，恭折具奏，请饬查办事：

窃臣籍隶安徽歙县，徽州一府距庐最远。因安抚有信息不通之奏，又春间有贼扰祁、黟之事，曾于四月奏请将徽郡暂归浙抚管辖，一则以徽处浙之上游，必保徽方能保浙；一则以上年歙县劝捐，集有制钱数万，不能解庐，借可解浙，以供拨用。乃近闻上年民捐之钱，批有九万，已交齐者七万余串，又公议合郡盐斤加价归公，收费二万有余；又提取存典公项，亦有数万，统计不下十数万。因经手之人冒销不可胜计，现在均已成空，乃复立续捐局，用不肖绅衿数人，按户诛求。有不遵者，或带勇登门以扰之，或锁押牵连以逼之。有老幼同系者，有弃房变产者。数日之间，集有三万，又声称要五十万。区区一邑，何能堪此！现在怨声载道，叫苦连天，民情皇皇，不可终日，此患之甚者。

捐输所以练勇，练勇所以保民。乃正月贼至祁门大洪岭，防勇先行逃散。幸贼二月初一至黟，黟之绅勇乘其夜雷电大作，借浙援大至之声威，四起喊杀，贼惊慌莫测虚实，次早即速退回祁，旋退回安庆。经此扰害，宜何如简练义勇，以为防守。乃令所谓防勇，皆花会人，不守要隘，而驻祁、黟之市镇，终日四出，奸淫掳掠，无所不至。又复到处广开花会，以诱愚民。花会向为休、歙之害，今更移毒黟、祁。黟、祁之人，始受贼害，今受勇害，又受各勇开花会之害。此患之在黟、祁又如此。现闻两邑不胜其害，群起公愤，有欲竖义旗以抗勇之议。若果如此，则徽必内乱。内乱作，必将引贼复来，

附录一

而徽难保，即浙亦难保。伏查花会，久干严禁。其术类灯谜，以厚利诱人，堕其中者，至死不悔，故又称花灯蛊。本惟闽、广有之，自道光二十八年忽流入歙，渐以大盛，延及于休，因而倾家丧身者不知凡几。至三十年，知府达秀激于众论，亲拿数人惩办，风以顿息。一时士民作为诗歌以称颂之，谓此毒可永除矣，不意上年乃复炽。盖该知府本中人，非不可与为善，无如信一李姓门丁，唯言是听；而廪生潘炳照原名杭恩，因迭有控告遂更今名，素黉缘与李门丁结为兄弟。见安庆失守，花会渐开，遂说该府，以听开花会可以敛钱招勇，有事可用。该府信之，而潘炳照遂与改行之吴日富，招揽无籍之人，大书义练局为名，而实以开赌场。于是闻风起者数十处，咸属焉而收其利。祁乱作，正有事时矣。该府急求二人，而二人避匿不见。迨至该府另募勇千余，将赴祁，二人闻势已壮，乃复出，招旧无籍，陆续而行。始未得贼信，则互相推诿，逗留不进。迨至二月初五六，贼退已尽，乃于初十后争赴祁城，将贼所未掳去之钱米衣物，肆行抢劫以为功。祁城左右数十里，以奸劫死者不计其数。该府于十六日到祁，见勇如此，并不一行惩办，自宜即行遣散。乃他勇皆散，独留花会之勇为防堵，以花会之目为统率，约束无方，费用无节，加以总局开销，日费钱数百串，计月必数万千串，年即十数万千串。贼灭无时，民力有尽，遂使外寇不至，而民已有不聊生之势。

伏思国家劝捐，原不忍竭民之力。果所捐为报国家之用，即竭力亦所当然。若以民捐之钱养勇，即以所养之勇害民，竭良善之脂膏，供无赖之鱼肉，贼不来而肆行无忌，贼一至而避匿无踪，则民命堪怜，钱款尤可惜。当此拨饷支绌之时，似此捐数较巨，正可解供拨用，岂可听其妄费！夫防堵不可无，然贵兴团练而不可招募；绅衿原所宜用，然必择正人而力屏小人。凡入徽境，皆有险隘。诚就各该处访地方之正人，联本地之义勇，无事各安生理，有警互起救援，则费省而守自固。若误以招募为团练，用小人而致正人不敢出，则非徒无益而又害之。如徽歙之日，其患有不可胜言者。现在安徽巡抚军务方殷，并苦鞭长莫及。唯浙江巡抚黄宗汉，公正廉明，莫与伦比，极知徽、宁为浙大门户。宁守可恃，而徽守不可恃；地方易守，而人不能守。上年即发数十札以教达秀而不能听，拨大炮数尊，抬炮、鸟枪、火药等件以资之，而不能用。该抚春间一闻祁贼之信，立即发兵，四路驰救，告示万数千张，遍贴徽地，饬沿途预备粮饷。一时声威远震，贼之惊走，实赖其力。徽守无能情形，无不闻之。第以隔省，限于成例，未便可竟派员管徽事。今徽民实不堪命，而防守浙亦兼资。可否仰乞天恩，密饬黄宗汉迅委贤员，潜驰赴徽，先将前后捐数查定，俾无隐没，再与核算；立即除勒捐锁押之威，以安民心；严拿花会肆扰之勇，以除民患；去不肖之绅衿而延访公正有才之士与商，劝捐带勇，扼要为防。于以保徽，即以保浙，地方生灵，均为幸甚。臣为惜捐款、安民生、保地方起见。

是否有当，伏乞皇上圣鉴训示。谨密奏。

（录自《王侍郎奏议》卷七·省稿二）

## 江南北捐局积弊折

### 未注月日

奏为捐局林立，官私杂出，恭折具奏，请饬查办事：

窃维苏省自军兴以来，大江南北，供亿浩繁，拨款难继。经帮办军务、现任江苏布政使雷以诚奏请抽厘助饷，固一时不得已之策；然果于江之南、北各设一局，于商贾贩运往来抽取百分之一二，似亦未为有害。乃今闻该省自二三月来，扬州以下沿江各府州县，三四百里之内，有十余局拦江设立，以敛行商过客，名曰捐厘，实同收税。且其间有官者，有私者，有名官而私者，种种情形不一。

局愈多而民愈困，弊愈滋矣。闻商贩莫盛于米粮，扬州府属泰州等处为出米之区，商民装载至苏出粜，置货而归，往来不空，稍获微息。兹以各局报捐，计米一石，成本制钱二千，历十余局捐厘，便加至千文，价不偿本，渐成裹足。苏杭储积不充，势必采买维艰，商力因此而疲，民食由此而匮。他如杂货有税，银钱有税，空船有税；至于烟土、私盐，久干例禁，今则公然贩运，止须照数捐厘，便可包送出境，伤国体而厉商民，莫甚于此。苏省各属，贼氛逼近，团练巡查，在在均关紧要，一切经费，自必藉资民力。然大捐则有助饷之款，零捐则有团练之款。近复各行店铺，按月抽厘，轮常而下，靡不遵办。加以沿江捐局，已虞民力难供。况加以贪劣之假公济私，棍徒之藐法行私，谓归粮台，则不尽报解；谓归团练，亦半属虚文。且或托名召募，则以浮冒任其开销；假号巡查，则以招摇供其侵蚀。又有甚者，恃众以敛钱，又以钱而聚众。至少普安、薛家港等局，竟有互图吞并，大肆争杀，居民、商贾无不受害之事，在丹阳县历有控案，非特竭民脂膏，尤恐酿成巨患。

谨将各局名地方缮具清单，恭呈御览，请旨饬该督抚并军营大臣，将私设之局，密派弁兵潜往查拿，以防抗拒；将假公济私各局，密派妥员潜往查察，务将各该处按月收捐号簿立时拿获，以便按簿追赃充饷；再将各局分别裁撤、禁止。于江北设一局以济扬州军营，饬江宁藩司文煜主之；江南设一局以济镇江军营，饬署常镇道萧时馥主之。倘有侵吞扰害等弊，唯伊等是问。如此，则商皆乐输，民无扰累，匪徒知所儆畏，而军饷亦有裨益。

臣愚昧之见，是否有当，亿乞皇上圣鉴训示。谨奏。

谨将各局地方开单恭呈：

江南诸局：

一、奔牛局，在常州府武进县地。系粮台署常镇道萧时馥奉文设立，捐厘协会助镇江军饷，派有委员绅董经理。

一、小河局，在常州府武进县地。先系本地绅士设局防江，后因徒阳江而复设有局，此局遂撤。有沿江棍徒恽嵩山等，私立数月，复夤求官为朦禀，派设委员，税及空船，收用无赖。所捐厘数，每月仅解粮台二三百千，余多朋分入私。

一、普安局，在镇江府丹阳县钱家港地方。系丹阳劣生朱泰临即朱乔设立。三月中立局，五月中与丹徒沿江两局聚众争斗，互欲吞并，火烧沿洲民房，伤毙多人，经洲民在阳邑报明，出示禁止。朱觉站不住，往投雷营，即托名为雷营所设，未知真假；其所收捐，未知能否真归雷营用。

一、西新港局，在镇江府丹徒县地。系丹徒人蔡友先等五月中设立。

一、薛家港局，在镇江府丹徒县地。系丹徒人王耀书等五月中设立，纠合西新港局与普安局聚众争斗，勾引艇船十余号，沿洲焚掠，丹徒县有案可查。

江北诸局：

一、三江口局，在扬州府江都县地。系前提督余万清委员设立。

一、仙女镇局，在扬州府甘泉县地。系江苏布政使雷以諴奏准设立，现归江宁布政使文煜经管。

一、口岸局，在扬州府泰兴县地。系镇江劣生卢七设立。卢本不安分，交结盐贩，设局收税。嗣经扬州府知府禁止，现仍设。

一、八围港局，在常州府靖江县地。系靖江县知县冯姓所设，委靖江典史王墉经营，所捐厘数每月千余串，分文未缴，经分局粮台萧时馥节次催提，仍然不解。

一、六围港局，在常州府靖江县地。靖江县丞杨国均所设。七月中旬曾解过粮台钱二百千，以后未解。

内河二局（内河实在不止二局，此系武阳最著名者）：

一、戚野堰局，在常州府阳湖县地。此系往苏州要路，初设原因团练日久，费无所出，暂行设局捐商。后遂收及烟土之税，难以查考。

一、西夏墅局，在常州府武进县地。系焦湖船帮所设，专收私盐之税。动辄率众数百人，赌博斗殴，横行无忌，所收钱文按股均分，官不敢问，恐其生变。

（录自《王侍郎奏议》卷八·省稿三）

# 请酌量变通钱法片

咸丰七年九月□日

再，臣思京城银价，每两现易京钱七吊六七百文，而离城百里外，则每两易京钱不过二吊六七百文，虽大钱与制钱有殊，亦何致相悬如是。窃尝推求其故，则闻年前江、浙银价，每两换至制钱二千零。自英夷在上海收买制钱，各路贩运趋利，至上年秋间即行涌贵，以银易钱数渐减至半。本年海运粮船至津，所带货物卖出钱文，计带钱至南较带银为获利。大率带钱而回，遂使北方之钱顿亦见贵。

现闻南方银价，每两仅易制钱一千百余文，且无换处。都城苦钱壅，而南省又苦钱荒，如六千文一担之米，必需银五两余，兵民安得不困！彼夷人乃从容而以钱易银，贱入而贵出，即此一端，利权已全为所操，他且勿论。此事无从斗力，唯宜斗智。臣尝思之甚久，不得其法。欲禁钱洋，则银禁早严，徒成故事；欲行大钱，则京铸尚滞，何论外省。现计惟有江、浙两省加炉加卯，广铸制钱，暂济民急。查从前银贵钱贱，每银一两铸钱不过千余文，而换钱可千数百文，亏折颇多，故皆停铸。今钱价既贵，已无虞于亏折，再请钱法酌量变通，使夷人无收买之利，而民间有流通之资。如制钱例重一钱二分，照京局改为一钱，则铜本已省十之二；而铜铅之配搭又从而增损之，自当更有赢余。然此第暂济目前之用，欲求破夷之术而收利权于己，惟赖皇上广求智能之士，通筹熟计，非臣愚劣所能几及。谨附片奏。

（录自《王侍郎奏议》卷九·省稿四）

# 为钞不畅行请禁民用银并
# 先博施济众以藉流通而裕国用事

洪旃我朝自开国以来，圣子神孙，继继承承，休养生息，涵濡二百余年之深，民间之生齿日繁，物产之精华渐耗。前以南服用兵，度支告匮，爰命举行钞法，此诚因时制宜，穷则必变之大道。中外臣民，所当顺承令，奉行不遑者也。如行已数年，卒未能畅行而无滞者，良由以钞与银并用，而钞不能人人皆有之故耳。

夫物以相形而见绌，利以共有则争趋。银为国宝，等量齐观，无非取用于人，夫亦何轻而何重。第民间习用实银，骤以一币虚注银数，而谓与实银相等，其相似之下，究不能不分虚实于其间，而启人轻钞之见。且钞不能人人皆有，其有者虽非无因而得，而民不能尽察其故，以为人以钞而用于我，必以我之银钱货物，交易而后得，如其数以相酬，既以无利于己而不从，即如今半价可得，且减半价亦可得，及转而用之人，又减益思减，竟有欲得原减之利而不能。是以人不但以用钞为无利，且愈坚其轻钞之心，而相率不用。此数年来行钞所以徒辗转于民间交易之会者，职是故也。

伏查前洪武□年造大明宝钞，自一贯而五百，下递一百，分为六等，有百文以下，始许用钱，其余不得以银钱货物交流，违者治罪之禁。我朝深厚仁泽，浃髓沦肌，曾屡下普免天下钱粮之诏。现在钞不畅行，势难中止，似宜仿前朝行钞之法，禁民用银，使人舍钞别无所用，以一天下专于用钞之心，推列圣普免之恩，以钞博施，使人有钞必各资为用，以急天下争相行钞之念。既一且急，则钞不畅行无滞者，无是理也。

惟知矫世变俗，事属非常，小民之情，难与虑始，要必总揽全局，孰思害处。诚能先下明诏，布告中外，俾天下智、愚、贤、不屑之伦，咸晓然于斯时，所以不得不行钞之故。我皇上之与民更始，其良法美意实足开万世衣食之源，绝非一时之计，而又精其制作，严其章程，适多寡轻重之宜，循先后缓急之序，持之以一成不变之心，示之以万全无弊之法，使人信其变通可久，咸有乐于用钞之心，将见禁止令行。翕然尚化，泉化之权操于上，日日造作而无穷，富者之惠偏于民，人人欢欣而乐用，于以致我国家亿万年豫大亨之盛不难矣。（原文至此下缺）

（此为王茂荫未上呈奏折底稿，录自王茂荫裔孙家藏抄件）

# 歙邑利弊各事宜

一、请保富民。邑尚多殷实，近二十年以来，日就颓坏，不及前十分之一、其仅有存者，愿有以保全之。缘富户为地方元气，贫穷可藉以谋生，饥荒可劝以捐助，设被书吏讼棍更行陷害，并此失之，则邑民更不堪苦矣。

一、请恤商民。邑民十室九商，商必外出，家中惟存老弱。地方棍徒往往借端生事，肆为欺凌。或诱其年久分析之，不肖亲房将伊田产盗卖，虚填契价，勒令取赎，否则强行管业；或诱其族邻以无据之账，挟同逼索，以便分肥。种种栽害，难以枚举。商民仗身谋生，多属帮伙，非能殷富，外出既无能与较，暂归念将复出，自顾身家，亦不敢与较。隐忍含泪，不知凡几，愿有以护恤之。

一、请拿讼棍。地方人士自好者多，非公不至，颇知敦尚品诸。间有不肖之徒，平素结交吏役，勾串往来，遇富室有事，多方播弄，或搭台放火，或包揽把持，或招摇撞骗，或卖弄刀笔，情状甚多，愿访拿而严办之。

一、请拿土棍。棍徒扰害乡里，设局诱赌，窝贼肆窃，遇事生风，借端讹诈，甚至强奸妇女，拦索财物，恃其凶横，无所不至。良儒莫敢谁何，保约不敢举报，极为地方之害。牧马者先去害母，愿勤访而严拿之。

一、请革颓风。乡民聚族而居，此村与彼村之人，偶一二有嫌隙，自所难免。乃或因某甲一人之事连及一村，遇有彼村负贩肩挑者过，或强留其人，或强留其担，勒令将某甲招来，为伊泄恨；招之不来，则勒令取赎。此风出不多年，极为大害，将来恐酿巨案，愿先出示严禁。如有告发到案，必尽法痛惩，以革其弊。

一、请严捕各乡盗贼也。乡都聚族而居，外盗少而土贼多，本不难于缉捕，唯窝贼者，多系凶徒、土棍，小民不敢撄其锋。间或有捆贼送县者，吏役或以诬良恐吓而索诈之；有殴贼致毙者，吏役或为招致尸亲控告而索诈之，以至贼风日甚。此种机谋类，多出于讼棍串通之所为。官或不察，遂为所卖。倘能出示晓谕，并令捕役告知各乡里，有能捆贼送究者，必嘉奖；有能协同捕役拿贼者，必嘉赏；即有误殴贼匪致毙者勿论。则贼必敛戢矣。

一、请严禁残害厝坟也。歙邑卜葬难，棺多浮厝于野，环以砖，覆以瓦，面开一门，以木为之。近日匪徒或揭其瓦，或窃其门，至别处卖钱，甚至有刨土坟以取物者。此等皆附近无赖小人，并非盗贼，图差地保容易查问。应请出示责成图保，遇有此种无赖，即行报明拿究。谁无祖先，忍被残害暴露？此害能除，泽及枯骨，而子孙无不感戴矣。

一、请严禁尾滩拦索也。由水路初入歙境，地名尾滩，其滩高峻，船最难上。至此正极吃力，两岸无赖之徒使穷民、妇女以小舟拦截于前，肆行强索。每船数百数千，相所载之轻重，必饱其欲乃去。在岸者，坐而分肥。倘船户客商不给，稍有争论，则在岸无赖群起助虐，其祸匪轻，行旅病之。此害宜除。

一、请照例办命案也。近时幕友专讲救生不救死，往往避重就轻，改案就例，以致杀人不抵，凶狠之徒遂有止可打死人，不可人打死之说。民轻犯法，命案愈多。居官者名为不肯杀人，其实无数命案皆由此杀之也。惟愿于情真罪确者，照例正办，使凶徒知杀人者必死，则不敢轻打杀人。所以止辟，造福之道，罪所应得，并非故入，岂得谓之残暴？

一、请用猛以警顽梗也。旱南乡素有强悍之名，其实甚畏官长，并不敢如何。凡为重案下乡，乡民聚观，人山人海，官有所举动，则群然而哗哄，哄声雷动，似乎可骇，其实是看者多，助热闹者多，真顽梗者不过一二。平时须养一二力士（约可敌数十人者），到下乡时带去，遇有鼓噪，将为首者立时拿下。此威一行，从此到处无事矣。

以上十条，抚字之宜。

一、粮房、户房征收册籍与板串宜清查也。地丁正款五万数千余两，此外浮粮约有数万，而地方官不得其利，尽被书吏侵吞。宜将征收册吊入署内，按册上各户正则印用板串。必得切实可靠者一二人专司其事，庶板串不致私出，而利可归于上，得此关键，则此缺自宽然有余。

一、税书宜饬按年造办推收进册也。民间买卖，税书必多方勒索，始姑将粮则推收，不遂其欲则不行，又不按年造册，以致板串与粮则不符，民间藉口不肯完纳，此风西北乡为盛。应出示严禁税书勒索延搁之弊。如有此情，即令民人指控。

一、粮差包甲、使费之弊宜除也。邑西北乡、水南乡春秋两季，粮差进图，或合一甲之欠户，共凑钱若干给之，保其无事，谓之包甲。或各欠户按所欠粮数酌半给之，保其无事，谓之使费。小民之出钱不少，而国家之课额常虚，亏课病民，实为大弊，应痛除之。

一、欠粮宜先惩稍多之户也。东南乡地方辽阔，离城遥远，山僻村庄欠粮者多。前此地方官平时鞭长莫及，置之不问，及至催解紧急，则自行下乡，雷厉风行。各村地保、税书早已闻风逃避，既无从拿花户，遂至逢人辄拿，往往拿者多系零星小户，而欠之多者转得逍遥事外，民益不服。应请下乡时，到处先将地保、税书安顿，使不逃避，然而将欠户单上，查其欠之最多户之稍大者，令其带领差役专拿此数人，伊必赶来上纳，由是以及其次，闻者知必将及己，自皆上纳，课渐清完，而民无可怨。

一、板串之费宜减也。从前未立板串时，每收粮附一张，止索大钱四文。自立板串，每张要大钱二十文，每户较前加十倍。一钱以下者虽减半，然较前亦多五倍。通计每年板串钱有万余串，取民脂膏，以饱吏胥，在官并不能得。此事起自马明府秀儒，此公在任颇有政声，而此一事实为弊政，民间忍恨至今。能将此费裁减，以复其旧，则登时可以颂声遍野，而纳粮者亦必输将恐后矣。

一、税契之费宜减也。定例税契每两三分，近则收至库纹六分五厘，另外又索契尾，每张三四钱不等。费愈重，而民间之契愈隐而不税。若能出示晓谕，大减其费，则民知好官不能常得，积年之契必纷涌投税，与其费重而税者少，不若费轻而税者多。此一事似可名利双收。

以上六条，催科之宜。

（此为王茂荫佚文，录自王茂荫裔孙家藏抄件）

# 足　食

食为国之本，足之宜先也。夫食有不足而可以致治者，未之有也。为政者无亦是务乎。

尝思国无九年之畜曰不足，无六年之畜曰急。积贮者，天下之大命也。然先王以一人养天下，不以天下奉一人。国之饶不如家之给，履乘石而展鸿图，慎无使鼠苗，而鼠啄粟焉耳。子问政，夫政亦岂一端而已。

然吾观八政之陈，其一曰食，则食非首务乎？百产之番生无尽，原足裕积之谋，乃何以岁偶不登，而人多菜色也。吾见草窃之时闻，职由此矣。三时之作苦，维勤自足供飧饔之计，乃何以年书大有，而室有啼饥也。吾见廉耻之不惜，端自此来矣，则不足之患也，实甚而不可不亟思所以足之乎。且夫足而必出之自上也，则竭太府之蓄，可以市恩而不可以经久，减上方之膳，可以要誉而不可以偏德，岂先王以美利利天下之道哉。足之者，一在因亩亩自然之产，一在养闾阎不尽之藏。耕耨之不时也，田畴之不易也，食且无从出，又恶从足乎。

政在有以开起原焉。春秋有省百亩，不得有惰农夫；家有征九，职不得有废事。而又无扰以鼙鼓之烦，则熙熙南陌，曾不闻草宅禽獀之虞。人无余力，何患地有遗利也，其犹虑鸿雁之哀嗷哉。征求之无艺也，税敛之繁苛也，食且不能得，又恶能足乎。

政在有以薄其赋焉，岁亩不兴，则什一之外有赢余，田赋不作，则八口之余皆蓄贮，虽亦必收，其惟正之供而穰穰，满家何至生此北斗南箕之怨。三年之耕，自有一年之食也，岂犹叹牂羊之坟首哉。盛世不闻分财发粟之举，非屯其膏也，盖其足之有素。故虽水旱相侵，要不以一时之无麦无禾，遂至告瓶罍之罄。明王不侈蠲租免税之文，非吝其惠也，盖其足之已至，故虽饥穰见告，要不以偶尔之蟊生螟矢，遂不免庚癸之呼。夫惟衣食足，而民以知礼节矣，然而尚未必民之信也，则又有武备在。

（录自王茂荫裔孙家藏王氏佚文《光禄公课稿》，此为其一）

# 【政治思想篇】

## 请速剿捻匪折
### 咸丰三年二月二十五日

奏为捻匪四起，请速剿除，以防勾结而弭患萌，恭折奏祈圣鉴事：

伏读本月十五日抄，见豫抚陆应谷因安徽宿州、蒙城、亳、寿等处捻匪四起，临淮之磨盘山聚集多名，肆行劫掠，奏请调兵防堵。窃思皖省庐、凤等处，民气素称强悍，匪徒聚集多人，往往扰害村镇。上年虽经该督抚奏请委员严拿惩办，而未经拿办者正多。所聚或千余人，或数百人，平时劫掠，肆行无忌。近闻粤匪窜扰，安庆、江宁先后失守，自更毫无畏惮。若不乘其初起，急行剿除，则盘踞日久，勾结愈多，必致酿成巨患。况庐、凤界连豫省，接壤淮、徐，现值筹防粤匪之时，非先将此数捻匪剿除净尽，万一粤匪潜行勾结，更为心腹之忧。且河南捻匪素多，难保不闻风而起，豫省、淮、徐防堵，正不可恃。侍郎周天爵历任皖省，素为匪徒所畏服，然恐该处兵勇不敷，应请饬令豫东两省，各选将带兵飞驰前往，随同该侍郎剿办。豫抚陆应谷现已亲驻归德，亦自可相机协剿欲筹防堵于河南，宜先净根株于皖省。能将皖省捻匪迅速剿除，则豫省不防而自固，而该侍郎亦得以专力防剿粤匪矣。

再，庐、凤、颍三府，正在剿办捻匪吃紧之时，尤在守令得人，方足以固民心而资捍御。从前三省教匪案内，有居官素好之刘清，所到贼即退避。上年粤匪在湖南，有五县不犯，曰："此其县有好官。"是可见州县官好，不独本境之匪不起，即他境之匪亦不来。风闻庐凤一带府县各官，贪鄙者多，清正者少。伏乞严饬该省大吏，将各州县昏庸不职之员严行参办，既以安民心，亦以戢贼胆，是又治贼之源，得力在防与剿之上者。非独庐凤各府，亦非独皖省，而实为各省所宜实行。应并请旨，通饬直省各督抚，一体遵照办理，将贪官污吏严行参劾，免致为贼借口，实方今切要之务。

是否有当，伏乞皇上圣鉴。谨奏。

（录自《王侍郎奏议》卷三·台稿下）

## 请宽贷贼中逃出难民折（节录）
### 咸丰三年七月二十八日

伏思本年恩旨迭降，皆为胁从可矜，特施法外之仁。所谓胁从者，盖被胁而久经从贼之人也……夫穷民遇贼，非其罪也。力不能拒，势无可逃……但能不甘从逆，乘间即逃，斯其意中知有国家，知有王法已可宽贷。若复律以谋叛入伙，是使遇贼被胁之难民，更无可还之路也；是使现在在贼营之难民，益坚从贼之心也……如非奸细，虽曾杀人，亦可宽。夫贼营逃回一二人，臣岂有意力为出脱？第思罪一二人之事小，阻千万逃归之心，则所系甚大……杀一人而足以寒贼胆者，则必杀，如王孝之爬城是也。杀一人而足以快贼心者，则必不可杀，如孙东儿等之逃归是也……就请饬下步军统领、顺天府、五城，将前奏恩旨重行宣布，出示晓谕，凡在京商民人等，因事出外，被贼掳胁，旋即回者，准其自行呈明，邀同亲族，出具不甘以逆、不做奸细、如违连坐切结，免其拿问。即有未行呈明致被拿获者，但有亲族敢为出结，即可释放。仍责保甲等人留心访察，如照常各执生业，毋许扰累。如此办理，斯恩旨允乎，而贼中被胁之徒，感愿逃归矣。

（节录自《王侍郎奏议》卷四·寺稿上）

# 请饬拿办昱岭关等处土匪折
### 咸丰三年八月二十二日

奏为请遏土匪之萌，恭折奏闻请旨事：

窃臣于四月二十三日，因闻浙抚以兵二百名守昌化之昱岭关，其地去臣居四十里，曾附片奏陈。该处名为浙与安省交界之所，实与徽之歙县交界。逆贼在安省江北，不能遽由此路入浙。且该处昌化、于潜一带，地瘠民淳，匪徒虽不能无，然未闻如庐、凤百十为群之事。请饬该抚，令地方官立法以拿土匪，悬赏以缉游匪，无庸以兵防守，虚糜饷项。讵本月十七日接到家信，称：七月初九日，有杭州信足五人，带洋钱信物三担，于午未间行过昱岭关里许，突见山林中跳出匪徒十余人，持刀截阻，刀伤二人，将担劫去。该信足等奔十余里，至老竹岭脚村庄，鸣保喊救。该村邀集多人，寻踪追捕。当日傍晚，即于穷崖绝壑中，拿获匪徒六人。次日早间，该处附近百丈崖下，有匪二人，一已跌毙，一伤而未毙，逃往昌化之都亭。地方当时将拿获六人，送县究办。供出此案共十三人，党与共有二十余人，多系邻近县匪徒。现来三十余人，分为两班，一班在昌化临安县地方，一班在昱岭左近地方，均做小本营生，使人不疑。

臣见信，不胜骇异，伏思该处为由杭入徽咽喉之地，竟有匪徒潜聚，图谋截劫，白昼肆行，实属从来未有。若不趁此初起，将获案之匪，根究党与姓名地址，全行拿获，将来必致愈聚愈多，不可扑灭。徽人全赖出入谋食，倘归路不通，即全郡待毙。现闻江西之贼，分窜饶州、乐平，紧逼徽界，与前此情形不同。若两省地方官，因臣奏逆贼不由此路，遂连土匪亦置不问，则臣不但有误国家，并且贻害乡里，臣之负罪实重。伏乞皇上严饬安徽、浙江各巡抚，转饬各该府县，将此百余土匪悉数捕治，以遏其萌。其捕除之法，贵用土人，即如现在之案，亦赖土人赶紧追捕，立即拿获。若俟差役捕治，则旷日持久，匪已远飏。且该处多山深石陡，人迹罕到之处，差役断不能到。应请饬各该抚，令该地方官，无庸官兵，无庸官役，但将三月十四日所奉"捕获抢劫土匪，即行正法，绅民合力缉拿，格杀勿论"之谕旨，于土匪出没之处，广行宣布，重立赏格，令该处附近村庄，有能捕获者，照格重赏，期以必信。如此，则土人必出力搜捕，而匪不敢停，可以截匪之流。至现案供出有姓名住址之伙党，即责令该匪等所居地方之祠族立限交人，期以必获。如此，则各地方一有匪类，必即送官究治，而匪不敢出，可以清匪之源。该地方果能照此办理，不但土匪可清，即逆匪勾结之弊亦可以杜。各县办理得力者，即行奏请奖励。

臣为情迫乡里，激切上陈，伏乞皇上圣鉴训示。谨奏。

（录自《王侍郎奏议》卷五·寺稿下）

# 殉难士民请旌折（节录）
## 咸丰三年十月二十三日

近于九月二十日，复奉谕旨："地方文、武官及绅士人等，被害较烈各员，已经给予恤典者，再行分别酌议，加赠予谥，或入祀昭忠祠。未经奏报各员，著各该省督抚，迅即饬查被害情节，奏请奖恤，等因，钦此。"皇仁所被，至优极渥，洵足作士气而慰贞魂矣。惟思贼匪自离西粤，狂窜南方，稽天讨于三年，煽毒氛于数省，凡被难地方，士庶人等或负义不屈而致残，或被胁不从而遭害，甚或全家罹难，阖室自焚。虽智愚贵贱之不同，实节义忠贞之无愧，此固国家厚泽深仁之所致，要亦下民敷天率土之真忱。我国家劝善褒良，凡平日节妇义民，无不仰叨钦奖，则此时忠魂毅魄，尤宜上荷旌扬。

臣闻向来各省死难士民，恩许建祠合祀，其被害最烈者，或从优另予封表。今殉难士民，忠贞自矢，外省均未查办，日久恐致淹埋，合无仰恳皇上饬下各督抚，悉心详查，于遇贼死节之士民妇女等，有姓氏可查者，悉查明题请旌表，准予祠祀；实系无姓氏可查者，则统书难民总牌祔祀；其中或有蹈节最著、被害尤烈者，另行优请旌恤之处，出自逾格天恩。俾守义不渝者，皆沐褒嘉之典，斯闻风知感者，咸深激励之心，则众志可以成城，而群丑无难殄灭矣。

臣愚昧之见，是否有当，伏乞圣鉴训示。谨奏。

【附】

上谕：太仆寺卿王茂荫，奏请旌表殉难士民一折，军兴以来，被贼滋扰地方，文武官绅及兵勇等，或临阵捐躯，或遇贼被害，经各督抚奏报，无不立沛恩施，给予恤典，并谕令各督抚查被害较烈之员，再行分别酌议加赠予谥，或令入祀昭忠，以励臣节，而慰忠魂。复念被难各省地方士庶人等，或因骂贼致残，或因御侮遭害，全家罹难，阖室自焚，虽贵贱之不同，实节义之无愧。特恐僻处乡隅，不获上邀旌恤，以致淹没弗彰，朕心恻焉。著各该督抚，通饬所属，迅速查明遇贼死节士民妇女等，除照例题请旌表外，其殉难尤烈者，并准其奏明，请旨分别赐恤。该督抚等，其秉公详核，毋滥毋遗，以副朕励节褒忠之至意。将此通谕知之。钦此。

（录自《王侍郎奏议》卷五·寺稿下）

# 论贵州土匪情事折（节录）

### 咸丰四年十二月初四日

伏思现在畿辅未清，三江未靖，何能筹饷调兵，远顾黔省。然该省界连西粤，粤匪方张，必将连结，若不早灭，亦且蔓延。该省地瘠民贫，兵单饷乏，众所共见，办诚非易。然果先得能办之人，亦必有可办之法。闻桐梓贼初起时，不及千人，过鸡喉关约四五千人，近在雷台山约万余人，分扰绥阳者四千人，往黔西者千余人。此见办理贵速，方免蔓延之验。又闻湖北臬司胡林翼，前往贵州府、道各任，剿办黎平、镇远、都匀、平越一带苗匪黄平瓮安滋事等案，所到之处，办理有方，士民贴服，匪徒闻风解散，全黔士民至今思之不置。即令桐梓逆匪，年前亦有"胡大老爷在此不反，俟其去之再反"之言。此又见能得其人，自可办理之验。今湖北收复，善后事宜有总督杨霈主之，料理或不乏人。可否请旨胡林翼星驰前往，办理军务；再请云南、四川两省，速为添兵饷以济之，庶可迅期平定。胡林翼未到以前，应请于该省诸大员中，去其畏贼之人，而责成不畏贼者，督率福连、韩超、高天泽、徐河清诸人，力筹防剿，庶免逡巡粉饰，致误事机……

（原载《王侍郎奏议》卷八·省稿三）

# 请暂缓临幸御园折
## 咸丰五年二月二十九日

奏为时势艰危，敬竭愚虑，恭折仰祈圣鉴事：

伏见皇上眷念松楸，时深殷慕，特举谒陵大典，而于民间之烦于供亿，民力之不忍重劳，恺恻殷肫，恫瘝在抱。大孝至仁，敷天共仰，咸知此为圣人不得已之衷，万难安之隐也。乃愚顽无知，妄行窥测，遂谓回銮后即将临幸圆明园，臣故有以知必不然矣。然人言日盛，必当有以解之。臣请历陈其不可，恭俟皇上明谕斥责，藉以息愚顽之妄议焉。

皇上深处法宫，于兹二载矣。所以然者，缘国计艰虞，民生涂炭，忧勤惕厉，宵旰勤劳，不暇有事于游观，非因寇侵畿辅而然也。若连镇甫平，即临幸御园，则人将谓东南大局之艰危，各省小丑之窃发，皆不若连镇一隅，上廑圣虑。恐贼匪得窥我意之所重轻，而肆其诡谋，如夷人之每以北来为恐喝。此一不可也。

且贼亦正可虑矣，逆首李开芳狡诈异常，难保不复窜出。河南、山东现以银贵赋重，穷而思逞者不少，一旦勾结潜通，裹胁复众，势均难测。又闻杨霈屡退，扼贼不住，万一窜入河南，尤为可虑。若其时遽行还宫，则未免示轻；若不还宫，则非所以重宗庙。此又一不可也。

臣又闻，南北各大营兵勇口粮不能时发，有积至数十万者，往往给以期票，动逾数月，兵勇衣食时有不周，每攻贼，贼辄以此种语诱惑我军，军帅之难以克期督战，难以尽按军法，每由于此。此时唯闻圣躬忧勤节俭，尚可感慰饥军，不致含怨。万一传闻临幸如常，士卒生心，或起嗟叹，亦为可虑。此又一不可也。

自古帝王之学，首于主敬。尧曰钦，舜曰恭，千古心传。皇上以乾健不息者，心体而力行之。圣驾在宫在园，夫岂有二致！顾圣敬原自日跻，而浅识者但即动静之迹以测敬肆之衷。若见临幸御园，将谓贼灭无多，时平有待，而圣心已有稍宽之意，恐非天下仰望之心。此又一不可也。

方今廷臣才识庸下，咸不足仰承德意，独赖皇上振作于上，犹不敢十分怠玩。然今年以来，意气恬熙，已非复前两年之戒谨恐惧矣。若见临幸御园，则人心必懈弛，将至共耽逸乐，而振作愈难。此又一不可也。

且今日公私之困亦至极矣，度支之绌，筹拨无从，固不待言；即各衙门公项，各省概不解到。书吏应领饭食多二三年未给，褴褛当差，每至跪求革退，司员日常进署有步行者，京堂率遇堂期雇车进署一次。盖在城之竭蹶如此。况御园各朝房，闻多损坏，兼有倾圮，无项可动支修理，何以办公？此又一不可也。

凡此不可之端，自皆在圣鉴之内。臣第以人言懵无知识，求皇上明降谕旨，直斥其非，使天下咸晓然于大圣人举动迥越寻常，固非下愚所能窃测。即或圣心偶有此意，亦望俟克复金陵之后，再或迟之又久而后行之，暂勿轻发，庶免为人所窥。盖为人所窥，即恐为贼所窥。为此冒昧上言，伏乞圣鉴，臣无任惊惶战栗之至。谨奏。

【附】

上谕：王茂荫奏请暂缓临幸御园一折，现在并未传旨于何日临幸圆明园，不知该侍郎闻自何人？令军机大臣传问，王茂荫坚称得自传闻，未能指实，殊属非是。在廷诸臣陈奏事件，如果确有见闻，朕必虚衷采纳。若道路传闻，率行入奏，殊非进言之道。王茂荫身任大员，不当以无据之词登诸奏牍，着交部议处，原折掷还。钦此。

（录自《王侍郎奏议》卷八·省稿三）

# 请密筹防备折
## 咸丰八年三月初八日

奏为请严防守以备不虞，恭折奏祈圣鉴事：

臣闻不备不虞，不可以师；而备预不虞，为善之大。现在夷务机密，非外间所得与闻。然闻夷船已到天津，臣窃有不胜其过虑者。夷情叵测，非可视同前此之逆贼，其狡计尝出我之所不及料，其逞奸尝乘我之所不及防。粤东省城距虎门，层层皆有炮台，在在皆有防守，而一旦乃为所乘者，不备故也。今天津距京才二百里，朝发夕至，无险可扼。虽夷船尚在外洋，不能遽行登陆；夷人形貌廻异，不能遽潜来京；然五口通商已十余年，各口奸人未必无为用者。设彼此暗遣奸人混来城内，布其惯善之火器于各处，而以夜半同时发之，兵民平素无备，仓卒必将乱窜；加以穷迫饥民从而扰攘其间，即数十人可成千万人，纵不至遂成大害，亦且为彼所笑。

现在风日干燥，两旬之内迭见火灾，殆天所以告警。城内似宜严加防守，而御园在城外，尤非内城之比。虽门禁均极森严，然恐处无事而有余者，遇有事而犹或不足。来歙、武元衡之事，古来所有，尤不可不为之备。臣为正月间日象之异，实有不胜过虑之情，不敢尽言之隐。愿皇上与左右大臣，早为密筹而备预之，似为目前急务。论者必以臣虑为过，然自来非常之患，大抵出于不必虑、不足虑之中。但愿事事皆出有备，而臣之过虑为无当，是国家之大幸。

愚昧之见，敬敢密陈，伏乞皇上圣鉴训示。谨慎奏。

（录自《王侍郎奏议》卷九·省稿四）

# 条陈夷警事宜折

### 咸丰八年四月十八日

奏为时势危迫，敬竭愚诚，恭折奏祈圣鉴事：

窃维夷务机密，外间向不得闻，而天津距京至近，往来人多，道途之口难禁传说。现闻夷船已到天津城外，是海口不能挡，河口亦不得挡矣。臣自上月闻夷船北来，即虑其情叵测，因有严防不虞之请。然其时船在外洋，尚谓不能登陆。今在天津城外，则登陆易易，至京易易。臣前所奏不胜过虑，不敢尽言者，今竟不敢不言、不敢不尽，愿皇上恕其狂愚，而加采纳焉。

一、请皇上暂行进城也。夷情如此猖獗，其意若操必行之券，其中必有不测之谋。且在各口有年，必得有奸人悉我京城虚实，熟我径路情形者。万一肆其奸狡，潜师而来，乘风雨昏暮直趋御园，即使得报，而仓黄进城，所失已多。又或散遣奸细，分走各路歧径，突至宫门，放炮一聚，仓卒之际，变起非常，诚有不忍言者。皇上受宣宗皇帝付托之重，宗庙社稷皆在城内，岂不念及。想圣意以一行移动，即恐人心惊慌，故以镇定处之。无如强敌迫处，警报时闻，人心已觉惊慌。惟赖皇上还宫，庶几人心获安。论者每谓国家厚泽深仁二百余年，断无他虞。以天理言，固自如此。然天道远，人道迩，惟尽人乃以合天，若专恃天而不修人事，则叶名琛即以信天仙之言而误者。又或谓轻动恐示敌以怯，不知我之怯与不怯，在敌早经窥透，全不关此，岂可徒务虚名而忘实祸？臣闻上年月象之异，应在大臣受辱。而今年正月又有日象之异，日主君象，非臣下之比。臣实不胜过虑，故不避罪戾而为此请，愿皇上立赐俯从，以慰臣民之望，天下幸甚。

一、请严守备以固人心也。今夷氛业已逼近，而城中未见设守，想宸谟必密有部署，非浅见所能窥。然与其使人不知而人心忧疑，不若使人知之而人心安静。论者谓夷情务在主讲，无容多事张皇，徒滋纷扰。臣窃谓"讲"之一字，特夷人借以愚我而不为之备，岂可以之自误？我不为备，则明启我心，而"讲"愈难。我诚有备，则隐戢贪谋，而"讲"亦易，试观彼之日日事"讲"，而节节进攻，即知我之内宜自守，而外乃可"讲"。况年来粮价昂贵，旗民穷困已甚，平时贼窃已不胜多，若再稍有警信，则土匪动而饥民从之，必致抢掠纷起，诚恐夷人未至而城中已先乱矣。设守之要，先防内乱。盗贼火烛，事似细而所关甚巨，故宋宗泽守城，凡犯窃与失火者，皆立斩。此时固宜官为巡逻，以安民心，似宜更令商民分段自为联络，以固其志。

一、请广保举以求才能也。今日在位诸臣，大抵老成醇谨，大奸恶固属绝无，而大才能亦殊不易。彼夷所来之人，必极彼国之选。于此而欲言战，必先谋敌之所以败我。至于竭智毕虑，共决其无可败，而后可以言战。欲言守，必先谋敌之所以攻我，至于竭智毕虑，共决其无可入而后可以言守。此岂寻常循分者之所能？若但按名位为委任，势必至于误事。非彼好为误，其才能限之也。夫天地生才，不在上则在下，观湖南一省，得骆秉璋之知人善任，而其才遂用之不穷，是其明证。应请诏令廷臣各举所知，无论资格，例得奏事者自行具奏，不能者具呈长官代奏，以期群策群力之效。

一、请激励人心也。缮守既备，人才既具，守可固矣。然非能得人心，犹不足言固也。闻该夷所最要求者，在进城与传教，此必不能许之事。应请将此二事如何包藏祸心，如何毒害生灵，如何狂妄无理，明降谕旨，恺切宣示，使百姓闻之，人人奋怒，然后加温谕以拊循之，加恩赏以鼓舞之，自然民争效命。该夷兵纵极多，不过数万，安能攻我百万众之城哉！

以上四条专为守计，守定再言战。战而胜固善，即战不胜，退在城外，亦可以守。臣料该夷孤军，但敢乘不备而来，不能久离船而住。如其竟敢舍舟从陆，则另调外师焚其船，而传各路之兵内外合攻，必使无返。夫国家根本重地，即使万无筹措，犹当凿池筑城，上下同心协力与民守之，况今库藏存有百万，漕米到有五十万，安可委曲俯从，以贻后悔。

臣愚昧之见，是否有当，伏乞皇上圣鉴。谨奏。

（录自《王侍郎奏议》卷九·省稿四）

# 请刊发《海国图志》并论求人才折

## 咸丰八年五月二十九日

奏为敬筹备御，恭折奏祈圣鉴事：

窃见自夷务兴，论者皆谓无法，遂隐忍而专于主抚。今抚虽已就，而难实未已，则所谓无法者不可不亟求其法矣。臣所见有《海国图志》一书，计五十卷，于海外诸国疆域形势、风土人情，详悉备载，而于英吉利为尤详。且概前此之办理未得法，为后此设种种法：守之法、战之法、款之法，无不特详。战法虽较需时，守法颇为易办，果能如法以守各口，英夷似不敢近。未审曾否得邀御览，如或未曾，乞饬左右购以进呈。闻其书本故大臣林则徐在广东办夷务时所采辑，罢官方为已故知州魏源取而成之。其书版不在京，如蒙钦赏，为有可采，请饬重为刊印，使亲王大臣家置一编，并令宗室、八旗以是教，以是学，以是知夷难御而非竟无法之可御。人怀抵制之术，而日兴奋励之思，则是书之法出，而凡法之或有未备者，天下亦必争出备用，可以免无法之患。至法赖人行，则更须求人之法。

臣见道光二十二年，以夷务乏人，宣宗成皇帝特诏两广总督祁墫，访求才能出众、深通韬略之士。祁墫复奏，以为欲于武备收得人之效，必先于武备开取士之途。因请变通考选，于科举三场策问改为五门发题，曰博通史鉴，曰精熟韬钤，曰制器通算，曰洞知阴阳占候，曰熟谙舆地情形，于以求实学而拔真才，庶几人才自出。议格未行，窃心惜之。迨补御史，即疏言英夷之祸心包藏，而未知法于何日。天下有乏才之虑，宜早设求才之方于考试中，莫如祁墫所奏五门发策，可勖士子以武备之学。求才于考试外，莫如广行保举，可收材艺以储武备之选。奉旨交礼部议奏，嗣闻礼部议仍在不行。乃复将部议未尽之处，详为剖析，再疏陈之，以为及今行之，而收效已在十年之后，失今不行，恐他日徒为颇牧之思。即臣言不足采，亦必更求良法，未可置之不议。奏上，未奉明旨，遂不能以复言。今诚欲求真才，似难舍前二法，应请饬军机大臣将臣元年九月十九日、十二月二十日前后两折拣出，再行详议。其中宗室八旗务讲兵机将略以为腹心干城一条，务乞加意。当时部议之驳五门发策也，称士子淹博有素，不必专门名家。试问今日制器通算者为谁？精熟韬钤者为谁？部议之驳广保举也，称文武各有乡会试，凡才学出众、武艺精通者皆已甄拔无遗。试问年来杀贼攻城诸将，如罗泽南、王鑫、杨载福、李续宾等，均非得自科举，甄拔何以有遗？前议之未尽有明征，今议之当详自可见。此为长久得人之法，若目前急需得人，则亦未尝无法。臣所见知后之鉴，莫如前兵部侍郎曾国藩，当咸丰元年初与见面，论及大才，举当日名重一时者一一决其无用。臣初未敢深信，后乃悉如所言。至楚省近年所出将才，又无非所识拔于庸众中者，此其知人善任，殆非寻常。现曾国藩奉旨赴浙办理军务，诚欲急于求才，惟有请饬大小臣工各举所知，均令归曾国藩帐下，俾之一一察看，必能得人济用，则可免无人之患。

有治法，有治人，可以治兵御夷矣？未也。心求夫治法而或惮其之难以骤举，念夫抚之暂可少安则法必不行；心求夫治人而或以亲贵未必可信任，又或所贵用者犹是时文、试律、小楷之学，则人必不出，盖天下从好不从令也。且臣闻用兵之道，专以气胜。兵勇之气必日振之始起，必力激之始生。若使其心中有侥幸苟安之一途，则其气即懈弛而不可用。昔田单攻狄，鲁仲子知其不能下，谓当在即墨时，将军有死之心，士卒无生之气，所以破燕；今将军有生之乐无死之心，所以不胜。此兵家至言，亦从来治乱兴亡要旨。故吴志报越，日使人呼于中庭；越志报吴，至于卧薪尝胆。盖霸军之厉，其气犹如此。

方今海外诸国，日起争雄，自人视之虽有中外之分，自天视之殆无彼此之异。《书》曰："皇天无亲，唯德是辅。"皇上承列圣付托之重，为中国主，将欲宾服四夷，必益茂昭明之德，以固根本，而养刚大之气，以配道义，然后治法治人可得而理。《大学》于"平天下"章三言得失：首人心，次天命，而终以君心。盖欲系人心以维天命，惟在君心之存忠信而去骄泰，所谓自天子至于庶人，一是皆以修身为本也。圣学日新，圣德日茂，原非臣愚所能窥见万一。

惟臣心迫忧危，莫抒忱悯，故谨竭其愚虑，以备采择。伏乞皇上圣鉴。谨奏。

（录自《王侍郎奏议》卷九·省稿四）

# 和约不可改字片

### 同治元年四月初十日

再，臣伏读三月初八日谕旨："总理各国事务衙门奏请，饬地方官于交涉教民事件，迅速持平办理一折，折内所请各节，均着依议行，等因，钦此。"及读该衙门原奏："法国条约内，所有或写或刻奉敬天主教各明文，无论何处概行宽免等语。现在天主教既已弛禁，所有各项明文，已在毋庸议之列，应请查明一律革除。嗣后如修新例，不再增刊，并将旧例所载，全行删去，乃将条款宽免字样改为革除"等语。伏思此例已宽免矣，该国必欲改为革除，此其心为何心？该国之所争者，盖国体也。臣思他事可从，兹事看似无关紧要，而断不可从。国之所以为国，专在此等处。务告以和约已定，现在不可更改。如其可改，则亦可渝。明示以约之当持，隐示以守之不易。该国知不可干，自必退阻。如谓该国现在上海帮同打仗，岂此尚不可从，则薛焕之奏不可恃，其中当有别情。若谓该国竟肯出力，则合两国之兵力，何难破除此贼，非徒报胜仗而已。兹事虽虽已往，将来类此者，竟恐尚多。窃愿坚持和约，以戢其志。否则志不可厌，将要求无穷矣。

臣愚昧之见，是否有当，伏乞圣鉴。谨慎附片密奏。

（录自《王侍郎奏议》卷十·续稿）

# 家训和遗言

我此番来京，因曾经记名御史，欲得补实，将胸中向来想说的话略行陈奏。坐以二年为期，即行告归，既不想京察，亦不愿截取，并无贪恋名位之心。不意自上年来，贼氛日炽，时事日艰。临难而避，实所深耻，遂立意不告归。孟子有言：继而有师命，不可以请。孟子在商为客卿尚且如此，况我当大一统之时，通籍食禄已廿余年，而敢于军书旁午之时，作抽身而退之计乎！义无可逃，非忘初愿也。

祖母在堂，叔辈自然孝顺。但汝等须代我尽孝，以免我罪，才算得我的儿子。叔等在上，一切要遵教训。孝悌二字，是人家根本，失此二字，其家断不能昌。切勿因争多论寡，致失子侄之礼。莫看眼前吃亏，能吃亏是大便宜。此语一生守之用不尽。不独家庭宜然，凡与人交皆宜如此。而他日有分居时，尤宜切记。

凡人坏品行损阴骘，都只在财利上，故做人须从取舍上起。富与贵是人之所头章，所以从此说起也。此处得失利害关头，人心安得无动？惟当审之以义，安之以命。我命中有时，即不取非义亦有，命里无时，即取尽非义，终归于无。看着当下取来虽见为有，不知非灾横祸出而消耗之必且过于所取。须以当下之不取为消将来之横祸，则此心自放得下。古云：漏脯充饥，鸩酒止渴，非不暂饱，死亦随之。当时时作此想，则自然不敢妄取。渴不饮盗泉水，热不息恶木阴。有志者须极力持守，方可望将来有好日。恐此后汝辈家产薄、家口多，衣食难度，遂至见利而不能思义，故切切言此，务各紧记为要。

余以一介乡曲庸人，欣逢圣世，窃取科第，由户曹转御史，蒙上恩超擢太常寺少卿，一身之宠荣至矣！自道光十五年来，叠沐覃恩赠封祖父母、父母、伯祖父母、三四叔祖父母，一家之宠荣亦至矣！现在逆贼肆乱，我国家列圣深仁厚泽，沦浃人心。今上圣明英武，自当指日荡平。然在事诸臣多不足恃。自揣不能出力杀贼，万一或有他虞，唯有以身报国，诚知不足塞责，然才力有限，舍此则恐有辱国辱身之患，故不能作他想也。身后茫茫，惟听弟辈儿辈自行努力，以期光前裕后，亦复何言。然有恐以不言致误者，随笔略书于后。

六月初一又蒙恩擢太仆寺卿，益感惭无地矣！十一月又升侍郎，六年冬又奉覃恩三代，均请二品封典。

今又忽来外夷之患，事出非常，身任侍郎，又奉命办团防事宜，更何所逃？惟有益坚此志而已。

日后子孙非有安邦定国之才，不必出仕，只可读书应试，博取小功名而已。

戒色，是第一义，万恶淫为首。汝辈似乎未犯。然当谨终身，且当垂示子孙。

祖父风水我未经营妥当，祖母在堂我未事奉送老，我之不孝大矣！此二大恨何时可补？天乎！天乎！（此处系用儿子称谓，"祖父风水"系指王茂荫父亲王应矩之风水；"祖母"系指王茂荫继母吴太夫人——陈平民注）

我之胞姐，仁孝性成，未嫁而殁。祖父、祖母尝为痛心，恒言必要做一风水合在身旁，以便子孙无忘祭祀。此愿切记不可忘。（此处系用儿子称谓，"祖父祖母"指王茂荫父亲王应矩及继母吴太夫人——陈平民注）

行状不必做。我之行事，尔辈不得知，亦做不来，且天下自有公论，国史亦必有传，无庸做此无用物也！谨记。

方书五亲家处存有纹银乙千余两，本意坐为退归养老之资，身过则以此项作为四房子孙读书膏火之费。日后当买作淳安田，每年租息所入，凡我兄弟四房后人，自幼学发蒙，酌给若干；初学作文以至应小试、乡会试，各酌给若干。应俟日后看租息多少，读书子弟多少再定。

（以上所言方书五，系王茂荫长子王铭诏的岳父，名方承诰，廪贡生，歙县方村人。王茂荫玄孙王珍生前二十世纪八十年代中期曾言于笔者，说他手头存有方书五因开设全茂店收歇亏空，商请王茂荫把余钱暂存他处的信件。王珍去世后，此信件不知所终。所言"四房"，系指王茂荫及其弟茂兰、茂茹、茂蔼兄弟四房——陈平民注）

诸子都已成家，此后各自努力成人，我亦管不了许多。即我身在，儿辈不遵教训，亦属无益。若知无爹自责志，思我遗言，听好话，行好事，交好友，则如我在一般也。

我之遗累，只一少女。汝辈当留心访一中等人家，虽填房亦可，切勿存不填房之见。则年纪已大，便难访人家。祖母与汝母皆是填房，何为不可？惟人家要正派，郎才要学好。尽他身上所有，资送出门，便算完我心事。铺内有蓝田玉数十金，亦是坐此用的。（此愿已了，今更无累。八年加批。）

（以上亦系用儿子称谓，"祖母"系指王茂荫继母歙县北岸吴氏，为王父应矩公继配夫人；"汝母"指王茂荫继配洪观政之女吴氏；"铺"，指王茂荫祖父王槐康早年开设于北通州、后王家几代人经营的"森盛茶庄"；"此愿已了，今更无累"八字，为王茂荫于咸丰八年在原文文头的眉批。王茂荫小女后适歙县西溪汪宗沂。汪宗沂生于道光十七年，卒于光绪三十二年，初名恩沂，字仲伊，号咏村，别称疯癫进士，是清末颇有影响的学者、教育家——陈平民注）

我之人品，自问止算中等人，存心不敢做坏事，而未免存惧天谴、畏人言之心。立意要做好事，而实徒抱智术疏、才力薄之恨，非独经济不足言，即在宗族乡党间亦未有甚裨益。圣贤门墙固未望见，即理学诸先儒所言无所为而为善，无所畏而自不为恶，与夫敬事、慎言、明礼、达用，都无一毫功夫。倘他日有议从祀朱夫子及从祀乡贤者，儿等必力行阻止，告以我有遗言，断断不敢从命。我若入此中，必至愧死，儿辈若违此言，以大不孝论。

我自幼多病失学，舞勺后又自不好学。喜看杂书，致荒正业。弱冠后即日从事制义，于学问二字毫无根底，动笔辄自惭，所存诗文试帖都无足观。日后有将此等诗文混行刊刻者，以不孝论。

我之奏疏，词虽不文，然颇费苦心，于时事利弊实有切中要害处，存以垂示子孙，使知我居谏垣，蒙圣恩超擢非自阿谀求荣中来。他日有入谏垣者，亦不必以利害之见存于心。能尽此心，自邀天鉴，可以望做好官。惟止可传家，不可传世。断断不宜刊刻，切切是嘱。

刻书是我所恶。无论何人总要想著书传世，将来必有祖龙再出，一举而焚之也。

（录自王茂荫裔孙家藏抄件，作者重新标点加注）

## 忠焉能勿悔乎

圣人明大忠之心，欲人君之知受悔也。

盖悔者，以道格君也，使其勿悔，则必不忠而始能耳。为君者尚其念之，今夫人臣之事君也，长其恶者善乎，抑匡其失者善乎？则必曰匡其失者。顾俟其失而后匡之，曷若使其无失之，可匡而先教正之。夫好名者，人情必面折大廷以彰君失，则爱君之忱已薄也。而或者尽言私室以淑其身，犹不免见恶于阽耳，则其深情亦大可思矣。如父之劳其子，所以悔尔子也，或者谓是道也。父可以施之于子，臣则不可以加之于君。信斯言也，尚未深究乎，忠之义也。

具臣无论已，即有智勇功名，足以倾慕一世，而当时则治，没则已焉，是治其末而未治其本也。君子与其勋，而讥其无学。佞臣、臣无论已，即有刚果激烈，可以感动当宁，而悔悟稍萌，宵小间之，盖正其事而不正其也，君子高其节而惜其无术。是故犯颜之士，吾谓之抗直而不以为忠。廷诤之流，或且出于市直而又安得为忠？夫诗有匪诲之讥，书有纳诲之训，人忠焉者实深念之。

政教者所以治天下，而非天下所以治也，治亦治于君之身耳。深宫偶失，颦笑四方，已随其所尚，而习以成风。所以名臣秉国，不徒纲纪是张，而必纠明堂之举动，虽至重译远来，已颂圣人在上，而诰诫丁宁，且至以中主所不为者，力陈为戒。有不恤其以忠获罪者，亦自知其已甚，而此心固求可白于天下耳。

简任者所以端人材，而非人材所以端也，端亦端于君之心耳。宫闱偶垂，爱憎万姓，已揣其好恶而起而相应。所以硕辅立朝，不第簠簋，唯严而必正垂裳之思虑。虽使兆民歌舞，已怀有道皇上。而殷勤开导，且以丧乱之不可救者，深为警省，有并不自识其为忠者，人窃以其冒渎，而此志更不求谅于盈廷耳。而猥云勿诲也，能乎？

君身未易修，诲以道德则可修。古大臣世际升平，而吁櫊不废者，诚诲之不倦也。夫岂乐束缚其君而患苦之，而终出于是者，此固人君所宜深悉者也。君心不易正，诲以性命则各正。古大臣岂有阿谀，而拂戾不形者，诚诲之有素也。夫岂敢师保自居而临照之，而宁出于是者，此更人君所宜长思者也，而后世人主且以忠言逆耳，而深拒之也，亦独何哉。

（录自王茂荫裔孙家藏王茂荫佚文《光禄公课稿》，此为其一）

# 杞梓里家庙楹联

一脉本同原，强毋凌弱，众毋暴寡，贵毋忘贱，富毋欺贫，但人人痛痒相关，急难相扶，即是敬宗尊祖；

四民虽异业，仕必登名，农必积粟，工必作巧，商必盈资，苟日日佚游不事，匪癖不由，便为孝子贤孙。

（录自 1985 年 10 月 15 日黄山日报刊王立群文《王茂荫的一副楹联》）

# 处士胡鹏程先生传

自古四民职业，士为其首。士也者，农工商贾之表率也。盖农工商贾以身作苦，惟利是图，一身之外无余望焉。若夫士读古圣贤之书，求仁义礼智之道，诚意正心，修己治人，凡切于心身伦教间者，必讲明而切究之。故幼而学者，士之分；壮而行者，士之常。穷则独善其身，达则兼善天下。是故，考其学，惟知求其在己；观其行，皆可为人取法。此其所以为民表也。此士所以为四民首也。

三代而下为士者，不务根本，徒事浮文，或以章句卜功名，或以文章求富贵，求其专于为己，利达不营于心而能以身为民式者，盖亦寡矣。若蔚川处士胡鹏程先生则真三代之士也。先生讳汝签，名社九，字鹏程，不欲以身显，故又号隐樵子。先生自幼聪明过人，四子六经之书过目成诵。稍长，学为诗文，出语惊前辈父兄。先生咸以大成望之，乃先生惟知历我躬真切功夫，不以功名富贵为念。尝曰："不学无术，故经书不可不读。若藉此取功名、卜富贵奚为者？"故其于文好为古文辞，时文课艺不屑也。于诗以汉唐为法，吟咏皆成乐府。或有为先生告曰："先生既善文章，何不一出应试，倘得一第亦不虚也。"先生笑而不答。厥后益穷究子史百家，更精于地理，凡尽阴尽阳之理，辨别明析而不轻易为人，作慎重故也。尝作木商遨游于吴越间，睹名山大川之胜，以广其胸中蕴蓄，非为利也。作大厦数楹，置田地数亩，悠悠以老。是名隐樵，实不肯以隐传者，是其蕴于内诗书经传，见于行孝悌忠信，无绝俗之态，无离世之言，是真为三代之士也，是可以为民表也，是非功名富贵之士也。至于丧祭嫁娶、乡党亲戚往来，务期合礼，并从宜从俗。配孺人潘氏生四子，图考可究，兹不及赘。

壬午夏后学王茂萱谨序

（录自清道光二年修《璜蔚胡氏家乘》卷之一下·传）

## 璜蔚胡氏重修支谱又序

省志载吾徽风俗异他郡者，有千丁不散之宗，千年可考之族。宗族团聚，情谊联属，固风俗之美哉。顾吾郡所以擅斯美者？重谱系也，重谱系而以时修之也。郡邑各巨族，率源自唐宋，子孙繁衍，固必有日疏以远之势，惟谱以时修则某也为某支，某也为某派，按谱而稽固一本也。某也从父行，某也从子行，因谱而聚犹一家也。老泉苏氏曰：吾所与相视如途人者，其初兄弟也，兄弟其初一人之身也，然则族谱之修，所以联途人而兄弟也，而一身也，孝弟之心因是而生，而族有不美者乎？

瑇蔚胡氏代有著闻，而尤谨于谱系。余弱冠游吴鞠君师门，见友人清一以修谱来乞序。今友人舜琴又以续修而属为序之。余闻其谱自伊川程夫子下逮，余鞠君师序凡十数类，皆名贤，余何敢继其后，且世系本源与屡修之勤，诸贤既详言之，余更何言。顾舜琴来书，道其族人意甚殷，若重有赖于余者无已，则请进一说焉。吾乡以聚族之故，所在莫敢侮然。族大丁繁，门分户别，众寡异势，强弱异形，智愚贤否又或杂出其间，猜嫌微积，争竞互起，甚至侵凌攘夺，构讼寻仇。而所谓兄弟一身皆将笺贼，不恤是庇焉。而忍纵寻斧也，葛藟本根之谓，何其毋乃贻神怨恫乎！且亲睦有衰，则外侮将乘以入，患有不可胜言者。余当忧之，特书数语于家庙，以告族人曰："一脉本同原，强毋凌弱，众毋暴寡，贵毋忘贱，富毋欺贫，但人人痛痒相关，急难相扶，即是敬宗尊祖。"

瑇蔚风俗朴淳，雍睦有家法，诚无虑乎。是然，余犹愿以此言进者，盖深虑年来患难之亟，而更欲以敦睦团结之谊望乡人也。《传》有之曰："吾兄弟比以相安庞也，可使无吠。"舜琴试以此言语诸族人，以益相诰诫，则内难不生，外患不至，于以保世滋大而垂休无穷，是余之所深望也。夫是为序。

大清咸丰六年岁次丙辰夏月赐同进士出身诰授资政大夫兵部右侍郎稽查左翼觉罗学加三级里人王茂荫谨序

（录自民国四年刻本《蔚川胡氏家乘》卷之一"谱序"）

# 复汪仲尹书（节录）

青年以守身为大，愿益善自调护为幸。前书所言诸家之学，原非望兼综条贯，不过望于诸家中，择其性所近者而时习之，以求一艺之长，可为实用，免致徒务八比，终成腐儒。今来书既称诸多涉猎，或苦少师傅，或限于目力，限于足力，则惟求切要之图，从经史上致力。经务专一经，一经通，诸经自易。不必过求考据，而不可不知其说，所谓其绪余，亦足以资多识也。史则从《春秋》起，以至于《通鉴》，皆熟之，然后看历代之史。凡天文地舆，经济韬略，皆具其中，非徒记其事迹已也。果能强记，而又随事以求心得，岂独有益于时文哉！时文亦不可竟不学，国家以此取士，扬名显亲，致君泽民，端必由此以进身，岂可不讲，第不可止知有此耳。若壬遁似可不学，此中非有真传，断不能精。且向闻精是道者将必有缺，以所知数人验之，似信。如实好之，万勿为人占验，盖多洩未来，神所恶也……

（节录自刘声木《王茂荫尺牍》一文，该文载 1998 年 3 月中华书局出版
的刘声木撰《苌楚斋随笔·苌楚斋四笔卷四》）


# 【人才观篇】


## 恭祝例授儒林郎、貤封奉直大夫、梅庵姑丈大人，列封安人、貤封宜人、从洪门二姑母大人七旬双寿序

皇帝御极之元年，锡福臣民，敷恩陬澨，百昌献瑞，万物熙春。而我梅庵姑丈大人与我姑母齐眉偕老，同庆古稀，戚里姻娅，咸欲歌咏禔福，缀缉骈蕃增辉，饰光以介眉寿。茂荫幼受姑母之爱，有若慈母，长奉姑丈之教，如侍良师，极知性情，不喜浮靡，窃愿以质实之意，进不文之词焉。

世之论人者，每重士大夫，而轻商贾，以讬业为尊卑。意殊不谓然，夫人亦论其才、识与存心耳。才、学、识三者并重，然学成于人，而才、识必本诸天生。而才、识优者则学焉而益以扩之，生而才、识短者，虽学亦适成迂腐。彼寻章摘句，兀兀穷年，置世务不问，并不能治一身者，固不足论；即技擅雕龙，文高倚马，身处人上而所见出市井下者，岂少也哉。

至存心不正，则才、识虽优，适为天下患矣。若姑丈之才、识，则诚有过人者，其治事，则用人、理财无不曲当；其论事，则烛照数计罔不符合。茂荫随侍之余间，有所请必举事理之事非，人情之诚伪，时势之难易，曲折从容，推阐至尽。私心窃计以此佐国家，议庶政，所谓谟明弼谐非耶，即不然而治一方一邑，亦必有可观者。独惜早膺家计，不获卒业于学为世用耳。然其立心之仁厚，持躬之端谨，居家之孝友和顺。上事父母，承颜养志，中处兄弟则友克恭，子侄数十人共爨而居，秩然蔼然；周邻里，济孤贫，必酌理势之可行，而不务为名高。固已所谓施于有政，是亦为政矣。

姑母幼敏慧，奉伯祖母命，以先祖母为母，先祖母亦子之，与先大夫亲爱如同胞。先大夫夜读书，姑母在侧，恒举所读与讲解，辄能通其义，且记之不忘，以故明大义、识大体。于归后，所以事舅姑处妯娌能敬且和，勤以持家，俭以约己，而于拯匮资无，嘘枯吹槁，则尤若性生。建新亭以荫暍，修古路以利行旅。诸凡义举，姑丈力行之，姑母实力赞之。故诸颂仁风仰惠泽者，尤称盛焉。凡三纳侧室，生三子鞠育顾复，皆以身任之，诸子不知非所出。盖生之者其母，而饮之、食之、教之、诲之者，皆姑母也。今且以抱子者抱孙矣。茂荫年前在里，曾以所官恭请貤封，今兹恭值庆辰，以供职在都，不获弟子奉觞上寿，谨以自幼至今所见闻而心识者著其概，以见致寿之有由，载福之有基，而不敢为世俗之颂祷焉。姑丈、姑母其听，然进一觞乎。

赐进士出身诰授奉政大夫户部江西员外郎记名御史加一级纪录二次愚内侄王茂荫顿首拜撰并书。时龙飞咸丰元年岁次重光大渊献秋九月穀旦

（二十世纪九十年代中期，我由黄山日报社总编辑调任黄山市委宣传部副部长后，时任黄山市徽学研究会副秘书长的友人徐卫新知道我有志研究王茂荫，遂将他在歙南民间发现并收藏的王子怀侍郎撰并书的名为《梅庵翁寿屏》残卷相赠。据他介绍，该寿屏原为八条屏，已散佚两条屏，只剩六条屏。寿屏第一卷卷口背面贴有棉纸标签，上有蝇头小楷："梅庵翁寿屏　王子怀侍郎撰。"该寿序文字系从残存的条屏上录下，再比照曹天生点校整理的《王茂荫集》中的有关篇目，参证补齐——陈平民记）

# 振兴人才以济实用折

## 咸丰元年九月二十日

奏为敬筹振兴人才，以济实用，恭折具奏，仰祈圣鉴事：

臣维治平之道，在用人理财二端，而用人尤重。用非其人，财不可得理也。顾用人必贵得人，而得人尤必先赖作人。作人者何？举天下聪明材力而鼓舞振兴之，俾务为有用之学，以济用也。聪明材力，世所不乏，务于有用，则用得其力；务于无用，则用不得其力。我国家雅化作人，二百余年，教养之方、选举之法至详备矣。乃立法本善，奉行久而浸以失真；积习相沿，揣摩工而遂以成俗。臣窃见今日之聪明材力，悉专致于摹墨卷、作小楷，而深惜其无用也。自来非常之才，有不必从学出者，然从学出者千百，不从出学者一二。即后汉臣诸葛亮，亦有"学须静"、"才须学"之言。今一专功于墨卷，则群书遂束之而不观；专功于作字，则读书直至于无暇。二者之废学，以作字为尤甚。而士子之致力，则于作字为尤专。合天下之聪明材力，尽日而握管濡毫，尚安得济实用？

臣闻上年皇上特诏广言路之时，内外大臣亦深以士习空疏为无用，于教育人才，挽回风气，迭有奏请。顾其教育挽回之术，言者多责之教官，议者亦遂责之教官。夫士子方见墨卷、小楷为梯荣之捷径，虽教官日督以实学，亦复何益？所谓所令反其所好，民不从也。诚欲使庠序之士咸务实学，必先使选举之士皆属真才。是在我皇上于各途考试之中，严行核实，于各途考试之外，更切旁招，使有才者不终淹，而无才者无所幸。

然而，承平日久，人皆狃于故常，习于便安，以纷更为多事，以远虑为迂图。从而议者必谓国家取士之制，自来不易，名臣循吏，咸出其中，曾无乏才之虑，岂至今日而犹他求？但将定例申明，自可无庸更议。于安常处顺之时，为老诚持重之见，此亦岂不诚然？然而，臣见今日之天下，似未可作晏然无事观也。外则英夷之祸心包藏，而未知发于何日也；内则粤省之贼势滋蔓，而遂以至于今日也。山野则有匪，河海则有盗，隐匿讳饰所不能尽者，月或数闻焉。治盐，而盐之利未可必兴；治漕，而漕之费未能尽革；治河，而河决又见告矣。此犹得谓无乏才之虑乎？

臣尝见夷务亟时，成皇帝诏访才能出众、深通韬略之人，而下无以应矣。夫急而求之，缓而置之，此孟子所谓"苟为不畜，终身不得"也。臣又尝见，内外臣工每遇盘错，辄曰"无法"。夫国家所以重臣工而宠异之者，为其有法耳。若皆以为无法，即何不思访求有法之人而用之？为天下得人难。诚欲访求有法之人蓄以待用，似非设法以振兴之，使天下之聪明材力咸务于有用之学不可。聪明材力误用可惜，真实经济骤期为难，自今而振兴之，犹虑其缓，似不宜仍守相沿之积习，而为整顿之空言。

百年之计，莫如树人。臣自恨浅陋，无策以助国家作人之化，谨就管见所及，不揣冒昧，敬拟五条，为我皇上陈之。

一、请乡会试务期核实，以拔真才也。定例：乡会试，头场制义、试帖外，二、三场试以经文、策问。原欲于明理之中，更求淹贯经术、通达治体之才。无如近期考官专取头场首艺二三篇，但能通顺，二三场苟可敷衍，均得取中。以故，近来各省刊刻闱墨，首艺尚有二三十篇，次三艺已属寥寥，至经策，多不刊刻，是考官明示士子，以为无足轻重也。夫不重经策，何以辨学之虚实？请饬谕考官，自下届乡会试起，务以经策并重。非经策能出色者，不得拔登魁选。入魁选者即刊刻，以为多士程式。并将此意令各直省学政、教官即行宣示，俾士子早知向学。

又定例：策题以三百字为率，而对策每篇满三百字即可中式。空疏者往往就题敷衍，便可完卷。请嗣后策题改以百余字为率，用杜敷衍之弊。

抑臣更有请者：闻道光二十二年，两广总督祁埻奏"变通考选、遴拔真才"折内，于策问五道，请定五门发题，曰博通史鉴；曰精熟韬钤；曰制器通算；曰洞知阴阳占候；曰熟谙舆地情形。以士子兼通为难，专门较易，照从前本经之例，于册内分别填注。议虽未行，论者多谓切中时务，实足拔取真才。请饬令部臣检录原奏进呈，恭候圣裁。

一、请殿试朝考务重文义，以式多士也。御史戴绹孙、候补京堂张锡庚奏：殿试不宜专尚楷字，并请删去颂联。奉旨交礼部议奏。嗣部臣于楷字一节，似未议及；颂联一节，亦第将旧例申明，令贡士敬谨遵照，谓浮华既黜，而实学不致沦遗。夫士子趋向，视乎去取。黜浮华、拔实学，自由读卷大臣。伏读乾隆二十五年上谕："廷试士子，为抡才大典。向来读卷诸臣，率多偏重书法，而于策文，则唯取其中无疵颣不碍充选而已，敷奏以言，特为拜献先资。而就文与字较，则对策自重于书法。衡文尚待观人，而阅卷时竟先抑文重字，可乎？等因，钦此。"圣训煌煌，亦既深切著明矣。乃近来殿试朝考之后，考列前十卷与一等者，但传其字体之工，曾不闻以学识传者；考列在后之卷，但又闻某书极劣，某笔有误，曾不闻以文艺黜者。此士子所以专务作字也。作字必无间断而始工，读书遂以荒芜而不顾。士习空疏，实由于此。请嗣后令读卷、阅卷大臣，勿论字体工拙，笔画偶疏，专取学识过人之卷进呈。钦定之后，即将前十卷与一等卷所以过人之处，批明刊发，使天下晓然于朝廷所重在文不在字，庶士子咸知所向。

至考试试差，以重司衡之选。使非学业素裕，安能衡鉴不迷？乃臣闻，考差者专于诗字求工，而文艺似可不讲。考官如此，士子可知；制义且然，策问更可想。应请令阅卷大臣一并以文义为重，庶几能拔真才。

一、请遴选岁贡，以励人才也。定例：各学岁贡，以食饩年久者挨补，每次一正二陪，严加考选。正贡不堪，准取陪贡及次陪。于挨序之中，仍寓遴才之意，务取明通淹贯之士，将原卷解部磨勘，有文理荒谬者斥革。法至善也。今则但以正贡充补，而所谓取陪贡及磨勘，皆具文矣。

查各学岁贡之外，有十二年一考之拔贡，有三年一举之优贡，士之得此者，较乡试颇难侥幸。盖乡试仅凭一日之长短，而优拔必较历考之等第。士能历考皆列前茅，则其学有素矣。请嗣后令各学政于该学当贡之年，就各廪生中较其历考等第，以考列优等最多者充贡。查廪生由食饩至出贡，约须历岁，科试十余次、二十余次不等。应将历过五次以上者比较，未历五次者不与。庶幸进无由，而廪生食饩以后益知奋勉。贡成均者，皆得及时造就。即将来选授教职，亦不致有荒疏衰老之员。

一、请广保举，以求真才也。上年曾奉特旨，命内外大臣各行保举矣。然所保者，皆已登仕版之员，而草野未及。夫已登仕版，则才具终有表见之时。

若伏处在野，或不工制艺，或力难应举，则虽有怀奇负异之士，恐终淹没。拟请令各省州县并教官留心察访，或博古通今，才识非常；或专门名家，精通一艺；或膂力过人，胆勇足备者，访验的实，无论士民，准于学政按临时备文将该生所长申送考试。学政就所长考试得实，文则奏明送国子监，武则奏明送督抚标，均许官给盘费廪饩。国子监与督抚标考试一年，果有过人之能，奏明送部引见，随材酌用，不称者发回原籍。州县教官与民最亲，访察试验既易真确，学政考试犹在一时，国子监与督抚标则期以一年，才之真伪，断难朦混。抑臣更有请者，进贤受上赏，所进果有才能，应视其才能之大小，酌予议叙，以示奖劝。倘所进漫无一长，则必加以议处，以杜干请之弊。

夫才不世出，原不敢谓在在之有其人。然臣闻英夷初至浙江，野人有获其大船者，有获其头目者，现在广西团练、士民，亦有能出力者，则不得谓在野之竟无才也。天下之大，安得无才？亦在地方有司之留心访察耳。

一、请造就宗室、八旗人才，以济实用也。从来立法，必先贵近。贵近者，四方之所观法也。我朝以神武开基，其时，宗室、八旗将相林立，文能安邦，武能定国，战无不胜，攻无不取，用能威震四夷，勋垂万世，曾不屑以笔墨矜能。乃近日宗室、八旗之人，往往沾染时习，或以吟咏夸风雅，或以书画竞品题。此风沾染日深，诚恐筋力解弛，日趋于弱，一旦有事，其何以副国家任？伏读嘉庆二十一年上谕："本日特召见诸皇子、军机大臣等，明白宣谕：我八旗满洲，首以清语、骑射为本务。其次诵读经书，以为明理治事之用。若文艺，即非所重，不学亦可。是以皇子在内廷读书，从不令学制义，恐类于文士之所为。凡以端本务实，示所趋向。等因，钦此。"仰见圣虑周详，至深且远。臣见宗室八旗类多过人之资禀，诚能务乎其大，讲求兵机将略，以为腹心干城。即科第文章，曾不足贵，何论雕虫小技！应如何造就而振起之，非臣所敢妄拟。惟赖我皇上圣神妙用，俾以有裨实用为贵，徒尚虚华为耻。将见人才蔚起，追美于国初之时，而四方闻风，亦必争自濯磨，求为有用之学矣。

以上所拟五条，臣为振兴人才、以济实用起见，是否有当，伏乞皇上圣鉴。

谨奏。

**【附】**

上谕：御史王茂荫奏请振兴人才，酌拟五条呈览。其请造宗室、八旗人才，历陈近来积习，自系实在情形。我朝人才蔚起，宗室八旗文武谋略，超越前代，良由习尚淳朴，不尚浮华，以清语、骑射为本务。登进之途，原不必尽由科甲。盖学为有用之学，斯才皆有用之才。近来文风日盛，留心经济者固不乏人，第恐沾染时习，以文章风雅自诩，不思讲求本务，殊非崇实黜华之道。迭经朕申谕谆谆，我宗室、八旗、大小臣工，谅必咸谕朕意。嗣后益当奋勉砥砺，求为有用之学，以备国家腹心干城之选。该管王大臣等，尤当因材造就，俾文事武备各尽其长，毋负朕培养教诲之至意。余著礼部议奏。钦此。

（录自《王侍郎奏议》卷一·台稿上）

## 条陈军务事宜折
### 咸丰二年十二月十四日

奏为敬陈管见，再请急筹，恭折奏祈圣鉴事：

窃以贼势猖獗，武昌失守，九江被围，由此而安庆、江宁，稍有疏虞，数日即可直达。事有不可不筹备者，必且图之于早。若待事至谋之，诚恐苍黄无及。臣敢敬拟四条，为我皇上陈之。

一、请急收人心也。臣闻贼之所至，专示假仁假义。其到汉口也，先使人安抚市肆，令如常买卖，毋得关闭。其买市物也，照常市价，无有短少，市人安之。而官兵一到，反多残害。近闻直隶、山东，亦有官兵骚扰之事。夫民为邦本，贼以不扰诱我民，而兵以骚扰迫我民，是驱民心以向贼也。民心一去，天下将谁与守？令请严降谕旨，饬带兵诸将，务必使兵与民秋毫无犯。敢有犯者，兵丁立即枭示，犯事地方管带员弁，亦即处斩，使民咸晓然于皇上爱民之心，如此其至也。再请饬暂停捐输。百姓受国家深仁厚泽，原未尝无意急公报效之心，而州县奉行不善，未免多滋扰累。今防堵省份较多，其中富民捐资，贫民捐力，业已不少。请恩旨特降，令民筹防以自卫，而不令捐输以上供。大悬赏格，有能倡办团练以保乡里者，立予顶戴；有能以团练败贼者，立授官职；有能杀长发贼一级来献者，按级加赏。使民知自保即可邀赏，重赏实为保民，斯天下咸晓然于皇上保民之心，如此其至也，贼虽假仁假义，不得而煽诱矣。

一、请急筹积储也。贼至九江，则长江直下之势，已属可虑。万一贼至瓜洲，直扼我吭，南粮均为所阻。京城仓米，不过半年。民食一贵，人心必大惊惶，恐生内变。请饬户部，早于奉天等近省采买杂粮，以备不虞。刑部侍郎奕经前在盛京最久，皇上可面询其产粮之区，屯粮之路。筹备不可不早也。

一、请急讲训练也。八旗劲旅，自无不久经训练。而承平日久，技艺未必能精，进退未必协律，调度未必如意。万一近畿有警，何以御之？请旨饬访求善于行阵之将，日事操练，以修武备，安人心。

一、请急求人才也。现在皇上破格用人，于各处要地军营无不钦派大员前往襄办。然所用类多文臣，军旅之事不独未学，亦并未见，两年以来，成效可睹。即各处所保武弁，似亦不过行阵之士，求所谓运筹设策，出奇制胜者，恐未必有其人。应请特旨，宣谕中外，有能精通谋略、善晓兵机、可以参赞军务者；或才能出众、智勇足备、可当将帅之任者；或专门名家，精于一艺、可备军营之用者，无论内外大小臣工，均许各举所知。不能自奏者，呈该管衙门代奏，以备试用。

以上急筹四条，臣为安人心、固根本起见，是否有当，伏乞圣鉴训示。谨奏。

（录自《王侍郎奏议》卷二·台稿中）

# 请饬沈棣辉帮办向荣军务片

### 咸丰三年正月初八日

再，臣思向荣现奉旨授为钦差大臣，专办军务，一时臣民翕然庆得人，以为贼匪计日可灭。唯臣思该大臣固属老将，然长于武略，未必娴习文案。且兵机所关，间不容发，亦不宜更使以他事分心，必得文员为之襄理一切，庶俾专力破贼。又闻该大臣情性稍刚，与人难合。唯升任高廉道沈棣辉有体有用，刚柔得宜，必能善为调剂。该道现在湖南，请旨饬令前往向荣军中帮办军务，既便翊赞成功，兼以隐为保全。

可否？伏乞圣裁。谨附奏。

（录自《王侍郎奏议》卷三·台稿下）

# 请饬夏家泰赴近畿办团折

### 咸丰三年六月初五日与给事中雷维翰会奏

奏为访闻京员熟悉团练情形，拟请旨饬赴近畿一带，试行督办，以资防御，恭折奏祈圣鉴事：

窃自各省办理防剿以来，迭奉谕旨，令民间自为团练，联村筑堡，互相守御。而近畿一带，克期兴筑者，甚属寥寥。此非奉行之不力，实由于各乡绅耆仅以空言劝谕，并无熟手经理。其于练勇之法，御贼之方，碉堡之足恃者何在，贼匪之不足畏者何在，未能剀切晓谕，则无以取信于民。未曾身历其事，办有成效，亦不能剀切晓谕也。臣等闻湖南夏姓居乡团练，筑堡自卫，上年粤匪窜湖南，曾资捍御，心窃识之。本年二月，吏部候补主事夏家泰曾上《团练十八则》，维时贼氛尚远，而近畿一带未经议及。近来贼扰河南，筹防孔亟。又见该员偕其兄举人夏家鼎拟有《团练六条》。臣等详看，所议于畿内设立百堡，俾家自为守，人自为战，节节抵御，处处防维。若果如此办理，加以官兵剿办，贼自断不能近。且闻贼之在滁、凤也，闻庐州有团练而不敢犯，闻宿州有团练而亦不敢犯，是团练实为贼之所畏。果能团练有成，贼即断不敢来。以此环卫京城，真所谓"不战而屈人之兵"。国家有磐石之安，闾阎无抢掠之患，似为至上之策。统计筑立百堡，需费甚巨，当此支绌之时，原未可以轻议。然筑堡既成，则有兵之利，无兵之费，可以一劳永逸，视征调防堵所省不止数倍。贼势一日未平，即防堵一日难撤，似未可惜目前之费，而不为久计。该员兄弟数人在籍，以团练杀贼，湖南人皆能言之。是该员等曾经办有成效，尤应可信。唯南北殊方，地利夷险不同，物力贵贱亦异，且数被贼扰，与未被贼扰之民情，其劝谕亦有难易。该员所拟各条，能合与否，其费能省与否，必须试办数处，方可酌定章程。窃思近日人情，畏葸退缩者多，勇往任事者少；指陈利弊者多，曾经阅历者少。该员兄弟筑堡剿贼事宜，留心讲求，曾经身历，而现在近畿一带又应亟行团练，以资捍卫，若非有人倡率，未免相顾因循。

拟请旨将吏部候补主事夏家泰，及伊兄举人景山官学教习夏家鼎，交兼管顺天府大臣，饬令会同地方官，试行团练。先赴城外大村镇，邀集绅耆，力为劝谕，使民深信不疑。踊跃听从者，已有数处，即行给发官项，制备器械，明定章程，办理团练。俟团练得有一二十处，再行酌量地方情形，浚濠筑堡，由近及远，渐次举行。倘能练得百团，则堡寨虽有未完，亦足以资防御。再能筑得百堡，则闾阎得所凭藉，尤足以安民心。若行之或有窒碍，仍可随时察核办理。斯帑项不敢虚糜，工力均归实用矣。谨将该员所拟《团练六条》抄录，恭呈御览。

是否有当，伏乞圣鉴训示。谨奏。

（录自《王侍郎奏议》卷四·寺稿上）

# 请将叶灿华（章）邹培经交兼尹派委片

### 咸丰三年六月初五日

再：近来言团练者，又有内阁中书叶灿华（章）所作《防御论》一篇，语语切实。该员系广西人，似从亲身经历中来。如蒙允准，近畿试行团练，该员似可并交兼管顺天府大臣，一同派办。

又：现在直隶巨鹿县知县邹培经，道光二十一、二年间，在西城指挥任内，拿获要案重犯极多。但有奉旨交拿之犯，无不如期而获。迭蒙宣宗成皇帝优加议叙，均有案可查。如将该员调任京县，访拿奸细，必能得力。可否请旨交兼管顺天府大臣酌量调任。伏候圣裁。谨奏。

【附】

上谕：太仆寺卿王茂荫、给事中雷维翰奏京员熟悉团练，请赴近畿，以资防御一折，吏部候补主事夏家泰、举人夏家鼎、内阁中书叶灿华（章），均着发往直隶，交桂良差遣委用。夏家泰所呈团练各条，并着桂良体察地方情形酌办。直隶巨鹿县知县邹培经，着来京交顺天府差委。钦此。

（录自《王侍郎奏议》卷四·寺稿上）

# 论怀庆兵事折

### 咸丰三年七月二十日

奏为敬陈管见，恭折密奏，仰祈圣鉴事：

窃臣闻三军之命，系于一将。将得其人，则军用命；不得其人，则军不用命。故行军必以选将为先。国家简贤任能，岂不欲得人而任。然而承平日久，军旅之事，在群臣既多未学，行阵之际，非历试亦无由知。能者固难期，不能者亦难辨。军兴数载，贼氛日炽，皆由将未得人故也。乃今将帅之能，抑若有可辨者。

闻怀庆剿贼之兵四路，独胜保立营拒贼仅数里，余皆驻二三十里外，是其勇怯已见。胜保所报胜仗，皆属进攻，非他路贼至始出，名胜实败，武弁一伤十二员之比。且听报情形，调度瞭然明白，非他路遥放枪炮，粉饰支离，令人难解之比。是胜保之能军又可见。

今粤贼皆百战之余，敢以孤军深入险阻，攻城不克，环立十余营，以战则分头邀截，以守则联络相应，贼中固有能者。然我军若四路并进，或邀其前，或截其后，或捣其中，使贼之连营不能相顾，似不难一战而破，数战而灭。乃兵虽四路，相持月余，独胜保屡次进攻，而他路之兵，但能饰词报捷，不能出力协剿。即如近日，胜保获胜，在初六日，东北、正中二股，仅托明阿、善禄本营之人，其余三营未闻相助。恩华虽亦奏获胜，战而在初八日，其初六初七等日，不过带说擒斩数十名。所称丹河南岸，不知距贼若干里，距胜保战处若干里，施放枪炮，竟为胜保所不闻，则其远可知矣。查胜保初六之胜，颇为调度得手。若恩华于是日，督令大队会齐进剿，似足大破贼营，而惜乎施放枪炮，仅在丹河南岸也；而惜乎李傣一军，更不知其何在也。胜保进，而诸军不进；胜保战，而诸不动；胜保胜，而诸军不知鼓舞，亦安用诸军为耶？

再查恩华初八之胜，令兵过河烧贼所驻民房，是其房并无贼也。隔河施放枪炮火箭打入贼垒，是其时不见贼也。过河者为兵丁，隔河者为游击；是游击已不敢过河，而他更无论也。烧毁木城数丈，贼匪突出百余人，是此时乃见贼，而贼固无多也。贼匪直扑我军，跃马当先，乃一外委，则其余可想矣。此时不放枪炮，是枪炮于未见贼时已先放尽，又可想矣。夫无论恩华督令各营出战，其兵当有数千，以数千兵遇百余贼，若挥军围之，则贼必尽。若以一军绕其后，乘烧毁数丈之处，以攻其城，则贼可破。而皆不问，是其军无主持，是其将多畏缩也。本营打仗如此，而他营不相闻更可想矣。

夫人各有能有不能，所能者不可没，所不能者原不可强。然为巨室必使工师，治玉必使玉人。况军旅大事，安得不任能者！军中得一能人，未必即足济事；而任一不能人，则必足以误事。各路统兵情形如此。总统如讷尔经额远贼百里，接仗情形尚未得见，安能临机决胜乎？夫兵谓之机，临机应变，盖有间不容发者，是殆非远隔百里所能知也。且贼计百出，不乘其计之未定，协力扑灭，坐事迁延，事机必且又变。方今能者不易得，若得之而不用，用之而不使各路之兵皆为所用，则必不济；用而不能统全局而大胜大破之，终亦与不用等。

幸得一胜保，能既已见，用即宜专。伏望特旨，命恩华与胜保合为一军。恩华为宗室懿亲，必有推贤让能之美，而无嫉贤妒能之心，胜保有功即恩华之功。其总统讷尔经额，但令遥作声援，不勉强轻动。而其所带弁兵与各路弁兵，均饬听胜保调遣，有畏缩者许以军法从事。庶可克期并举，四面进攻矣。贼在怀庆，如在肘腋，一日不灭，北方一日不安。不独各路进剿之兵其费难计，即京师与直隶东西各省防堵之费，亦甚难计。择能而使，行军胜负之机，即天下安危之机。破此一股，然后可及他股。伏祈皇上立奋乾断，勿更瞻顾周旋。军机大臣祁寯藻忠荩有余，刚断不足，语言唯恐伤人，知胜保之能，亦未必即敢力言。用人大柄，专赖宸裁，天下幸甚。

（录自《王侍郎奏议》卷四·寺稿上）

# 请将郭维键交巡防军营差委折
## 咸丰三年九月十六日

奏为请保军营人员，并呈条说，恭折仰祈圣鉴事：

窃维行军以将帅得人为先，而尤以广储群材为要。现在天讨特申，命惠亲王为奉命大将军，僧格林沁为参赞大臣，总统诸军，固已声威大振，指日即可扫荡妖魔。唯军务在在需人，必兼资于群策群力。兹访有前任工部主事、现拣发湖北知州郭维键，系四川进士，该员素性朴诚，留心武备，前于道光二十一年，因英夷肆逆，在部呈递《平夷车炮火攻图说》，经工部堂官代奏，军机大臣传奉宣宗成皇帝谕旨："这《图说》很好，很费心了。《图说》交本人带往军营，交杨武将军阅看，当面商酌。《图说》封好了，不教人看。钦此。"该员前赴浙江军营，帮办文案，制毒火药，管带枪勇，在营有案。三十年四月，在部呈递《未雨绸缪论》，请行团练、修武备、操水陆军兵，未经堂官代奏。咸丰元年，在部呈递《密务论》，并《团练事宜十二条》，又经堂官代奏在案。查该员前后所上论说事宜，虽未尽用，然其平日留心时务，讲求武略，思患预防之心，已可概见。该员现拣发湖北，以知州用。湖北现尚无事，该员前往不过听候差委。当此军务需人之际，但有一长可取，即属有用。可否请旨，将该员交大将军察看差委，恭候宸裁。

又，福建举人林昌彝，近因呈进《三礼通释》，奉旨著以教授归部铨选。该员学问固属优长，而于济时之务，尤多究心。前因英夷滋事，曾著有《破逆志》四卷、《平贼论》二卷及《平夷十六策》。近见粤匪肆扰，又拟有《军务备采十六条》。该员体质荏弱，难任差委，谨将《十六条》抄录，恭呈御览。请旨发交大将军以备采用。

愚昧之见，伏乞圣鉴。谨奏。

【附】

上谕：太仆寺卿王茂荫奏，保举军营人员一折，拣发湖北知州郭维键，仍著前赴湖北原省。毋庸交巡防王大臣差遣。钦此。

上谕：太仆寺卿王茂荫奏，福建举人候选教授林昌彝所著《军务备采十六条》并绘图式，呈览等语，著交巡防王大臣阅看，以备采择。钦此。

（录自《王侍郎奏议》卷五·寺稿下）

# 条陈兵事折
### 咸丰三年十月十二日

奏为敬陈管见，恭折仰祈圣鉴事：

窃臣于本月初二日蒙赐召见，询及防守事宜。臣学识浅陋，又拙言词，虽有所陈，意多未尽。退而审察时势，寻思博访，谨再拟所急六条，敬呈御览，以备采择。

一、请严重侦探也。行军耳目，专在侦探。侦探得实，胜算便可先操。乃前闻直督以贼至蠡县误胜保，晋抚以贼至五台误胜保，使胜保疲于奔驰，致狂寇得以窜扰，而未闻将误报之人严正军法。于是各路侦探率多捉影捕风。闻达洪阿、培成多尔、济那木凯所带之岳，极为精锐。自深州贼窜，寅夜追从到保定者，两次走千余里，未见一贼，未打一仗，军心遂生怨怠，皆由侦探不真所致。夫探报军情，为行军第一关键，而乃督乱如此，是虽杀犹不足蔽辜，而顾可置之不问乎？然有重刑在后，必有重赏在前，使杀之而不能怨。若于此而惜赏惜刑，则虽悉索弁兵，竭尽粮饷，均成无用，此不可不急讲也。

一、请优奖乡勇也。闻长芦盐政文谦、天津知县谢子澄能得民心，自上月闻贼将近该县，即督率练勇，于二十七日迎击一次，二十八日昼夜连打三次，多系用打野鸭枪者得力。本月初，亦闻打有胜仗，叠次杀贼不下数千。自天津来者，言其头目姓名、情状，到处传说，众口一词。前此，贼在远方而民惶然；今兹，贼在近而民转帖然者，以为天津练勇足恃也。而总未见奏报。此而不保，何以励人才而作士气？应请饬文谦即行据实保奏，励一处之县令，即以作各处之县令；励一处之团练，即以作各处之团练。果使处处如此，逆贼复何所容于天地乎？

一、请选将速剿也。自上月来，皇上特命将帅不少矣，至今月余，尚未有与贼接过仗者。兵贵神速，自古言之。贼所至辄筑土城为拒守计，待其筑既成而攻之则难，及其筑未成攻之则易。今闻又在静海筑城矣，不于其未成而攻之，更何待耶？专恃胜保之疲卒，诸臣何以自安！臣愚以为，凡人之能不能有定，断难强不能以为能。若不问其能否，而但以名位所在责其能军，诚恐有名无实。如近所闻，贼至天津，总兵怯惧欲逃，而敢督战能杀贼者，乃在知县。总兵者，武职大员也；知县者，文职小员也。由此观之，事固存乎其人，而不可以资格论矣。伏愿皇上用人不论名位，但问其能，再试其胆。有能杀贼敢向前者，即用以带兵。不交与不能不敢者，以钤束之。斯奋勇直前之人出，而进剿则速矣。

一、请约束兵丁也。臣闻贼兵行动，队伍整齐，约束不乱，掠城邑而不掠乡村，劫富户而不劫小户。将到之处，先有数人鸣锣，令各户关门，市卖食物之店，令其开门，平给价值交易。故贼至尚不尽闭户。官兵所至，全无纪律，混肆抢夺，遂至街市全闭，人亦潜逃，虽达洪阿之兵，亦不免此。皇上叠降严旨，而带兵之官，总苦不能约束，盖能约束兵丁之员，即能与贼打仗之员也。

一、请发给兵饷也。闻现在各路兵饷，多不时给。一月仅能先领半月之饷，再欲领后半月，则发给不知何时。通州巡防之兵，衣服典质殆尽，屡催粮台不能应。臣以为，当此用兵紧要之时，兵不用命，必宜正法。而兵饷必宜优给，虽尽发内帑，亦不能顾。若用其力，而以饥寒迫之，是徒驱之就死地，而于国事尤大有害。必为节省之计，但可裁减兵数，不可裁减粮饷。盖士卒腾饱，一人可敌数人；冻馁之人，数人不敌一人。臣闻盛京之兵在天津，贼将至而先与民斗，吉林之兵有从贼为前驱者，经天津拿获三人。国家养东三省数百年，似不应有此；或者现在养有不足，此不可不筹也。

一、请防兵巡哨也。现闻近京四路，均经设兵防守矣。然安坐不动，未免懈怠军心。应请饬各路统兵大员，间日带兵出巡一次，或三十里或五十里，使兵丁习队伍、悉路径，并以审察地利，何处可以扼要，何处可以设伏，不独为将者胸中瞭然，即弁兵亦可不迷所向。远近或有土匪，亦且闻而震慑，不敢妄生他想矣。

以上六条，似系目前急务。臣愚昧之见，是否有当，伏乞皇上圣鉴训示。谨奏。

（录自《王侍郎奏议》卷五·寺稿下）

## 保本籍人员回省带勇折
### 咸丰三年十一月初十日

奏为谨请保员回籍、督带练勇防剿，恭折奏祈圣鉴事：

窃臣恭阅日抄，安徽桐城、舒城相继失守，工部侍郎吕贤基殉节，贼氛逼近，庐州情形甚为危急。该郡为南北要冲，关系中原大局。现闻巡抚江忠源在六安抱病，郡城大员唯藩司刘裕珍，余俱未到任，兵饷俱无，待援孔亟。此时急筹防御之法，唯有督率练勇，协力剿防，事或有济。但该处督带练勇，仅翰林院编修李鸿章一员，万难济事。臣同乡刑部郎中、记名御史李文安，即李鸿章之父，老成练达，为守兼优，籍隶合肥，情形甚为熟悉，乡里素所推重。该处团练整齐，皆该员于上年寄信回里，劝谕乡人为思患预防之计。若令回籍督带练勇，呼应必灵。又，已革江苏巡抚杨文定，前因镇江失守，奉旨革职治罪。该革员获罪甚重，臣何敢代为乞恩。唯该革员籍隶凤阳，素敦乡谊，甚得乡人之心。该处人情强悍，散则肆为捻匪，集即可为劲旅。该革员正月间曾遣其亲属回籍，招募壮勇赴江防堵，业已集有成数。若令该革员与李文安一同回籍，带勇自效，协保庐、凤，当可以资得力。以上二员，皆臣素所最悉，属在同乡，理应避嫌。第当此时势艰危，保守庐、凤，即所以保守国家，而保守庐、凤之方，再四思维，更无良策。为此不揣冒昧，吁恳饬令刑部郎中李文安，迅速回籍，带勇协剿。其杨文定可否暂释，令同回籍协办防剿之处，出自皇上天恩。至吕贤基之子吕锦文，因父殉节，痛不欲生，亦愿随往杀贼，兼求父尸，亦应请旨准其随往。

再：此时安省情形难以悬揣，李文安系曾蒙记名御史之员，带过引见数次，现在御史又尚空有数缺，可否赏加御史衔，俾得便宜奏事，恭候宸裁。所有保员回籍带勇防剿缘由，理合恭折具奏，伏乞圣鉴训示。谨奏。

【附】

上谕：王茂荫奏保本籍人员回省带勇防剿一折，刑部郎中李文安著准其回籍，督率练勇，协力防剿。所请赏加御史衔，准令奏事，殊属非是，著无庸议。吕贤基之子吕锦文，并著回籍，帮同剿贼。至已革江苏巡抚杨文定，因失守地方，拿问治罪，岂得以其在本籍招募壮勇，遽从宽典？所请饬令回籍带勇协剿之处，著不准行。钦此。

（录自《王侍郎奏议》卷五·寺稿下）

# 保荐直隶才任剿贼人员折

### 咸丰三年十二月初五日

奏为敬陈管见，恭折仰祈圣鉴事：

窃维天津防剿，练勇最为得力。近失能结民心之知县，既恐民心涣散，且极盛难乎为继。接任稍不得人，尤足伤民心而速之散。民心一散，则天津可危，而近畿皆危矣。

臣闻武清知县胡启文，其得民心也，即天津之民亦无不知之。且武艺优长，现在每日早晚练勇下教场，必身先演试以为教。若以调任天津，民必安之，并可随文谦督带兵勇，以攻独流一面，而任胜保以专力攻静海。两路并进，似易制胜。

至逆贼现逼东南，则通州实为京城门户，现知州尚未得人。近见饶阳县知县秦聚奎，以练勇御贼，而贼不敢犯，其才必有大过人者。若以之升任通州，练该州之勇以佐文瑞，似可无东顾之忧。

又闻有补用知府毛永柏，人不甚纯而胆略足用，曾以杀贼著声。若以署永定河道，团练河兵乡勇，似足以扼南路。

臣知用人大柄，自有皇上宸裁，且有直隶总督、顺天府尹，自能调度奏请，第以时势方危，事机贵速，若待直隶总督、顺天府尹往返商奏，诚恐有需时日。是以不揣冒昧，谨就见闻所及，恭折具奏，伏乞圣鉴训示。谨奏。

（录自《王侍郎奏议》卷六·省稿一）

# 论荐博铭唐宝昌江长贵片

### 咸丰五年六月二十八日

再，臣闻上年有署歙县知县博铭，系旗人，识见精明，能洞烛义练局之奸伪，尝拟为《保徽八条》，见者无不钦服。其遇事之勇往，尝因有警，即乘马将徽境边界遍巡一周，谓徽州如住胡同内，断无不能守之事。因格于学政，议多不行，遂以新任有人而去。士民欲留不得，咸深惜之。又休宁知县唐宝昌，其有勇略。该县初次被贼，因甫经到任，未及守御而出，谓徒死无益，誓必克复此城。故当克复时，该员皆策马当先。二次被贼，该员业已丁忧，然当攻城杀贼，仍奋勇如前。又有都司江长贵，待勇最为得力。二月渔亭之战，徐荣败后，该都司力战至晚，业已转败为胜，因报至休城，而学政与知府早已闻败而走。孤军不能独立，故亦遂退，贼因得以至徽城。现闻张芾已在徽州，而知府仍补林廷选。若再得博铭为歙令，兼留唐宝昌、江长贵以司团练防堵之后事，则徽州可保无虞。臣因博铭、唐宝昌、江长贵三员在徽州声名甚好，为民之望，不敢壅于上闻，可否敕下安徽巡抚，调用留用之处，出自皇上天恩。谨附奏。

（录自《王侍郎奏议》卷八·省稿三）

## 时事危迫请修省折
### 咸丰六年四月初三日

奏为天时人事危迫日深，敬竭愚忱，恭折奏祈圣鉴事：

窃臣伏见天象，今年以来雨雪阴霾为日既多，即见晴霁，日旁亦若时有云气，精彩非复如常。而二月初十与三月二十五日黎明时，天色尤异。臣虽不识天文，然私心过虑，窃以为殆天之所以垂警也。又读日抄，见盛京奏，上年腊月金州地震四十四次。金州虽属海滨，实近根本之地。震动至此，窃又过虑，以为此天之所以告警也。京城银价，贵至八吊以外，百货转运不来，旗民日起愁叹，苦不聊生，此内之危迫也。各路贼势有增无减，警报日至，勇将被伤，饷或待发年余，兵或时闻溃散，此外之危迫也。夫以天时人事，至于如此，而欲起而挽救之，头绪万端，亦几无从措手矣。然臣以为，此皆天之降乱而未有转也。诚得天心一转，则贼匪自灭，天下自平。是此时致力之方，唯在求天心之早转矣。然而欲转天心，必求力尽人事；欲尽人事，必求务协民心。何则？天视自我民视，天听自我民听也。夫民之视听，果何在哉？臣以为一在省己，一在用人。二者皆本于一心，而其枢则系于听言。

伏见贼匪窜扰以来，皇上轸念民生，勤求治术，以期仰慰昊苍。郊坛大祀，致敬竭诚，虎尾春冰，常存敬畏。应天以实不以文，早为天下共见，而效顾未著者，何也？昔者太戊修德而妖孽消，宋君一言而荧惑退。感应之机，捷于影响，岂至今日而有异！臣愚以为天之爱人主，如父母之爱子；人主事天，亦如子事父母。亲意未回，唯咎孝敬有未至；天心未转，唯念修省有未尽。愿皇上之更益深思而内省也。今日之民，苦至极矣。苦贼、苦兵、苦水灾，捻匪转徙无常，存亡莫定，流离穷迫，莫罄形容。皇上诚悯民生之苦，念切恫瘝，至诚恻怛，深自咎责，于随时随事，皆深视民若同胞，而有灼艾与为分痛之意。斯民闻之而感泣，即天听之而意回者，其一也。昔鲁君以民服为问，而孔子对以举直错枉。夫举错何关于民？乃一直举而民快然若所亲，一枉错而民快然若所仇，岂必尝有德怨哉。盖斯民也，三代之所以直道而行也。故《大学》言："平天下，唯在公好恶。"汉高祖封雍齿而斩丁公，盖当进者虽所不喜亦必用，当罪者虽所甚喜亦必诛，正以收人心也。皇上诚察民之所好者好之，则好一人而可得千万人之心；察民之所恶者恶之，则恶一人亦可得千万人之心。人心翕然顺应，即天心因之以感格者，又其一也。顾臣以为二者皆本于一心，而其枢则在听言。何也？舜，大圣人也，而群臣进戒，一则曰："罔游于逸，罔淫于乐。"再则曰："无若丹朱傲，唯慢游是好。"非舜深见人心之唯危而不以为迂，安能有此？知人则哲，自古为难。故《虞书·纪》辟四门，必继以明目达聪。盖诚虑耳目有未周，即用人有未当。而欲合天下之聪明以为一人之聪明也。是省己与用人，固非虚衷听言不为功。且不独此也，苗民逆命，以不矜不伐之禹，而益赞之言但曰："满招损，谦受益。"齐威王令群臣吏民能面刺过者，受上赏；上书谏者，受中赏；谤讥以闻者，受下赏。诸国闻之皆来朝，当时谓之战胜于朝廷。则凡所以平逆命而求战胜者，亦在是矣。

皇上御极以来，屡诏求言，并有"言不逆耳不可谓谏"之谕。凡有裨于用人行政之言，无不仰邀采纳。既而言或无当，乃有奉旨明斥者。斥之第以其无当，初非禁之使勿言也。乃前之言者见多，而今之言者则见少，盖臣下敬畏天威，非诱之使言，即多有不敢言者。今无论其他，即如各路军营，某也将不胜，某也将必败，道路传闻，往往应验，而无敢以为言者，或则虑无实据也；或则虑有据而查时化为子虚也；或则虑言之不行而徒招怨也；或则谓权衡自在圣心也，是以皆不敢言也。倘各路必败之军人早言之而去之，何至有败坏之事。至于败坏而后罪之，所失多矣。是以孔子称舜有大智，不独好问好察，必曰隐恶扬善。盖非好问察而人不敢言，即问察而恶不为隐，犹恐善不敢言也。且用人进退之际，臣子有难言之隐，盖惧于圣怒而见斥者意犹浅，惧激圣心而难回者意实深。进言献纳之际，臣子又有难言之隐：盖获听，则人皆翕然而美于上者喜固深；不获听，则人将哗然而归美于下者惧尤深。用人听言，著于视听，而关乎民心者至大，往往有因不用而民愈望之，因不听而民愈称之者。诚察乎此，而所以得民心者，可知矣。

皇上批览奏章，纤悉有误，必邀批示，天下臣民无不仰聪明之天亶，宵旰之勤劳。然臣以为精神之用，贵乎不纷，窃愿务其远大而舍其近小。各督抚军帅之奏，务在察其才之能否与心之诚伪。倘有见为不能而多伪者，预为去之，不待偾事之既见，则所保实多。且去一当去之督抚，而全省之人心皆感动；去一当去之军帅，而合营之军心皆感动。所以改（收）人心者，尤甚大也。抑臣闻，明主劳于求贤而逸于用人，故尧以不得舜为忧，舜以不得禹、皋陶为忧，楚庄王见群臣之不若己而有忧色。今天下才实不足，久在圣鉴之中，此诚可忧之事也。然莫谓天下无才也，天生才以供世用，不在上则在下，知罗泽南者，今皆知为将才矣，初则一岁贡者耳。且湖南一省，有江忠源兄弟，又有罗泽南师弟，则他省可知，第少有留意人才如曾国藩、骆秉璋者耳。唯贤知贤，唯才爱才。皇上尝谕令各督抚广为咨访矣，诚恐各督抚有见而不能知、知而不能用者。嘉言罔伏，斯野无遗贤，是尤全赖圣心之诚求耳。收一良将之才而人心感奋，收一良吏之才而人心尤感奋。所以收人心者，又甚大也。天下以人心为主，臣之所陈，皆欲得人心之大同，以冀天心之速转。现在武昌未下，而江西又复危急，向闻该二处之人，皆力与贼为仇，而近闻贼众甚多，恐从之者亦不少。此中人心转移之故，宜深思也。

列圣深仁厚泽，人心断不能遽忘。然不于此时急设法以维系之，任贼出其假仁假义以为市，则人心恐为所摇而难挽。伏见宸衷渊密，丕显唯德，有定静而安之神，必有能虑而得之妙，非浅识所能窥测。臣实心迫忧危，遂不禁言之难已。自顾一身毫无可念，第念受恩深重，无可为报，是用竭其区区之愚，敬行陈奏。是否有当，伏乞圣鉴训示。谨奏。

【附】

上谕：朕总理庶务，恪遵列圣成宪，无日不兢兢业业，以敬天爱民为心。因思知人安民，垂于古训。凡文武各员，如果才猷素裕，著有成效者，未尝不破格录用。即大小臣工条奏事件，苟有益于国计民生，亦无不虚心采择，见诸施行。所冀嘉言罔伏，野无遗贤，庶可以渐臻上理。况近年以来，粤匪未平，河流未复，各省地方并间有偏灾，赤子何辜，遭此惨毒。朕恫瘝在抱，轸念民依，忧勤惕厉之衷，谅中外臣民所当共喻。本日据侍郎王茂荫奏称："天时人事，危迫日深，致力之方，唯在求天心之早转。"又谓"民之视听，一在省己，一在用人，二者皆本于一心，而其枢则系乎听言"等语。持论切当，与朕心适相符合。当此时势多艰，力图补救，朕唯省躬克己，于用人行政之间，慎益加慎，以期默邀天眷，海宇乂安。中外臣工亦当夙夜靖共，交相儆惕，以副朕孜孜求治之心，实有厚望焉。钦此。

（录自《王侍郎奏议》卷八·省稿三）

# 荐举人才折
### 咸丰六年八月十七日

奏为敬举所闻，恭折奏祈圣鉴事：

伏读上年二月二十二日上谕："现在用兵省分，委用需人，如有才兼文武、胆识出众之士，自应随时采访，或令随营，或办团练，以收实效。此外，衡茅伏处，不乏英奇，并著各督抚广为采访，择其素怀忠义、韬略过人者，据实保奏。等因，钦此。"又读本年二月二十日上谕："现在江苏、安徽、江西、湖北、湖南、广西、贵州各省，正当办理军务之际，著该督抚于所属各员中，秉公察看，如有官声才具堪胜府道之任者，著各保数员，以备简放。钦此。"仰见我皇上求贤若渴之心，可谓至矣。臣唯方今所急在将才，尤在吏才。盖得一将才可以平乱，而得一贤督抚，则该省自不乱，得一贤牧令，则该州县自不乱。从古奸民乱贼之起，其后以数万甲兵制之而不足，其始一良有司治之而有余。是求将才是平已乱，犹不若求吏才之可治未乱也。现在各省地方多办团练，官民能否均于此见。然衡茅之士，非得贤牧令知而任之，不能有为以自表见。是欲求伏处之英奇，必自得贤牧令始。且夫牧令之良，无不能得民心者；为宰而能得民心，为将自能得军心，能团乡民以御贼，自能统士卒以破贼。权有大小，法无异同。前如嘉庆初年之刘清，以一知县三入贼营，贼不忍杀，带兵所至，贼望而避，其比勋良将，固不待言。即近如六合县之温绍原，能守孤城于四面皆贼之地，非具将才而又能用该路之英奇，曷克臻此。是欲求良将亦可于良吏中求之，即或有廉善素著而武略未优者，举之亦足励循良而资表率。然而求之贵得其真，用之尤期其当。凡为良吏，皆志在勤民而不在获上，必不效趋承，不为阿顺，不事钻营，非求诸三者之外则不见。一省事权，督抚主之；一军事权，将帅主之。才智之士属正差委，非有善用之人，或献谋而不见听，或力谏而不见从，则虽有真才而亦终无以见。今天下多患有无才，窃取恐湮没于此中者正不少也。昔唐宪宗怪无贤可任，李绛曰：自古无借才异代者，循其名而验以事，所得十七。臣今者亦谨疏所闻，愿皇上之循名而验以事，冀以收十七之效焉。

一、前大兴县知县胡启文，循声卓著，武略尤长。任武清时，贼正逼处独流。该员力行十家牌法，能使合境如一村，合村如一家，但有奸细入境，立即拿获。每日率乡民亲自训练，民皆戴如父母，奉如军师。凡因事下乡，或步行，或单骑，遇有词讼，就地立结。饥则怀出干潭（粟），汲井水饮之。

清风善政，传颂载途。曾奉旨以直隶州知州外用，现告病在京。

一、光州知州郑元善。该员务矢朴诚，与民亲如家人父子。不假书吏，不设浮文，讼案随到随结，所至有声。当署罗山任时，县境紧与楚北接壤，又值贼扰之后，土匪蜂起，该员抚绥团练，境内立用，行人入境，暮夜无恐，楚北难民争依以安。匪徒谓为不要钱、不怕死之官，相戒勿犯。邻邑有匪被获，称愿一见郑太爷，死不憾，其德化感人如此。现虽保升光州，似尚未尽其用。

一、四川黔江知县孙濂，自分发到川，历任皆有惠政，所至民爱如慈父母。值兵差络绎，则典质称贷以给，不科于民。每去任，不能具舆马，则民资送之。去江津时，负累数千，民恳请代还，坚不许。该员意气慷慨，于当时事务无不留心，尤喜讲求武略，学博而识高，才大而绝少矜露，又能深惟时势，曲体人情，洵为用世之才。

一、广西署平南县知县李载文。邑当浔州贼冲，该员到任，力与民为同心，讲求团练，往往住宿乡间，日率乡勇训练以御贼。贼既不敢犯境，则率勇时乘浔贼之间以攻之，所向有功，隐然为省垣屏障。

一、前山东单县卢朝安，初以代理郯县，能治捻匪著声。嗣任单县，申明团练。时丰口决流，民所在啸聚，不敢犯境。四年二月，粤贼北窜，该员选勇先驱，三与贼战，贼皆败走。迨临清反奔，又率勇沿途截杀，复随大队收复丰县，随胜保穷追至尽乃止。该邑颂为神父、虎臣，一人兼之。为画像于琴台，与宓子贱、巫马期同祀。闻李德、胜保、崇恩、王履谦皆争保举，现不知任何职。

一、前陕西西乡县知县田福谦，山西举人。西乡民俗好讼，该员遇事必躬必亲，所至轻骑减从，务以诚动民，民感之，讼风为息。陕省循良，推为第一，现丁忧在籍。

一、山东济宁州知州黄良楷，素有能名，胆略最壮，所致捻匪敛迹。年前粤匪由临清反奔，该员带勇邀截，斩杀甚多。所带之勇，人称为劲旅。今年曹县捻匪肆扰，该员往督，团首文生、季锡鲁等，歼除无数，功尤甚著。

一、湖北候补知县葛致远，素有胆略，能耐劳苦。咸丰四年拣发到省，适值黄冈县失守，后委署无敢往者。该员请行，即日就道入境，访询团练情形，激以忠义，侦贼所在，督率往剿，奋以身先，由是民争效命，杀贼无数。闻该府忌之，谓其喜事轻进，而邑民实共爱戴，楚北来京者，莫不交称焉。

一、陕西华阴县知县倪印垣，办事能以实心实意。举行团练使，在未经奉檄之先。办理之善，人称为关中最。

一、山西知县傅猷著，前任神池、猗氏诸县，有廉吏之称。言貌朴讷，而审理词讼，公清素著，可以挽回吏习，感励士民。现不知在何任。

一、贵州候补知州韩超。该员在黔，与候补知府徐河清、守备高天泽，均以谋勇兼优著称，而三人中推该员为最。唯性不肯逢迎，不能获上，是以未显。

一、浙江兰溪县训导林鹗，该员前以岁贡在广西学政孙锵鸣幕内。当桂林被围时，随同防守出力，及见贼解围，特献议请即多发兵勇，扼守兴全，无使外窜。其时以省城紧要，不能尽从。该员胆识兼优，颇娴武略，在籍倡办团练，为乡里推服。现任教职，亦时以团练劝谕士子。前年台匪肆劫，赖以无害。

以上十二员，皆经再三访求，因而记之。谨恭折上陈，伏乞圣鉴训示。谨奏。

【附】

上谕：王茂荫奏，保举循声素著之府县等官一折，前因军务省分委用需人，谕令督抚于属员中察其才具官声堪胜道府之任者，据实保奏，原因各督抚身任封圻，于属员之贤否必能灼见真知，并非从前通谕部院大臣保举人才之比。今据王茂荫奏胡启文等各员，其所列事迹或得自传闻，或自加评骘，虽不纯系虚声，亦未必尽能确实。惟既据该侍郎胪列入奏，亦自应详加访察，以备采择。所有折内开列之告病大兴县知县胡启文、河南光州知州郑元善、四川黔江县知县孙濂、广西平南县知县李载文、前任山东单县知县卢朝安、前任陕西西乡县知县田福谦、山东济宁州知州黄良楷、湖北候补知县葛致远、陕西华阴县知县倪印垣、山西知县傅猷著、贵州候补知府韩超、浙江兰溪县训导林鹗十二员，有业经各督抚保举者，未经保奏者，其平日才具官声，是否与该侍郎所奏相符，均著该督抚秉公确查，如有才能出众堪膺简用者，即行据实保奏。钦此。

（录自《王侍郎奏议》卷九·省稿四）

## 条陈夷警事宜折

（文已录《政治思想篇》）

## 办理团防广求人才折
### 咸丰八年四月二十五日

奏为恭折奏闻事：

窃臣奉命办理团防，自当随同周祖培等，与五城御史悉心筹画，而官绅士庶闻而来见者，臣亦必延接以资访询。连日所接之人与所闻之言，率皆忠愤郁勃，觉人心颇为可用。惟是欲用人心，必由圣心为主。圣心内断于中，所弗许者必终勿许，斯所当为者乃可有为。至于当为之中，巡防特重。现在曾经城守战阵者少，当以集众思、广众益为急要，似宜令巡防王大臣出示：凡有所见者准其呈投递，凡有所能者，一技一艺准其自行呈请考验；即非己能而确知人之有能者，亦准具呈保请考验。验果有用，即行收录，以期群策群力之用。

愚昧之见，是否有当，伏乞圣鉴训示。谨奏。

（录自《王侍郎奏议》卷九·省稿四）

## 请饬察看发往军营各员片（节录）
### 咸丰三年六月三十日

"……前据太常寺少卿王茂荫保奏庶吉士傅寿彤，已有旨发往河南军营，交陆应谷察看具奏。钦此。"仰见圣虑周详，务裨实用至意。臣思凡开列人员请旨发各省军营者，在陈奏之意只以军营需材，但有一长足备任使，即欲发往，以冀多得一人之力，早收一日之功。军中攻战劳苦，应无安逸可图，即求升用，必待有功，与他项保举不同。在发往之员，必能有裨实用，方为得力。若于实用无裨，转足虚糜兵饷，是保举不嫌于宽，而察看必宜于密。所有前后保举发各省军营之员，均应请饬各省统兵大臣察看是否有用，以别去留，正无庸以系奉旨发往之员，稍存瞻顾。

再，臣前于正月开列有用之才，单内有已革广西候补州同杨培堃一员，于道光二十七年湖南匪徒雷再浩滋事，勾结广西匪徒罗亚旺、范得连等围攻平乐府，该革员带勇杀贼，颇著战功。以年前在署来宾县任内有案罣误，未得保奏，废弃可惜，故请发向荣军营差委。嗣闻人言，多有谓其出身不正者。臣意军营需材，贵能杀贼，当先问其人之能不能，至其出身之正否，似可俟大功告成，再行分别定议。唯该革员之能杀贼，臣仅得自访问。现计已到向荣军中，该革员果如所闻，自当立见。应请饬向荣一并详加察看，如该革员果有可用，不妨暂留；如系谬得虚名，则废弃自其本分，即应奏明，饬令回籍。

臣历次开列人员，多出访闻，不敢谓无所误，实不敢有所私，谨据实直陈，伏乞皇上圣鉴训示。谨奏。

【附】

上谕：太仆寺卿王茂荫"奏发往军营各员请饬察看，以别去留"等语，自军兴以来，内外臣工保奏各员，迭经降旨，发往各军营差遣委用，惟该员等能否得力，自须从实甄别，以免滥竽。着各省统兵大臣于各员到营后，随时察看，凡已经著有劳绩及才具可用、实有裨益者，自应留营差委；其于军务不甚得力者，或查有别项劣迹者，即着奏明，分别撤回查办，不得以特旨发往之员，稍事姑容。钦此。

（录自《王侍郎奏议》卷十一·补遗）

# 请将张凯嵩发往营差委片
## 咸丰三年六月三十日

再,臣闻前广西即用知县张凯嵩,湖北武昌府人,乙已进士。道光三十年、咸丰元年在署梧州府苍梧县任时,贼匪肆扰正甚,该员练勇杀贼,贼目邓立奇、邓亚八等皆就擒。后署临桂首县,防堵得力,历著劳绩,由军功保奏以知州升用先换顶戴。该员心地光明,办事敏捷,凡拿贼俱见果决,尤能料事,于军情颇有临机应变之才。闻以杀贼甚多,贼深恨之,陷武昌时特访其家,家属全行遇难,现在丁忧。请饬湖北巡抚查该员,如已回籍,似可就近发往江南,随营差委,以资得力。谨附奏。

【附】

上谕:太仆寺卿王茂荫奏请将丁忧在籍之广西知县、候升知州张凯嵩发往军营差委等语,张凯嵩着湖北巡抚查明,饬令前往江南交向荣军营差遣委用。钦此。

（录自《王侍郎奏议》卷十一·补遗）

# 请将刘子城交郑敦谨察看或酌量调补片
## 未注年月日

再查,给事中卞宝第折内,有风闻山西巡抚英桂才具平庸,防务极为疏懈。河东逼近豫疆,道员刘子城素闻疲玩,尤难恃以办防,求责成郑敦谨将该省防务详细查看等语,等到晋即与郑敦谨商议。据称前在山东、河南,皆曾与该抚共事,知其操守素坚,好恶至正,用人皆极不苟,现在防务尤为认真;询问刘子城则称尚未见过。现亦未闻劣迹。臣等思该抚之清素日著名,应请饬该抚将河东道刘子城察看,如果才不胜任,或酌量调补之处,自行奏明办理。是否有当，伏祈圣鉴。谨附奏。

（此为王茂荫佚折，录自曹天生点校整理《王茂荫集》）

# 【军事观篇】

## 请饬周天爵先行召募片
### 咸丰二年四月二十二日

再，臣闻上年周天爵放钦差时，凤阳颍州一带匪徒闻之，以为将至安徽，敛迹不出者数月，是周天爵颇为强悍之徒所畏服。今钦差大臣由山东而江南，到彼尚需时日，恐成后著。拟请旨饬周天爵就近在徐州或凤阳借款，先行召募，以安人心，俟钦差大臣到时，再行会同酌办。臣管见所及，谨奏。

（录自《王侍郎奏议》卷一·台稿上）

## 筹备安徽防剿事宜折（节录）
### 咸丰二年十月初九日

唯是防必期于扼要，饷始免于虚糜。安省防堵，不在省城，而在安庆府属之宿松。该县与湖北黄梅、江西彭泽均属交界。大江中流，特耸一小孤山，俨为门户，非独安省之扼塞，实亦全江之锁钥。自来元、明御贼，使不得过安庆，全在于此。此处善为设防，贼断无从飞越。顾臣所虑者，不在设防之难，而在得人之难。

## 请严防岳州以固荆武折（节录）
### 咸丰二年十一月十二日

奏为湖南贼匪虽窜，未知所向，急宜严防岳州、荆州、武昌，并请严饬水师，迅速兜围事：

臣读日抄，知湖南贼匪于十月十九日黅夜纷奔，有窜至宁乡之说。而署督徐广缙分饬员弁，防其窜入常德、宝庆。常德固商贾聚集之区，该匪或不无歆羡；宝庆则退回广西之路，该匪自广西来，岂不知该处菁华已尽？臣以为，宁乡逼近沅江，直达洞庭，其窥伺岳州，势所必至……

……倘岳州稍有疏失，则湖北必为大震。大江顺流而下，既无水师，又无厚饷。臣前虽奏请办安徽防堵，扼守小孤山，未知曾否准行？倘江西与安徽江防稍疏，只以不扰民为高，不以先弭患为要，则由长江而下江西之九江，安徽之省城一水可通，并无阻遏，恐江淮人心，亦复震惊。况荆州为古力争之瞰地，康熙年间，吴逆构乱，逼扰岳州，当国家鼎盛之时，亦费全力以取之，现在更宜加谨可知。

## 筹备湖北水陆防堵事宜折（节录）
### 咸丰二年十一月十九日

唯长江东下，由江西九江，过安徽省城，直指江宁，顺流扬帆，不过旬日。漕、盐两务，皆在东南，国家养命之源，一经骚动，关系匪轻。此一路所以最宜防也。陆路一由孝感达河南之信阳，一由襄阳达河南之南阳与陕西之南山。贼若由孝感三里城至信阳一路，南北通衢，可以直犯中原。右由襄阳至南阳，则河洛震惊，若至陕西之南山，则尤宜出没。此两路皆所以宜防也。

防水路之法，请以江西兵勇调至九江驻扎，以江南水师调至安徽之小孤山，拦江截守。以安徽绿营兵弁调扎小孤山之两岸。此处江面最狭，不过里许，而小孤山壁立中流，水师依山据险，迎头奋击；两岸兵弁，枪炮夹攻，贼匪自难飞渡。唯小孤山南岸皆山，有险可守；北岸旷野，非得重兵掘濠修垒，不足以资堵御。且北岸宿松、望江一带，亦系通衢，不可不一律兼防……

从古用兵，北方有事则守襄阳，南方有事则守樊城，此一定之势也……

（录自《王侍郎奏议》卷二·台稿中）

## 请饬周天爵赴安庆帮办防堵片（节录）
### 咸丰二年四月二十二日

河南现已钦派重臣重兵防堵。皇上以封疆民命为重。安徽之与河南，同一与湖北接壤。安徽之兵力不及河南，而安徽之屏藩江淮，较河南尤为吃紧。臣前疏请饬周天爵驰赴省垣，帮办防堵，未见明降谕旨，不知曾否准行。

臣于周天爵，无一面之交，不过深知在臣安徽做官最久，且在庐、凤道任内，地方凶横之徒，不唯畏威，并且怀德。唯其人办事过于认真，同僚属吏往往望而生畏，难保无尼之者。在周天爵，年近八旬，精力虽健，未必更以仕宦为荣。况帮办防堵，成败之际，性命所关，更非安富尊荣之事。臣所以再三冒昧渎请者，诚以安徽之防堵，非庐、凤、颍之乡勇不能行，该勇非周天爵之声望不能用。

（录自《王侍郎奏议》卷二·台稿中）

# 请严守小孤山片

### 咸丰二年十二月十四日

再：臣闻安庆大江，唯小孤山可守。从前元、明之守，载在史册，至今地方犹传。安庆大员，唯臬司张熙宇能办事。以张熙宇守小孤山，似为得宜，而虑其独力难支，故尝迭奏，请用周天爵。乃近闻督臣陆建瀛以小孤山为不可守，今又闻抚臣蒋文庆欲撤小孤山之守，真不可解。舍小孤山不守，不知欲守何地。以为守省城耶？是舍门户而守房室也。省城周围不过九里，倚山临江，无论未必能守，即能守，而贼舍之不攻，亦可直达江宁矣。是不守小孤山，直欲开门而延盗也。然督抚两大员有此意见，一臬司何以当之？即或勉力支撑，必且动成掣肘。贼一过江，此地恐不可问矣。此地不守，而贼即在江宁矣，天下大局可为寒心。伏乞皇上严饬督臣以必保九江，严饬抚臣以必保小孤山。两处有失，唯该督抚是问。并请钦派可靠大员，于小孤山协同防堵，使贼必不得过，江南幸甚！天下幸甚！谨奏。

（录自《王侍郎奏议》卷二·台稿中）

# 选将练兵折（节录）

### 咸丰三年二月十二日

唯是练兵必先练将。将不知兵，虽日事操演，亦似无益。现在承平日久，各旗营大臣曾经行阵者少，未必尽属知兵。但令循例奉行，未免徒成故事。当此时事孔亟，伏乞皇上令各旗营大臣，或选择曾经出师、历过行阵之员，以资教导，兵丁虽年纪已老，亦堪任用；或延访素习武略、谋勇兼优之士，以资讲求调度，虽出自草野，亦许保举。庶几冀得将材，足胜御侮……天下之事，多坏于因循粉饰，似非限以时日，重以皇上亲行抽阅，诚恐积习难以骤挽。

（录自《王侍郎奏议》卷三·台稿下）

# 请速剿捻匪折

（文已录《政治思想篇》）

# 请饬专主剿办片

咸丰三年二月二十五日

再，臣伏见粤匪窜扰以来，湖南设防，久逾一载，湖北、江西亦自元年皆已筹防。即安徽，于上年八月亦经请防，乃在在言防，在在不守。是防之一字，徒以虚糜兵饷，实为历历可监。乃今安省捻匪四起，河南巡抚又行奏请防堵，臣窃以为过矣。夫界连之地，道路交通，防之既不胜防，兵势愈分，则兵力愈薄，防亦断不能防。尝见江西抚奏下巢湖、老鼠峡防守情形：某处兵三百名，某处兵二百名，如此布置，似皆为防字所误。现在各省办理团练，似即所以为防。伏乞皇上严饬各省督抚，专主剿办。各将兵官日事训练，以察兵弁之勇怯，以求技击之精熟。一有匪贼窃发，无论本省邻省，不分畛域，即令该督抚选将督兵，驰往协剿。如安省匪起，而豫东二省即率兵驰而赴之。兵以分而势单者，亦以合而势众。乘其众之未固，谋之未定，一鼓作气，自不难立行扑灭。一处之匪灭，则各处之匪不敢起；邻省之贼灭，即本省之贼无自来。是不言防而防自固，不独贼势可免蔓延，抑亦兵饷不致坐耗，毋得更以防堵二字虚费钱粮，坐失事机。愚昧之见，伏乞圣鉴。谨奏。

（录自《王侍郎奏议》卷三·台稿下）

# 请饬江忠源瞿腾龙驰赴滁凤协剿折

咸丰三年四月二十三日

奏为敬陈管见，恭折奏祈圣鉴事：

臣闻贼匪近日窜扰滁州、凤阳一带，此路可以直犯中原，关系非小。且闻向荣曾经有奏，唯此路恐有疏虞，江北统兵大臣何以全无防备？现闻有旨令周天爵、吕贤基带兵，该侍郎等固当益竭心力。然周天爵之力，足办土匪，恐未足破逆匪。吕贤基一介书生，久任京秩，于外省尚少经历，安能知兵？倘有偾事，虽重治其罪，如国事何？

现在文臣之能军者，唯闻湖北臬司江忠源兵略优长，多历战阵。前已奉旨赴向荣军营，近因广济民变，奉旨令俟剿办事竣，再赴军营。伏思民变总由州县之办理不善，以致激成事端。但能开诚晓谕，惩治为首之长，余民即可解散，与逆匪之轻重难易，迥不相同。现在即有未尽事宜，亦尽可交署提督阿勒经阿办理。且向荣老将，可无事乎江忠源。伏望饬江忠源，即行驰赴周天爵等一路，协力剿贼。

再，臣闻郧阳总兵瞿腾龙勇略过人，现在郧阳似非吃紧，应请饬瞿腾龙驰赴周天爵等军营，以资得力。

再，贼匪若趋凤阳，则与浦口相去几三百里，若于中间一带择要截其归路，则此一股可以悉数歼擒。

是否有当，伏乞皇上圣鉴。谨奏。

（录自《王侍郎奏议》卷三·台稿下）

# 论滁州兵事片
### 咸丰三年四月二十三日

再，臣闻现窜滁、凤之贼不过数千，在金陵、扬州者尚多。若统兵大臣前往堵御，欲趋贼前，则势恐不及。且贼已过清流关，地势平衍，无险可扼，而贼之在金陵、扬州者陆续而来，尤恐堵御不尽。若攻贼之中，则贼之未过者不能过，而贼之已过者必回走，似亦致人之法。

现访之滁州人，据称滁州若失，自滁州之东进兵而西，能径攻滁州，则善矣。或贼多难攻，或贼已守城，而我兵攻其清流关之险，宜于滁州东郊至沙河集，循白米山之麓，西南至清流关，此东路循滁北而西攻者也。若能由三界集至明光集，约淮北大兵同时并举，淮北之兵，由珠龙桥攻关之西北，滁东之兵由滁北循山麓以攻关之东南，则关可复。关复，则凤阳之贼与江阳之贼隔绝不通，在凤阳者既易灭，而从此合攻江宁，亦不难矣。

臣既有闻，不敢隐默。谨奏。

（录自《王侍郎奏议》卷三·台稿下）

# 请饬浙抚无庸防守昱岭关片
### 咸丰三年四月二十三日

再，臣闻浙抚以兵二百名守昌化之昱岭关，该处名为浙与安徽交界之所，实与徽之歙县交界，去臣居仅四十里。逆贼现在安省江北，与徽尚不相及，安能遽由此入浙？且该处昌化、于潜一带，地瘠民贫，匪人虽不能无，然未闻如庐、凤之百十为群者，唯逃兵难民偶由此过，容或有之。应请饬该抚，令地方官立法以拿土匪之借端肆抢，悬赏以缉游匪之逃窜潜踪。凡各乡镇村党，遍张晓谕，土匪滋事，令该祠族保正能捆送者，即行捆送。不能者，即请严拿。一经拿获，立即重处。遇有外来形迹可疑之人，令各处旅店严行盘诘来历，稍涉含糊，即行送官审讯。或系奸宄，或系逃匪，审明照格重赏。倘有逃兵成群肆行抢劫者，遵旨格杀勿论。如此办理，即土匪不敢起，游匪不敢至，幸无庸以兵防守，徒糜粮饷，或且更滋扰害也。若谓万一有事，不可不防，则此二百兵，亦不过一走耳，安能有益？安省徽、宁两府情形，与此大略相似。臣上年十月曾经陈奏，未奉谕旨。应请饬安抚一并转饬照办。至各省防守，如浙之防昱岭关者，恐复不少，请饬各该抚详查撤销，以节糜费，实为幸甚。谨奏。

（录自《王侍郎奏议》卷三·台稿下）

# 论怀庆兵事折

（文已录《人才观篇》）

# 申论怀庆兵事折
咸丰三年七月二十八日

再：臣于本月二十二日因上封奏，荷蒙召见，谕知一切，仰见圣明洞鉴千里，如在目前，庙算无遗，决胜自易。臣实不胜钦服。唯四路进攻一层，臣退归寻思，尚有欲行上陈者：

臣质性至愚，本不知兵。窃尝以作文之法推之，凡文之前后，起伏照应，奇正相生，虚实相间，必以一意行之，而后卷舒能一气。若以数人分段为之，即不相联贯，不能成文。用兵之道，殆亦如是。如一人通筹全局，某处宜先攻，某处宜后攻，必应先有分别。迨意中注定宜攻之处，或先从攻处入手，或不从攻处入手，而转从不必攻处入手，又必先有成谋。至定何处入手矣，何处宜埋伏，何处宜照应，以至奇正虚实之处，莫不各有其宜。此未战之先，所谓谋定而动者，已应如此。至出战而后临机应变，出奇无穷，则尤所谓运用之妙，存乎一心。若兵归各路，不由一人调度，虽约定期日，同时进攻，如文之篇幅相联，而意势不相联，终不足以成文。故扎营不妨分各处，进兵不妨分各路，而调度必须归一人，方足以期得心应手。

伏见二十四日谕旨内讷尔经额、恩华所奏获胜情形，业已各路会合，仍未破一贼营，未见十分得力。且闻河南人言，官兵多不打仗，专守清化镇。清化固属紧要，然能剿贼，则清化自无贼来；不能剿贼，则清化亦岂能守！闻清化距丹河二十里，兵行二十里而战，则足力疲而人亦全乏，得力自难。且丹河距怀庆又二十里，贼营紧绕城外，恐丹河未能望见，勉强至此，似属无益。现在怀庆城内粮已将尽，急不可言。若不迅速解围，势将难保。况闻山陕巡抚均非能军之才，多不足恃。怀庆稍有疏虞，西北各省恐不可问。想圣心自有主裁，而臣实不胜过虑。谨将愚昧之见，附片密陈，伏乞圣鉴。

谨奏。

（录自《王侍郎奏议》卷四·寺稿上）

# 论扬州兵事片
## 咸丰三年八月初六日

　　再，臣思自七月来，扬州迭报胜仗，似为可喜。唯查所报获胜情形，类皆由贼之出，力行抵御。计自六月二十七日起，至七月二十三日止，如所称贼匪窜出某门，经官兵击退；某门内突出贼匪，经官兵迎击；或称某门某地有贼缒下者，约近十次，而其贼或数人，或数百人、千人不等。观贼零星陆续，作为窜逸之势，殆故为此以尝我，欲使我见所出之不多，屡出之不果，而懈为不备。抑或故为多方以乱我，使不知其意之所向，均未可定。贼情诡谲，自三月后，并未大受惩创，未必穷蹙思逃。贼果欲逃，必有声东击西、明修暗渡情事，当非似此光景。恐系蓄养已久，另有奸谋，伺我之隙而出，若统兵大臣狃于所见，将来一旦大肆闯出，恐不能御。应请饬各统兵大臣，细察情形，以揣贼计之所出，早为筹防。至贼出虽不知其期，计终必出。贼出必及安徽，安省江北有防，而江南无防。沿江一带如芜湖、鲁港、荻港以及池州所属各要隘，并无一兵一勇防守，若被贼窜，又将蔓延难收。且浙江、苏、常亦多有路径，可通南北两岸。必处处设防，原有所难；况兵分力单，防亦无益。宜令该地方官，竭力设守。再于水陆两路，各派一智勇之将，管带数千兵，作为游兵，往来侦探，专伺贼之所向，飞行截击，水陆协剿。有此两路截击之兵，可借得力，斯各处防守之兵，亦敢出力。应请并饬各统兵大臣，妥筹办理，实为幸甚。谨附奏。

（录自《王侍郎奏议》卷四·寺稿上）

# 请饬徽州知府驰赴婺源防堵片
### 咸丰三年八月二十二日

再，臣闻现在江西逆贼，窜扰饶州、乐平等处，该处与徽州之婺源、祁门紧相连接。徽处万山之中，四面交界之处，多有崇山峻岭，天险可守。守徽州与他郡不同，他郡务在守城垣，徽州务在守边界。边界守得住，全郡可保；若边界不守，全郡即将糜烂。城垣卑薄，亦断无能保之法。本年自春以来，臣迭以此意致在籍绅士，江西有警，务请本府赴婺源、祁门督办团练防御。乃至今仅闻休、祁两县竭力设防，而婺源无闻，知府亦未曾到祁、婺等处。若知府坐守府城，置边界要隘于不问，将来势必不保。相应请旨饬安抚飞札该府，驰往婺源力办防堵，实为幸甚。谨附片奏。

（录自《王侍郎奏议》卷五·寺稿下）

# 请饬山陕统兵各员逼剿片（节录）
### 咸丰三年八月二十二日

再，臣伏读上谕，知胜保已绕出贼前，可以扼贼北窜。唯恩华等督领大兵，虽云计日可到，究未知在何日。若稍事迁延，平阳城大而固，设贼匪布置周密，势又难以攻破。兵贵神速，伏乞皇上严限诸将以必到之日。到即与胜保等合力围攻，勿更似怀庆之远驻隔河四十里外，实为至急。至贼在怀庆，人人知其必窜山西，以西路虚，而哈芬不足恃也。今大兵率由东、南两路追剿，或绕向北路迎截，必无暇计及西堵。陕省为富厚之区，亦形胜之地，其毗连山西之各关各渡，处处可通，分兵设防，不如扼要堵截。盖兵分愈单，名为无处不防，必至无处能守。若聚各防兵以扼其要，则兵力既足以守，而余处亦无庸防……

自来各省言防守者，紧要之地不过派委员弁，兵卒无多。其大员率拥兵驻扎远处，为藏身之固，以致贼到即破。此时各路防守大员，务令逼紧驻扎，既可大壮军威，尤便相机协剿。若有以离贼远处为必宜守者，即系饰辞以遂其畏缩之情。各省故智必不可许，自更难逃圣鉴。

（录自《王侍郎奏议》卷五·寺稿下）

# 请饬广东选派师船入江会剿片（节录）
### 咸丰三年八月二十二日

（广东水师入江南会剿）则江南江北两岸之贼，不能相互援应，而江西、安徽境上之贼船，归路亦断，势必如鸟兽散矣。旷日持久而费不支，不如厚集兵力以博一战，可期迅告成功……

（录自《王侍郎奏议》卷五·寺稿下）

# 请催僧格林沁迅速赴剿折
### 咸丰三年九月二十一日

奏为敬陈管见，恭折密奏，仰祈圣鉴事：

窃臣闻行军之道，贵揣敌情，尤贵审己力，所谓知己知彼，百战百胜。逆贼北来，意在窥我虚实，以图大举入寇。观其屡次窥窃渡河，竟由温而至怀庆，迨为胜保所迫，势不能北，乃入山西，由山西曲折奔驰，不窜陕境，而仍窜直境，其情可见。临洺不守，我皇上赫然震怒，将讷尔经额、恩华褫职逮治。特简重臣，亲颁将印，统全军而会剿，期克日以荡平。威命一宣，固已万姓欢颂，加以参赞大臣僧格林沁于受命之日，即奋兵而过良乡，志将灭此朝食。参赞出，而前放之统兵大臣培成多尔那木凯、达洪阿等，无不随出。其势足以吞贼而有余，天下翘首仰望，以为数日之间，贼必尽灭。

所谓兵贵神速者，参赞实为得之。不意行至涿州，遽闻扎营，迄今十日，各路皆不前进。京师消息纵极慎密，奸细亦必侦知。贼自初六渡河，其迁延于深晋之间，而不遽来者，亦料我之必有大兵也。至大兵出而不见动静，贼有以知我之勇怯矣。臣闻参赞谋勇优长，想其在涿，自有深意，非寻常所能窥。若欲遂为防守，则臣窃谓非计。自逆贼窜出广西，至今皆为守字所误。远而衡岳，近而临洺，何处不防？何处能守？此前车之至鉴。夫守所以防贼来，我能杀贼，贼从何来？我不杀贼，贼来又焉能守？向之言守者，皆怯也。且守亦必审时势，果使贼众我寡，贼盛我衰，锋不可当，力不能制，因而持重以老贼师、疲贼力，待贼粮尽，然后一举灭之，此亦有说。今贼自怀庆窜逸，止于数千，即有裹胁，亦不过万，而我军不啻数倍，是贼寡我众也。贼既屡败，又奔驰数千里，其众已疲惫不堪，而我军蓄锐既久，一鼓作气，是贼衰我盛也。我方操此胜算，而贼以疲惫无援之孤军远来送死，不即灭之，而何待耶？况战则利在我，而守则利在贼。时至今日，有万不可以言守者。贼住一日，既可养息，亦便裹胁。我住一日，锐气日堕，精气日销。贼人所过劫掠，行不持粮。我军需饷甚繁，部库告匮，坐守一日，糜饷不知若干。设贼不遽来，亦不遽去，进不敢战，退不敢撤，如此数月，饷绝兵溃，不待贼至，而已自困矣。遑言守乎？今为守之说者，必曰："剿贼可任之胜保耳。"夫胜保之卒，在怀庆攻剿两月余，在山西又奔驰月余，其力亦至疲矣。臣闻善御马者，不竭马之力；善用兵者，不竭兵之力。胜保之竭力如此，臣窃危之。就令胜保常胜，亦恐能胜之而未能灭之。盖单骑进剿，贼可避而狂奔。设北来之贼，由山东而南窜，南方之贼破庐州而北来，两路会通，纵横东豫，则天下更不可问矣。

总之，此番之贼，断不可使有一人得返，有一南返，贼必轻我而更来。为今之计，贼方以怯疑我，即因其情而用之。愿皇上密饬王大臣等，明发号令，按兵防守；阴选敢战之将、敢死之士数千人，潜师疾趋，昼夜兼行，离胜保营数里驻扎，暗与会合。俟胜保攻战急时，陡出参赞旌旗，挥兵直击。贼众狃于官兵逗留之积习，必不料我骤至，一旦出其不意，不啻从天而降，于惊惶失措之余，一鼓灭之，使各路之贼咸知大皇帝之威灵，参赞之谋勇，京营劲旅之利害，心悸胆栗，不敢更生北窜之念矣。若专以剿贼之事，委以胜保，竟使胜保即能灭贼，而大将军与参赞，不出一奇，不动一勇，使贼知胜保以外，我更无人，将来贼众必且大至，恐非防守所能御也。伏乞皇上宸谟独运，迅赐旋行，殄既来逆党之气，戢未至匪徒之志，灭贼壮威，在此一举。

臣受恩深重，莫效涓埃，目击时艰，不堪再误，谨将管见所及，缮折密陈，伏乞圣鉴训示。谨奏。

（录自《王侍郎奏议》卷五·寺稿下）

## 庐凤练勇请发口粮折（节录）
### 咸丰四年二月十二日

然闻参赞大臣僧格林沁、统兵大臣胜保等各营所带之勇，未尝不给口粮。庐、凤关系中原大局，现当吃紧之际，兵力难恃，不得不兼用练勇，可否请饬抚臣福济，于调用防剿之勇，一体发给口粮、火药，抑或令将官银票发交该绅董等，自行变通。

（录自《王侍郎奏议》卷六·省稿一）

## 请将徽州暂隶浙江折（节录）
### 咸丰四年四月初六日

窃臣前见安抚福济请饷折，内称"江南四府信息不通"。又见请防堵徽、宁片，奏称"江南之池州、太平二府，现为贼匪出没之区，所有宁国、徽州、广德三府州，逼近贼氛，防堵极为紧要。臣等相距较远，文报或阻或通，筹饷拨兵，悉苦鞭长莫及"等语。是徽、宁、广二府一州，该抚之不能远顾已可概见。宁国、广德一路，钦奉谕旨，令潘锡恩在籍团练，当可无虞。

唯徽郡僻与浙省相错，处万山之中，距庐最远。陆路既极崎岖，水路又不与江通而与浙通，故自来安省皆食淮盐，而徽郡独食浙盐，盖前人之因地制宜已如此。本年正月，匪徒攻祁、黟，劫财物，掳民人，其势方炽，一闻浙有援兵即至，遂惊走退去。是徽州有事，本省救援不及，必赖浙以救之。且徽处浙上游，为浙之西路门户，若有疏虞，顺流而下，以达于杭，实有建瓴之势。唯入徽之境，率皆崇山峻岭，能保徽州，方能保浙。况苏、杭素称富庶，久为逆匪觊觎，其所以不即攻扰者，以常、镇一路有向荣以扼之。上年扰及饶州，本年扰及祁、黟，未必非窥伺浙省之意。臣愚以为为今之计，似宜稍为变通，以徽郡暂归浙江管辖，缓急相援，可以借浙之力保徽，亦可借徽之力保浙。唇齿相依，庶期得力。

又臣闻上年徽属劝捐之钱集有数万，至今未闻奏报。想文报尚有阻隔，解运钱粮自更可知，此福济之请饷所以称信息不通也。若暂许由徽解浙，即由浙省报拨，实为甚便。一俟军务告竣，仍行改归旧制，以符定例，似亦因时制宜之一法。可否请旨敕下安徽、浙江各抚臣，察看地势情形，酌量办理之处，伏乞皇上圣鉴训示。谨奏。

（录自《王侍郎奏议》卷七·省稿二）

## 论胜保折
### 咸丰四年闰七月初九日

奏为敬陈所闻，恭折仰祈圣鉴事：

伏读上月上谕："胜保围攻高唐已将两月，进攻总未能得手，兵勇亦有伤亡。蕞尔孤城，逆匪为数无多，何致日久负隅，屡攻不拔？乃本日奏，仍以挖濠铸炮借词迁延，似此劳师糜饷，何日始可蒇功？等因，钦此。"仰见圣明远照，策励必严至意。

臣维该大臣之从军也，人皆以杀敌致果削平祸乱期之。比到扬州，屡见胜仗；旋因追贼，由安徽而河南、而山西，奔驰数千里，转战无前，所向克捷。皇上鉴其奋勇，授以威柄，所以奖励之甚，至天下仰如神人；谓国家得此人为统帅，贼可计日灭矣。乃自入直境，声名顿减，因而攻独流不下，攻阜城不下，今并贼数无多之高唐，攻之亦不能下。中间虽有临清追贼之功，然闻由贼中自启猜嫌，互相攻杀，因而乘之，非真该大臣之能。且沿途杀贼，有黄良楷、徐有信两州县，亦非尽该大臣之力。似该大臣入直以后，绝无一可称者。夫以一人之身，而前后异辙、利钝相反者，何哉？今之论者以为该大臣意殆，谓高唐破后，必责以破连镇，责以南下而破金陵、镇、扬，彼自计不能，因而养此小寇以自安。又或谓该大臣为小人所惑，现已耽于声色玩好，日饮酒为乐，不以军务为重。臣谓该大臣素以报国自命，当不至此。唯以臣所闻，则其无功盖亦有由然者。

臣闻该大臣有不得民心之道焉。谢子澄之保天津也，天津之人爱如父母，而乡勇之力亦实足多。设令该大臣到津，即将该令极力保奏，将乡勇从优请奖，则足以收民望而作士气。乃计不出此，而津人之心遂不属之矣。张亮基之在山东也，民颇称之，乃当正带兵勇连日杀贼之际，突闻被参，一时咸为不平，谓该大臣以私意相劾，而东人之心又不属之矣。此其不得民心也。

乃又有不得将心之道焉。当其乍膺统帅，年轻资浅，诸营宿将未免轻视。而该大臣既不能谦冲以用群才，又未能调度出奇，如周瑜之有以服程普，故其不甚听令处有之；至达洪阿被参，而诸将听令唯谨矣。乃该大臣与诸将绝少见面，曾不聚而后谋，谋而后动，每日但传令派某军出队，其出队之如何运谋，如何制胜，即领军人不知，其余将弁又安能识大帅之心？不能得心，安能应手？夫分营围剿，其间距数里、十数里不等，必待令而动，则南营战而北营坐观，东面攻而西袖手，固无足怪。然兵至于不相救应，岂有胜理！军务机宜，间不容发，贼虽诡谲，岂无间隙可乘？有可乘而莫之乘，往往都成错过，则不得将心之过也。

且又闻有不得兵勇之心者焉。盖其待兵勇也，厚薄不免歧视，故勇多不为用。至兵宜为用矣，而又以宽纵失之。当其闻令不进，见贼辄退，未尝不肆口痛骂，极称要杀；而一经求免，即止不问。夫军令如山，大帅一言不可苟。苟可下杀，不宜轻出诸口；业经出口，则令出唯行，乃所为必罚也。杀而可以求免，其兵尚可用乎？

凡此三者，有一不得，似即足以偾事。且自来行军，贵在以多算胜，不闻在多出战也。乃闻我军每日每出几成队，望贼营施放枪炮。贼初不出，俟我火药尽而兵气衰，则突然冲出，故兵往往见贼即走。夫兵日出则疲，分出则单，我劳而彼逸，我竭而彼盈，似皆非出胜算，而终未闻变计。

夫该大臣非所以称转战无前，所向克捷者哉，何为而至此？臣尝细加访闻，知该大臣喜人称颂战功，又时以百战威声、一腔血愤自负，而窃有以得其故矣。人心一有自喜之念，则骄矜不期而生。由是谀言日至，善言不闻，一切措施皆误而不自觉。故骄兵必败，自古为戒。夫勇往直前，冲锋不避，此该大臣之能也，然此乃战之能也。古之大将不矜己能，不伐己功，集群谋而必使无隐，用群力而务尽所长，该大臣岂未前闻，而遽以自足耶？现闻该处，贼止数百，兵逾两万，而该大臣方远调铁工，穷搜废铁，以铸大炮为攻城计。夫以两万之兵，攻数百之贼，围之数月，乃谋铸炮。炮铸成不知何日，窃恐贼不能待，必有他变出，而炮无所用之矣。昔诸葛亮兵数败衄，自咎不闻其过，谓诸君攻亮之过，则兵决可胜。田单以破燕之威，攻狄三月不能下，一闻鲁仲子言而下之。该大臣倘法二子，去其骄气而以虚心博采人言，高唐之拔，似无庸更待铸炮耳。

臣于该大臣初无素识，然爱之重之，亦尝称其能军矣。方今将才不易，岂忍从而毁之。无如举动日非，声名日坏，诚恐将以骄矜致误大事，而该大臣亦不得保其功名。用是直陈所闻，伏愿皇上激励裁抑之，又从而提撕警觉之，使之憬然有悟，翻然改为，由战将而进跻于大将焉，则国家幸甚，该大臣亦幸甚。

臣愚昧之见，是否有当，伏乞圣鉴训示。谨奏。

（录自《王侍郎奏议》卷七·省稿二）

# 请保护徽宁以固苏杭片

### 咸丰四年闰七月初九日

再，臣闻向荣营中，于上月中盘获奸细，探知瓜、镇江面不能畅行，往来拟由黄天荡直达苏、松，恐此路防堵严紧，则由徽、宁绕赴杭州、苏州，以苏杭粮米所出，必须取为持久之计等语。六月杪七月初间，果有贼船七百余只，突入池州大通河，已抵青阳，将分路由徽、宁窜扰入浙。闻浙抚臣分派兵勇往援，嗣后不知该匪船退出与否。

臣思浙江虽似完善，而兵单饷竭，人所共知。该抚臣尚能将本届全漕运津，京师人心藉以安定。即苏省本年未经办漕，若年复一年，浙之嘉、湖近苏诸郡，势必效尤，抗不完纳。是今必得早奉严旨，饬下新任苏抚臣，督属预筹新漕事宜。况该省岁收丰稔，积谷必多。今贼匪已觊觎及此，岂可不急为之防。保护浙、苏，必先保护徽、宁；欲徽、宁之晏安，必先于江面上游太平、芜湖、池州三口岸，派委水师得力将弁，多带师艇、拖罟，红单各船，于各口岸堵剿兼施，联络上下声势。但能不令一匪船阑入内河，则所以保苏、杭，以保全明岁南漕者，为功实大。倘此三口不能扼守，而徽、宁稍有疏虞，则顺流入浙，不日可至杭州。浙江未经战阵之兵，即该抚训练激励，不至畏葸，而力不敌众，有堪深虑者。彼时大江南北两帅，以收复镇江空城、瓜州破垒为捷报，臣窃谓所得万不偿所失也。伏望谕知向荣，严饬水师，多派师船，横截太平、芜湖江口；仍望特饬琦善，分拨水师，溯流而上，直达安庆对渡之池州大通河口，实力戒击，与太平、芜湖两口之师船联为一气，不得稍存畛域之见。奏以水师人员与船只兵勇无可分拨为解，则所以为浙江、苏州维大局者，自在圣明洞鉴之中。臣不胜焦虑迫切之至。谨附片具奏。

（录自《王侍郎奏议》卷七·省稿二）

# 论长江形势请急图九江折

咸丰五年二月二十二日

奏为敬陈管见，恭折仰祈圣鉴事：

窃臣知识庸愚，见闻浅陋，各路军情鲜能深悉，然于访闻所及，而以形胜揆其大势。窃谓南方之势全在长江，长江之要全在九江。此陆建瀛当日之败逃，所为关东南全局也。夫以曾国藩、塔齐布水陆两军，三日而克武汉，长驱直下，势如破竹，独于九江数月不下者，盖贼以九江为扼要，故悉全力以守之，如扬州爪步，虽屡挫败，终不肯舍之。今之分窜汉口，正欲使我师回救，彼乃得保九江而无忧耳。若曾国藩等一行回救，不独前此之功废于一旦，即后此欲复至九江城下，窃恐难矣。何则？贼惩前失，但得我师一动，必悉九江之全力以上拒，使我不能下行也。贼势之盛，全在得长江千数百里之地姿其游行，数省沿江郡县姿其劫掠。兵无阻处，粮无断处，故得肆行无忌。今自汉口至九江，其间亦几六百里。我兵驻九江不退，则此段江面为我有；虽不回救，而与上游声势联络，尽可调兵拨船于其间，贼终有畏忌，不能往来自如，一退，则全江皆为彼有，下游消息不通，纵留兵于九江，亦必被其拦截。此九江之所以万不可舍，而回救之非策也。

或曰不上救武汉，则下攻金陵。此尤不能。九江以下彼必皆有防守，我兵岂能直达？倘贼情诡谲，故纵兵东下，因而抄袭我后，腹背受敌，祸更难测。为今之计，唯有专心一志，力图九江。九江未下，不独将不可轻动，即兵亦不可多分。九江既下，亦必多用兵勇，扼要驻扎，以成重镇。盖此地为贼所死守，即为贼所必争。其守瓜镇者，意在扼我之吭也；其守九江者，惧我之扼其吭也。我得其吭而扼之，彼岂肯遂甘心？唯以重兵驻之，以大将守之，使汉阳之贼不能下窜，安庆之贼不能上驶，全江之险为我所踞，上下调度，呼应皆灵。此九江之守与不守，得失攸分，而万万不可轻动者也。其攻九江之策，曾国藩等自必筹之已熟。而由臣愚见，我兵若由间道入江西，

215

与江西之兵联为一气，从南康、星子一带水陆横冲而出，彼必难防。若曾国藩由内攻入，塔齐布等由外攻入，似更易于得手。湖面既清，江西安堵，更可招募练勇，多备饷需，为严扼九江之助。至于汉阳之贼，总督则有杨霈，将军则有官文。若能办贼，似不必定须曾国藩等二人；若皆不能办贼，专恃二人之来，则恐二人虽来而亦无济。然此则在圣明筹度之中，非臣下所敢妄为拟议也。

臣以愚昧之见，私为悬揣，是否有当，伏乞皇上圣鉴训示。谨奏。

（录自《王侍郎奏议》卷八·省稿三）

# 请饬张芾往徽宁一路防堵片
### 咸丰五年二月二十二日

再，臣闻徽州现又被贼，贼屡窥此，意必有在。此地倘为贼破，则以建瓴之势东下浙江，固在意中；而西道江右之饶州，一湖相望，又将与九江声势联络。且由徽而与池、太之贼，三面以攻宁国，宁国势不能守。宁国不守，则安省之江南四府已为打成一片，而苏、杭处处皆通，于大局甚为可虑。

徽州处万山中，四面崇峻，原自有险可守。无如府县皆甫到任，而本地绅士又鲜御侮之才。学政沈祖懋闻现带勇赴渔亭防堵，素少经练，恐亦难恃。即浙抚极力维持，亦止能固东方一面。窃见前任江西巡抚张芾，曾奉旨交和春、福济差委，江北大员颇多，可否请敕将张芾派往徽、宁一路，择要驻扎，筹办团练防堵事宜。资其声威，加以董劝，当较得力。

是否有当，谨附奏。

（录自《王侍郎奏议》卷八·省稿三）

# 论浦口防兵不宜调动折

咸丰七年九月□日

奏为地方关系紧要，防兵不宜调移，恭折奏祈圣鉴事：

窃臣思浦口地方最为扼贼北窜之要，三年间贼窜皖、豫、晋而至直隶，即由于此。上年春，偶将浦口防兵调移至扬，贼遂乘机大股而来，攻陷浦口，径趋六合围城，非张国梁救援之速，血战之力，杀退贼兵，遽复浦口，则六合已不可保，而贼遂北矣。是可见贼情固日思由此北窜，专伺隙而动也；是可见浦口防兵万不宜轻有移动也。且当张国梁克复浦口时，水路亦赖有叶常春等艇师在江面截杀，是不第陆营之兵不可动，即水路之兵亦不可动。

前车之鉴，所宜加意。乃近闻浦口防兵有调往瓜、扬之说，该处仅留兵五百名，并将久驻浦口得力之水师一并调开，绝无防堵，不独对岸下关观音门之贼船，可以扬帆而至浦口，即江浦城内之贼，亦可出而与南来之贼并攻六合。窃思六合坚守数年，贼之垂涎甚久，结恨甚深。若此自撤藩篱，倘一旦有警，救援不及，不独该县忠义之民尽成灰烬，可为悯惜；且六合不守，则由泗达淮、毫无险守，贼将直趋而北，尤为可虑。不知统兵大臣何以出此？如谓调守瓜、扬，则瓜、扬守已数年，并非兵少，何以必撤浦口之兵？如谓防贼北窜，则浦口亦北窜之路，何以反行撤防？此事利害安危，所关甚巨，臣偶有所闻，甚为焦虑，不敢不以上陈，务求皇上迅饬统兵大臣，不宜专顾扬州一面，必须通顾全局，即将所调浦口之营兵与水师，赶紧仍发回浦口防堵，以杜贼心窥伺之萌，以免上年窜扰之失，是为至幸。

是否有当，伏乞圣鉴训示。谨奏。

（录自《王侍郎奏议》卷九·省稿四）

# 论夷战水不如陆片

### 咸丰八年四月二十五日

　　再，臣闻现在之要务，以定人心为主；而人心之奋勉，以知敌势为先。天津之民犹前日杀贼之民也，前日何勇，今日何怯，盖缘不知逆夷虚实。见逆夷大炮雷轰电击，以为天上神人，非人间所能敌，故一见即溃耳。不知逆夷大海之战较贼匪为长，内河及陆战较贼匪为短。何以言之？逆夷之船坚炮利，止可施之于海上，至入内河之三板船，大仅数丈，炮仅数百斤，最大者不过千斤，况河窄则转舵不灵，水浅则易于浅搁；深入重地，前可迎击，后可断其归路，是内河水战已不足畏。至于登陆以后，该夷腰硬腿直，走动不灵，既无马匹，又不能扎营立寨，离船十余里即不能照应。其队虽整，可以散胜之。散则枪炮所伤必少，四面可以围击。交战之时，马队宜在后。盖马队太高，不能避其枪炮，恐多受伤。当用步队居前，见其放枪炮时，步兵伏地而避，随伏随起，随起随进。战胜之后，追亡逐北，则以马队前进，不难一鼓擒也。

　　粤人所以能制之者，尤在善用抬枪。盖抬枪平打，刚中敌胸，且用弹比手枪为大，群弹比手枪为多，其弹之所到又比手枪更为远。或为一条龙打法，或为五梅花打法，连环转换，接战不穷。又不比大炮之一发而不可再接，盖大炮施于海船则甚利，施于陆战则甚钝。逆夷腿直，素不习此。粤东士民所以虽败而仍敢拒敌者，深知其伎俩有限也。现在逆夷虽踞粤东省城，不敢远扰各村庄一步，此陆战之尤不足畏也。往年辛丑之役，各省官军以数万计，水师接战，不崇朝而尽溃；及其距北门外四方炮台时，舍舟登陆，失其所恃，数十村庄乡民奋臂一呼，并无枪炮纪律，但以苦其荼毒，纠合千百之众，斩木为兵，揭竿为旗，遂能杀之殆尽，逆夷之畏民自此始。咸丰四年，土匪滋扰，兵勇出战时，逆夷从旁观者咸谓广东兵可用，其抬枪尤可畏。此次之乱也，粤东屡信来京，备述迭次陆战兵勇之伤总较逆夷所伤为少。间扰沿海地区居民，虽有数百逆夷登岸，而乡勇数十名亦敢挺身迎敌，深知其无能为也。凡此称述，皆出曾经目睹身历之粤人。臣深思其言，似于军务有裨，谨录。请饬下巡防王大臣阅看，以备采用。谨附奏。

（录自《王侍郎奏议》卷九·省稿四）

# 请饬潘铎办理陕西军务折
### 同治元年四月二十日

奏为敬陈管见，恭折仰祈圣鉴事：

伏读日抄，知川匪已窜赴阳平，豫匪亦窜越富水，现在各省，唯山、陕稍为完善，京饷兵饷多取资于此。若陕省再有窜匪，则山西恐亦难保。必得设法堵御，赶紧剿灭。因思办理军务，贵得其人。该抚瑛棨未经兵事，恐非御侮之才。臣闻署云贵总督潘铎，行为贼阻，现驻陕西。该抚前在湖南，守城御贼有效，兵机将略，年来尤为究心。现既阻陕，则云南军事鞭长莫及，可否请旨敕下潘铎，就近先行办理陕省军务，而令瑛棨以员弁兵饷资给之，与张芾分投剿办。三人同心协力，庶可迅速蒇功。至于办理之法，先贵熟悉地方形势。臣所识有陕西蒲城举人权以巽。于该省形势险要，言之详尽，谨将该举人所著《保关陕说》恭录进呈御览。

再，该省陇州知州邵辅，于军务颇能用意讲求。咸丰十年，见川省有事，虑及陕省，曾上保卫关中十策，深为切中，而当时不用，以至于今。夫事未至而先虑及，非有心人不能。

又，富平县知县江开亦娴军务，而才不甚纯，然驾驭得宜，用其才而不为所用，于事未必无补。该二员均安徽举人与臣同乡。昔唐臣崔祐甫有言：非亲旧孰知其才？臣为大局力亟起见，不敢引避小嫌，请饬交潘铎差委，试其能否，如其不能，则请罢之。

不揣冒昧，敬请以上陈，是否有当，伏乞圣鉴训示。谨奏。

（录自《王侍郎奏议》卷十·续稿）

## 请止调南苑兵赴陕折

### 同治元年四月二十八日

奏为敬陈管见，恭折仰祈圣鉴事：

臣闻陕西军事，现调拨南苑兵，又命德兴阿为之统领，闻者人人诧异。夫将者，三军之司命也。君不知将，谓之弃其国；将不知兵，谓之弃其师。盖古人之慎重若此。德兴阿前在扬州、天津偾事，有明征矣，何以保其此后之不偾事乎？现在可称为完善省分者有几？国家之有陕西，实不堪再为尝试矣。

南苑之兵，甫议训练，非已训练也。臣固未知其兵如何，然以时日计之，则共见共闻，无如此迅速之理。夫以不训不练之兵，剿办贼匪则不足，骚扰地方则有余。出京所过之地为山西，必将首被其害。现在所恃为财命根源者谓何？国家之有山西，实不堪再为扰害矣。夫陕西邻省有湖北，有河南，河南则现有僧王大营，湖北则现在无事，其地皆较京师为近，就近调拨，自较得力。想圣虑必已计及，京兵即去，亦来不及，似可无事调动。且此兵一动，则天下皆能窥我之虚实，而长贼匪之戒心。何也？一调拨而即动南苑兵，则国中之兵可知也。臣愿德兴阿姑且少止，而留南苑兵益加训练，则足以壮声威而张国势。朝廷举动，务须谋出万全。

臣愚昧之见，是否有当，伏乞圣鉴。谨奏。

（录自《王侍郎奏议》卷十·续稿）

## 论成明不可赴军营请用宝山折

### 同治元年五月初八日

奏为敬竭愚虑，再行渎陈，恭折仰祈圣鉴事：

窃臣见近月各路军营消息渐好，良由上年以来调度得宜，将得其人也。

是将得其人则利，不得其人则害，有明征矣。

上月二十八日奉上谕："成明现赴军营，直隶提督着宝山署理。钦此。"臣因而考之，成明人甚体面，上年朝阳之役，功绩卓著，似乎将才可恃。然闻是役也，成明初在山口月余，探得胜保兵有抵朝阳者，恐胜保来成功，始一举进口。迨贼被剿，逃逸出口，裹胁皆散。有头目四百余名，驰马东逃。适锦州、义州两路兵勇，迎头西上，后路追兵又至，贼皆窜入罗家台之烧锅聚。该聚约有四里，兵勇午刻四面合围，专候将令，即用火攻。先喊令良民想法自全，聚中已哭声震地。成明于申刻到，不准火攻，定于次日剿办，改作三十余里之长围。贼二鼓窥黑龙江围已弛，驾牛马大车冲逸，成明五鼓始知。奉省各属由此被扰，柴宝善至今未获，是成明之为将恐未尽善。现在陕省之军务似乎稍缓，山西之滋扰尤为可虑。得已则不如其已，不得已则莫如竟用宝山。臣闻宝山系属孝子，朴诚忠勇。该员酒量甚大，自倭仁以书戒之，遂尔断酒。自奉天来者，人人所言皆同。该员带兵，似可不致滋扰。此时地方不敢求其有益，先欲求其无损。

臣非敢故为阻挠，缘命将事大，臣既有闻，不敢不以上陈，为此再行渎奏，是否有当，伏乞圣鉴训示。谨奏。

（录自《王侍郎奏议》卷十·续稿）

# 附陈陕西军事片
## 同治元年五月初八日

再，臣闻陕西人所说人事地宜，谨采四条，敬呈御览。

一、河南归德府知府祝垲，系陕西人。该员勇敢杀贼，业已著闻。又，兴安府平利县训导史兆熊，该员系汉中人。兴安、汉中两府处万山中，与楚、蜀接壤，该员于两府地利情形，最为熟悉，且为众所推服。从前粤匪由楚上窜，竹山失陷，贼已至平利界关，竟被击退，一切布置，该员之力为多。请旨饬令祝垲回籍，与史兆熊协力办团剿贼。

一、南山各处木厢铁厂、纸厂、炭洞工作，计不下数万人，同州之大荔及沿河盐碱工作，手指尤繁。此等皆无业游民，一经歇业，易与匪勾结。宜急令各厂东主，缮造花名，报明本县令，会同绅耆，设法各给口粮，团为义勇，重悬赏赐，分遣其众，守各县边远境界隘口。其各县附近要隘，择绅耆之有胆识者，严密固守。万毋视该工作等为不肖，遂相弃绝，致令无所得食，甘心从贼。彼等熟悉道路，而又惯于登高涉险，是故又为贼添数万劲卒矣。

一、现在二麦被野，民间一闻贼警，必不待其成熟，收获入堡。间有愚民惜其未熟，应令乡间之稍有知识者，务早劝谕，令民芟刈。为清野计，即万一芟刈不及，宜付之一炬以绝望，则贼无粮足恃矣。

一、兴、汉各属，为陕省西安屏蔽，急须安抚，使各防险，以防贼窜扰。现闻已调湖北省兵弁赴援，宜令会同兴、汉各营，及乡绅团勇，分守各紧要隘口。贼一败归，必图盘踞，一有不慎，必致蔓延难图。此尤不可不慎也。

（录自《王侍郎奏议》卷十·续稿）

# 陕西军务日志

四月初二

寄（官文于）骆秉章、瑛棨：捻扰商南，如汉中再有川匪，愈行棘手。骆派兵与陕省合击。瑛饬张守岱速剿布克坦，失利革留，乃革带兵。骆催牛树梅赴川，即令毛震寿赴陕。

四月初五

寄官文（于）严树森、英桂、瑛棨、孔广顺、张芾、郑元善。贼已入陕，孔会杨飞熊等军夹击，楚、豫边界要防，瑛扼河严守。

十一

寄官文（于）骆秉章、严树森、英桂、瑛棨、郑元善、孔广顺、张芾，传谕毛震寿：贼窜南山，川匪扰及南郑。道员周祖颐何未接仗？潼兵能否调回？何丙勋恐不□□□□□□□□□□，如再玩误，军法从事。骆即饬毛震寿带兵一千，绕赴汉中。

十七

寄（官文于）托明阿、瑛棨、张芾、孔广顺、英桂：晋防吃重。英饬和昌、刘子城等扼潼关，孔剿孝义等贼。如兵不足，托等添派。川匪过宁，是州县已派萧积恭返剿，瑛饬汉中文武会击。

十八

寄官文（于）骆秉章、托明阿、瑛棨、严树森、郑元善、英桂、孔广顺：贼窜琰安，孔移兵蓝田速剿。瑛严守省垣，张激团接应，郑即饬杨飞熊速赴，陕官等饬郧兵赴陕阳丰肃清。骆饬萧积恭往永宁速收汶山西防务，英妥筹。

十九

寄官文（于）胜保、托明阿、沈兆霖、瑛棨、郑元善、英桂、严树森、孔广顺、张芾：据奏贼偪（逼）省城，在大峪口乌兰都受伤，孔移蓝田，山阳、雒南二县危急。另股在商州白杨店等语，官等饬郧兵由襄樊驰剿，如尚有，可调派金国琛带汪胜，调精兵二三千赴陕。马得（德）昭抵甘，选兵二三千赴陕，各路援兵均临。孔暂率黄河船，提归北岸。

二十日

寄（官文于）托明阿、瑛棨、张芾、孔广顺、英桂：据王奏，潘铎尚住陕，瑛即令商办理军务，邵辅、江开如可用，调营，权以巽《保关陕说》抄阅，京师派兵二千五百赴陕，托等商剿。

二十四

寄官文（于）严树森、郑元善、托明阿、瑛棨、孔广顺、张芾、英桂、陕省未见续报，各路援兵迅赴，郑催徐荣柱并往。英（瑛）即出省驻扎，与徐继畬等布置，经已到川，谕令赴陕。

二十六日

寄（官文于）托明阿、瑛棨、孔广顺、张芾、英桂：孔即截回蓝田窜匪，胜保太和布置粗定，即今赴陕，柯克僧欲薄惩，如再不得力，正法。

二十八日

寄（官文于）托明阿、瑛棨、孔广顺、张芾：据王奏，史兆熊可用一切，查看办理，原折抄阅。

二十九日

寄官文（于）严树森、沈兆霖、骆秉章、托明阿、瑛棨、孔广顺、张芾：贼回窜蓝田，孔即返剿，托等严守省城蒲同一带，豫防官等与曾商于多隆阿、舒保，二人中派一人入陕，请留曹澍钟，不准行。回悍，善用之。

五月初二

寄（官文于）瑛棨、张芾：有人奏，闫丕敏等弃隘有心，贻误商州。州牧曹熙锁送瑛棨古玩等物，孔节节逗留，致贼深入，王琢荃贪鄙，与韩奉华表里为奸，该抚近在同城，何无觉察？即秉公查奏，孔免议，原折抄阅。

初八日

寄（官文于）托明阿、瑛棨、孔广顺、张芾、英桂、郑元善：贼由渭南华州直逼潼关，汉回互斗，如回再勾合匪众，更棘手，瑛、张持平办理。哈连升笼络回民，孔督军痛剿。回悍，张应整团借助。

十五日

寄（官文于）托明阿、瑛棨、孔广顺、张芾、英桂、郑元善：贼扑潼关，已由小路赴陕州。陕中贼情如何，托等速奏。汉南贼窜青石关后，情形如何？阌乡、陕州与晋接界，英侦探前进。

补十一日

寄官文（于）严树森、沈兆霖、多隆阿、托明阿、瑛棨、孔广顺、张芾、英桂、郑元善：潼关严防回滋事，晓谕解散，援兵各路迅赴陕。

十六日

寄官文（于）多隆阿、瑛棨、孔广顺、张芾、英桂：官等奏，今多隆阿已明谕，多暂办陕西军务，山阳、华阴是否贼据，多探确进扎，尤应屏蔽晋省。京兵已行，英探明，咨带兵官择要驻扎。何绍彩等军官文饬，相机进止。

十八日

寄（官文于）托明阿、多隆阿、瑛棨、英桂、郑元善、孔广顺、张芾：仍防回窜。多隆阿沿河西上，从阌乡一带迎击，或派雷正绾赴陕，多应驻适中之地，以防北窜山阳踞匪。孔会同徐荣柱兜击成明京兵，英商布置豫之贼即迎剿。马德昭已折回泾州，托等催赴汉中。今毛震寿分剿曹□一带，回至遵化、渭安等县，张仍持平办理。

二十六日

寄（官文于）骆秉章、多隆阿、瑛棨：多带兵起程，即饬雷正绾赴陕。多仍驻适中之地，扼防北路，与官等随时声气相通。川匪陷太平，骆派兵堵剿，催毛将汉中布置，即速赴西安，汉回互斗，持平办理。

二十九日

（寄）官文（于）骆秉章、托明阿、多隆阿，吴振棫、严树森、郑元善、英桂、瑛棨、孔广顺、张芾：山阳贼窜郧西，川匪入汉南。又，汉回互斗，官等巡饬金国琛赴郧，并饬颜朝德会剿。多催雷正绾驰赴商南，多由□前进，即赴秦中，陈大□股逼枣阳，官等饬欧阳正塘迅攻川匪至黄官岭等处。托等催马得昭前往汉中，暂同邹学塘剿，吴振棫即折回陕，与瑛筹办汉回事。张尚在仓头镇查奏成明，仍驻蒲同一带，会英布置。

（录自王茂荫五世孙王自珍见示手抄件，又见曹天生《王茂荫集》）

# 遗　札

启者：敝府处万山中，天险可守，又地僻粮少，无所可贪，故自古鲜见兵甲。乃今忽遭此难，若非大力救护，几于不可复回。自念生长其间，位至卿贰，于桑梓之地丝毫无补，每至中宵，愧恨不寐。

窃综前后之所闻，推祸难之由致，因思贼之入徽，实青、石之人所招。青、石招贼入徽，关徽勇之奸淫掳掠致之。而勇之所以如此，则以花会之人为之也。夫始借义练之名，以行其花会；继用义练之势，以行其勒捐。

冒滥自由，贪残以逞，而人莫谁何者，潘炳照也。彼一庠生，非官长信之任之，胡以至此？岂非达误于前而沈复踵于后哉？！今合郡之人，怨潘入骨，因并归怨于达与沈。其实平心而论，不独沈欲保徽，即达亦非欲祸徽，所以为潘愚者由，达专信门丁李琢堂，沈专信门生汪芷庵也。达信李，而潘结李以通之，沈信汪，潘因结汪以通之。潘固祸魁，而此二人者则尤祸魁中祸魁矣。三人不除，何以服人心而纾公愤。今闻李尚在徽，将谋充新府门丁，其人狡猾神通，设新府竟复用之，害将胡底？自上年屡上书黄寿翁，其时汪尚未出。但请必办潘李，并将义练局收捐之钱，严查勒交，滋事之勇，严惩酌减。因谓团练之法，贵在劝边界附近各村庄团结防守，断不宜招募，招募之勇宜聚总处，日事训练，以为各路救应，不宜令之散出。乃寿翁听而不听，于捐项虽亦令查，于练勇竟置不问。且属人告侍谓必如其意保徽，不能如其法办事，不用此勇更将何用？若靠民人防守，贼至唯有磕头求命耳。呜呼，岂知今日练勇能招贼而不能御贼，固有甚于磕头求命耶。倘听侍言或不至此，今日亡羊补牢，不得不求阁下，能好能恶，端赖仁人。此数人者实祸我徽，敢乞图之，恐其闻风逃脱，或反其意以诱致之。再不然即使不敢在徽境，亦稍以解人恨也。无任翘切，伏维垂鉴。

谨又启：闻青、石人不得已而告于贼者六十余纸，所告八名潘炳照、吴玉富、汪芷庵三人为首，其次则江澳、徐廷鉴、曹思模、叶希杰、鲍宗轼。

（录自王茂荫五世孙王自珍见示手抄件）

# 【吏治思想篇】

## 条议钞法折

（文已录《经济思想篇》）

## 驳部议捐纳军功举人生员片
### 咸丰二年九月初二日

再，臣见户部以需饷孔殷，奏请准士子报捐举人、附生，援嘉庆、道光年间奉旨赏给举人之案，以开推广捐输之例。又引道光十三年，升任御史朱嶟奏请停止捐赏举人，所奉宣宗成皇帝上谕，极言今昔情形不同，以期必行。事属已成，似难中止。然臣窃惜其无益于目前，而徒贻讥于后世也。举人、秀才，天下所贵，天下之士，莫不攻苦力学以求之。其间妄希侥幸者，亦或间有。顾其意，不独以乡、会试为进身之阶，亦为榜上一名，可以能文自负，夸耀士林也。若竟出于例捐，既无科分之可称，又无同年之可认，见者或多窃笑，谈者罔不鄙夷，谁其愿之？当道光十三年，虽有捐赈邀赏举人者，究竟捐者几人？朱嶟之奏停，非见捐者之多而奏，乃见捐者之浸已无人而后奏，部臣殆未深考耳。在部臣之意，或谓前次捐数逾万，故捐犹少；今减其数之半，自必倍形踊跃。不知人因其贵而贵之，因其贱而愈益贱之矣。

夫入资拜官，虽非善政，然自汉以来有之。至报捐科名，则古所未有。臣闻筹国大臣于此一事惧阻人言，谋之甚秘，发之甚速，以为可以立致千万，故甘冒千古之不韪而不辞，其用心固亦良好苦，而考之未详，虑之未深，将来无益度支而徒伤国体，窃恐诸大臣终将悔之而已无及也。

至于奏中所称"不得不于无可筹画之中，为此万不得已之计"等语，在大臣，不妨面奏，似不宜形诸奏折。此抄一发，何异以情输贼耶？计不及此，则所益未见，所损已多矣。

臣愚以为，方今筹饷，不徒在于来处，而且尤在于用处。广东军兴年余，共用饷八十余万。广西虽有不同，亦何至遂用千万？臣见户部奏催广西造报军营员弁兵勇数目、日期一折，历历指向，固已屡催罔应矣，然尚觉有问所未及者。如各省解饷，均在全州交卸，赛尚阿奏年州殉难折内，有四川解官候补知县卢金第、安徽解官候补府经历陈垚二员。夫既有解饷之员，即有所解之饷。若谓饷银已解赴粮台，则解员必久经回省。今解员既在城中，则饷银未出城外。乃守城方十一日，而原奏称兵丁已数日饥饿，既不可解，又未见将各省解到之饷，因城陷而为贼所得者，实计若干，确查奏报，此中盖有难言矣。夫不求饷之用必得济，而任委诸盗贼之手，縻诸老弱之兵，销诸不肖员弁之浮冒，虽日筹捐输，似亦徒劳。

臣自知愚昧之见，未能有补，而耿耿中心，难安缄默。为此，谨奏。

【附】

上谕：前据户部奏请捐纳军功举人生员一折，着不准行。钦此。

（录自《王侍郎奏议》卷二·台中稿）


# 条陈军务事宜折

（文已录《人才观篇》）


# 请速剿捻匪折

（文已录《政治思想篇》）

# 请饬江忠源瞿腾龙驰赴滁凤协剿折

（文已录《军事观篇》）

# 再请宽贷胁从以信恩旨折（节录）
### 咸丰三年八月初六日

　　臣于上月二十八日，奏"贼中逃回难民，请从宽贷，以符恩旨"一折，迄今数日，未奉谕旨，中心惶迫，夙夜难安。伏念贼营胁从难民，本年自正月以来，迭奉恩旨，许以自拔来归，均从宽贷。今遇贼中被胁逃回之人，复拿交刑部治罪，是使恩旨不信于天下矣。夫信，国之宝也，民无信不立。圣人虽至去食、去兵，而终不敢去信。以皇上之圣明，岂不知此！……

　　方今逆贼披猖，到处蹂躏，各省大吏不足恃，各路将帅不足恃，各营兵力均不足恃，所恃者，列圣之深仁厚泽，久深入民心，皇上之爱民如子，又固结乎民心，民心实服我国家也。然而数年以来，民苦于贼，又苦于水，又苦于贪黩之地方官。兼之兵马之过境，不能不资于民；团练之经费，不能不出于民；军饷之捐输，不能不借于民。所以固民心，独赖皇上恩旨迭颁，读者咸知感颂皇仁耳。若恩旨有不信，民心其尚可固乎？民心不固，天下其可恃乎？……释一二人之事虽小，而所关甚大。

（录自《王侍郎奏议》卷四·寺稿上）

# 请禁收漕规费片
### 咸丰三年十月二十三日

　　再，臣闻江浙滋事各州县，唯上海系小刀会勾通乡勇谋逆，淳安之梓桐源系盗匪，余如江苏之嘉定、青浦，浙江之临安、新城、于潜、长兴，

附录一

229

均以困于钱漕而起。银价日昂，钱漕二粮既因以增，而浮收折色又日有加无已，民苦不堪，怨嗟载道。奸民乘机煽惑，以挟制官长。始而拆毁衙署，姑为隐忍；继而殴官毙役，又强为弥缝。及至戕官作乱，乃不得不奏办，而劳师动众，已不易于收拾矣。在征粮之时既以如此，至征漕之时恐益可虞。当此筹饷方股，万无减免之法，然正供不可省，各色杂项陋规可省。闻有漕州县上司有规，绅衿有规，即土包地棍亦有规，不如此不能肆其勒折浮收。若将各色陋规严行裁革，一石不收至数石之多，则良民既可少安，匪徒无所藉口，当不致滋生事端。然此其权首在督抚，次在州县。督抚不收规费，遇有告漕之案，即行查办，州县何敢浮收？州县不肯浮收，绅衿士棍亦何敢索规费？所谓本端而末自正。应请饬有漕省分各督抚，洁己率属，戒州县毋得勒折浮收。一有控案，必行严办，斯民无冤抑，而地方自靖。时际艰难，谅各督抚亦必有同心也。

臣愚昧之见，伏乞皇上圣鉴训示。谨奏。

（录自《王侍郎奏议》卷五·寺稿下）

# 论徽州续捐局扰害折

（文已录《经济思想篇》）

# 请暂缓临幸御园折

（文已录《政治思想篇》）

# 论徽州练局积弊折

咸丰五年六月二十八日

奏为请筹济用，并除祸本，恭折奏祈圣鉴事：

本月署吏部侍郎沈兆麟，因徽州连年被贼，多向浙请兵请饷，奏请添设皖南巡抚。奉旨交军机王大臣等妥议，臣亦随同议上矣。唯臣见闻所及，有徽州现时之急务，请更为皇上陈之。

一、请急筹济用也。地方经兵燹之后，劝捐匪易，济用为难，然有非难者。徽自三年劝捐设防，即歙一县已捐钱八万余串，用至年底，尚存四万余串。四年春，义练勇局出而再捐，又收数万串，秋后学政饬各县捐输，又收十万余串。各贷捐厘七千余串，茶引捐厘银数百两，府库存银三万两，济惠堂银数万两，乡试卷烛银数千两。此外，尚有提取各项存典本银，各邑所收钱粮，各邑捐输银钱，并浙省与建德协借银两未详数目，统计以钱合算，总不下七八十万串。今年正月即称饷匮，岂上年一年竟能用尽？其中隐存者甚多，一行严查，自然即出。

闻四年正月以前收捐，皆由歙令刘毓敏。该令夏间丁忧，将银钱册籍皆带公馆，任催不交。至今年贼近，乃遂逃归山东原籍，其时贼未到城，不得籍口被抢，此可查出者一。

上年贼扰祁门，退后有劫掠未能带去之米数万石，存各大姓祠堂，官兵到后，即为封起。议以济祁邑难民而未行，究竟作何用去，此可查出者二。

义练局到处勒捐，自收自用，糜饷数十万。练勇并无花名册，发饷并无报销册，其浪费固不堪言。然有置产者，有寄顿者，此可查出者三。

学政设筹饷局，捐项皆交府库，学政但发实收，颇为清楚。后来有自收自发者，人初不知。因学政传钱号入验银色，见银甚多，且有金条，均称系捐项，乃始知之，此可查出者四。

二月初六日，练首潘炳照等见贼已逼，将发出在局之惠济堂存典本银，朋分而走。十一日，潘炳照探贼未到，复持刀至府库，强取千金以去，时库尚存五六千金，署府门丁宋姓拿去二千，余者库吏杨大昌、礼吏孙培分而携之，皆有书院司事许良贵目见。又，学政委管街口抽厘之林用光、吴瑛皆浙人，闻郡城破，即将收存未解之项朋分，顺流各归乡里。因分不均，有持刀相杀之事，此可查出者五。

又上年冬，各邑所征钱粮解交府库，以备解庐州大营有数万两，均未及解。贼未至前，该署府曾有安顿，此可查出者六。

以上各款，数皆不少，但能查出，即可济用。且一行清查，各捐户见所捐不至尽成虚掷，亦必勉而再捐矣。

一、请严除祸本也。徽州之难，由于练勇非人。而练勇所以非人者，则知府达秀误以花会之人为之也。该府初颇禁花会，缘禀生潘炳照素结门丁李作塘为兄弟，窥该府方欲练勇，因共诱以听开花会即可敛钱聚勇，平时无需养费，有事可以得用。既入听，遂招向为会首之吴玉富行之。树旗帜大书义练局，聚无赖不法之徒以广开赌场。然犹仅收赌场钱，未至济公饷也。上年祁贼退后，吴玉富带花会人同往，耀武于无人之地，搜刮附近财物以报功。该府信之，而留其勇为防堵。乃更于各邑遍开花会至数百处，赌场益广，勇势益横。集勇不过二、三千人，且来去无常，而虚称四千余名以领饷。借官以毒民，而民莫如何，借勇以挟官，而官莫如何，一时贪利附势之徒，又从而张其焰以助之。各隘口有设勇为防者，必撤之而易以花勇，绅士有异议者，则使毁其家，殴辱子弟。以致正人屏息远避，而该府自知被误而忧急以死。学政沈祖懋之至徽也，初亦有闻。潘炳照入谒不得见，势稍敛。讵有黟人汪致安，时出入沈署，自称为沈门生。潘因密结之，以通门丁与幕友，声色货利，恣各所欲，于是学政署无非为潘言者。乃复使人请潘，凡三请乃至，吴玉富亦然。时署府恩禧、署县博铭与合郡人皆知练勇糜饷滋事，甚至将建德之源头等处焚抢几二十里，该处人痛恨入骨，必将有难。且平日从无训练，贼至必然溃散。而学政则唯言是听，任其冒滥非恣而不禁，且亲书"新安捍卫"四字以赠玉富。又凭玉富口称欠发饷数万，请作捐项给以都司衔实收。于是人人皆知祸难之必作，而贼果至矣。贼至而勇即溃逃，且布散谣言，乘机抢掠，一一如人所虑矣。今合郡恨潘、吴二人，咸欲生食其肉。二人因为祸本，然非倚知府与学政，何能至此？则李作塘、汪致安又祸本中之祸本也。数人若不严除，则鬼蜮之技，势必百出，难将靡底。至其党与甚多，难以尽举。然助恶分肥者，悉载人口，一访可知，均应分别惩办。至学政本文学之才，未习团练，一任练勇等所为，在其意殆欲羁縻以为用，而不知此种不正之人，不练之勇，专为糜饷而集，胸中早办一逃，断无可用之理。且一用此等人，必至声名被其所坏。潘炳照等借称学政清苦，于茶厘每引为扣二分五，又适缘一富室以重贽拜认门生，遂有"苦不苦，茶厘只扣二分五；清不清，拉着捐户拜门生"之谣。今贼虽退，人惴惴然咸虑学政引潘炳照等复出，使花会再开，匪徒重聚，则徽之内患即不可为，故有谓"学政一日不去，徽难一日不止"者。物议繁滋，虽难尽听，然众口所传，未必尽属无因。应请饬该学政勿管收捐练勇之事，实为幸甚。

以上二条，实为徽州现时之急务，请旨密饬浙江、安徽两抚，转饬现在徽州之委员，即行查办。至徽祸始终，皆由花会，尤宜饬地方官严行禁断，务必绝其根株，地方有幸。

臣因见闻所及，敬以上陈，是否有当，伏乞皇上圣鉴训示。谨奏。

（原载《王侍郎奏议》卷八·省稿三）

## 时事危迫请修省折

（文已录《人才观篇》）

## 荐举人才折

（文已录《人才观篇》）

## 条陈时务折

### 同治元年三月初八日

奏为敬陈管见，恭折沥陈，仰祈圣鉴事：

窃臣以衰朽之资，荷蒙恩旨，中心感激，寝食难安。数月以来，极力调理，气体虽经少愈，而言语仍形蹇滞，自揣尚未复原，因思报国惟有进言。臣力无以效犬马之劳，而臣言或可为刍荛之献。谨就见闻所及，摭缮五条，为我皇上陈之。

一、天象示警，急宜修省也。臣伏处通州，闻街市纷纷传说，正月初八日日象有三大晕。又二月初三日星象亦有变异。近且风霾屡作，雨泽愆期。臣不知天文，亦不知钦天监曾否奏闻。窃谓天道昭于上，人事见于下，天人感应，捷如影响。如上年秋冬间之事变，五月即有星象昭示，盖变不虚生如此。伏思皇上奉两宫皇太后，端拱深宫，议政王孜孜求治，以辅弼我国家，政务清明，何应有此。然机兆于微，而患萌于近。天之示象，不必其事之已见，原予人以修省可转之机。臣伏愿皇太后、皇上与议政王，交儆于微，毋忽于近，随时随事，皆存戒谨恐惧之神。增一分修省，则减一分灾异，增十分修省，则减十分灾异。天不可欺，必以至诚无伪之实心，行震动恪恭之实意。所谓应天以实，不以文者。存之于中，不必宣于外。庶几化大为小，化有为无，斯有道之象自见矣。

一、责任重大，务宜专一也。臣闻用人者，必惜人力；用马者，必惜马力。昔东野稷以善御见鲁庄公，而颜阖决其必败，为其马力竭也。汉相陈平，唯兵刑不知，钱谷不对，故能出奇计。唐太宗责房杜曰："公为宰相，当须开明耳目，访求贤哲，比闻听受词讼，安能助朕求贤？"臣自上年冬月，奉传军机处，见议政王所管各衙门，庶务纷至沓来，几于应接不暇，心窃虑之。方今用兵省分半天下，机务已极繁重（多），部院奏上事件，均须献替拟旨。往往一事之来，有非殚心研虑，能得其窾要者。昔周公至圣，犹且思而不得，至于夜以继日。议政王虽明敏过人，然过劳，则心力分而神明易竭。臣愚以为，议政王宜专心机务，其余事件，综其大纲而已。臣意圣心非不知此，特以诸凡重务，必议政王管理方可放心。然两重相形，则尤重者自见。若议政王精神周察于各将帅督抚，与各部院大臣，务令皆得其人，则内外就理，军务自平，天下可不劳而理矣。

一、言官宜务优容也。伏见御极以来，广开言路，优奖谏臣，亦云至矣。嗣乃有获咎者，虽其咎由自取，然臣窃恐诸臣动多顾忌，不敢尽言也。昔者唐太宗厌上封事者多不切事，欲加谯黜。魏征曰："古者立谤木欲闻己过，言而是，朝廷之益；即非，无损于政。"宪宗以谏官多谤讪朝政，欲谪其尤者一二人，以儆其余。李绛曰："人主孜孜求谏，犹惧不至，况罪之乎？

如此杜天下之口，非社稷之福也。"古来贤臣之言如此。且匪直此也，人之学识心术，原自不一、正可因言以知其人。若人皆缄默，则贤否转无自而分。伏愿圣心法大知之舜，隐恶扬善，斯嘉言罔伏。臣为天下计，非为一人计也。

一、府尹不宜兼部务也。伏读谕旨：石赞清著兼署刑部侍郎。查顺天府管辖二十四州县，事务殷繁，属官时有禀见，当一一审其才能；直隶时有会商，当一一酌其可否；即贤能之员犹恐精神未能周到。似不宜再兼部务。况刑部事务亦繁，必须逐日到署，若不存心部务，则虽添一员，亦如无有；若将部务存心，则一心难以两用，且由府至部来往几二三十里，两缺皆繁，而日废二三十里工夫，亦殊可惜。又顺天府有咨刑部衙门案件，刑部有札行顺天府案件，两署之事不必一一符合，设有驳改斟酌之处，而刑曹以府尹为本部堂官，多所迁就，亦非慎重公事之道。臣见道光年间，府尹不兼刑部，亦犹刑部堂官不兼步军统领，虑其有所窒碍，意深且远，盖专辖之任，不比兼尹也。

一、奔竞之风，宜杜其渐也。臣闻通商衙门行走司员，皆从各衙门取送，不知当时奖励章程如何奏定，乃今甫及年余，一概优保。有今年甫行到署不过月余，亦得保者。臣窃以为过于优异，恐有流弊。若通商衙门保举如此，则各衙门当差人员，皆以营求保送为得计，而于本衙门事件悉皆抛荒。恐奔竞之风，日开其渐，不可不防也。

以上五条，是否有当，伏乞圣鉴训示，臣不胜感激悚惕之至。谨奏。

【附】

上谕：王茂荫奏天象示警、急宜修省等语，所奏甚是。朕以冲龄，寅绍丕基，兢业罔敢怠荒。乃自正月以来，日星垂象，雨泽愆期，昨虽得有时雨，农田尚未沾足，此皆由修省未至，弗克感召和甘。所幸天心仁爱，悬象示警，深切著明。因思感应之机，捷如影响。我两宫皇太后，朝乾夕惕，惟日孜孜，朕尤当益加寅畏恐惧修省，以承天眷。其议政王以及各部院大臣，亦当交相策勉，如有政事缺失，必应随时匡弼，直陈无隐，俾得庶政修明，用副应天以实不以文至意。钦此。

上谕：王茂荫奏"请饬议政王专心机务、事总大纲"等语，朕奉两宫皇太后亲政以来，因念时事殷烦，特授恭亲王为议政王，在军机处行走，原期事总大纲，用资匡助。近闻各部院于应办事件，往往窥探意指，先期向议政王就商。在议政王向以公事为重，自不肯以一人之见擅行裁定，而各部院大臣皆出自特简，庶绩厘凝，全赖该大臣献上替可否，以臻妥协，即举措或有未协，亦当力争匡救，用辅不逮，方合古大臣忠亮之义。其一切应办事件，各有专司，只宜斟酌例案，断不准多所揣摩，借口禀承，致负委任。其议政王所管各衙门随同办事之大臣，亦均身列卿贰，遇有意见不同者，不妨独抒己见，与议政王公同妥商。岂可依唯画诺，稍存推诿之心！议政王于一切政务，当综其大纲，如有各部院办理未协者，并著尽心纠参，用副寅亮天工，庶官无旷之至意。钦此。

上谕：王茂荫奏言官宜从优容等语。我两宫皇太后亲裁大政，言路宏开，虚心采纳，乐闻谠言。前因御史曹登庸于会议定陵规制，众论佥同之事，先自陈奏，不知大体，并于派办工程司员，率以无据之词，牵涉彭蕴章、绵森等，恐自揣摩尝试、撷拾暧昧之渐，于世道人心甚有关系，特降补员外郎，用端习尚。其余如博桂所奏，词意庞杂，无裨政治，仅将原折掷还，亦未加以谴责。本年御史刘庆奏请饬正奏疏体裁，所言殊属非是，且意近迎合。伊古名臣奏议，无非以国计民生重大诸务为经纬，该御史既为言官，茫昧无知，率请饬正体裁，岂言官建白，必有故套可循，亦将其原折留中，以示优容。至纠劾劣员、条陈时政者，无不立予施行，即或事有窒碍，言涉浮泛者，亦各节取所长，以宏达聪明目之意。嗣后该科道等官，于一切政务确有所见，足以裨益时政者，仍著据实直陈，无稍徇隐。朝廷将细察其才识言论，破格优奖，以作敢言之气，用旌直臣而收成效。将此谕知科道等官知之，刘庆折并著交内阁发抄。钦此。

上谕：王茂荫奏保举太滥，宜杜其渐等语。据称"总理各国事务衙门司员，甫及年余，概行优保，且有甫经到署不过月余，亦得优奖，恐滋流弊"等语，所奏不为无见。总理各国事务衙门前于保奏司员折内声明，系办理外国事件，与各部院事务不同。且事属创始，诸形烦剧，是以未照奏定年限，破格请奖，当经特旨允准，用示鼓励。等恐此端一开，各部院衙门司员有所藉口，致滋流弊。除此次所保各员业经允准，著吏、兵等部，毋庸照寻常劳绩核减外，嗣后该衙门务当照奏定章程，以二年为限，择其资格较深、办事勤慎者，酌保数员，照例奖叙，不得意存见好，概行保奖，以符定章，而杜弊端。钦此。

上谕：刑部右侍郎著吴存义署理，石赞清著毋庸兼署。钦此。

（录自《王侍郎奏议》卷十·续稿）

# 请查办军营功赏虚冒片
### 咸丰元年十二月二十日

奏为军营功赏闻有虚冒，请旨查办，以肃军政而厉士心，恭折奏祈圣鉴事：

臣伏读九月二十日上谕："广西军兴，为时已阅一载。现在逆匪窜聚永安，当此贼势穷蹙、士气奋扬之际，统兵大员等自当乘机鼓舞，多方激励，严明赏罚，更足厉士气而肃军心。其官兵员弁，遇有保举参劾，尤须核实平允，庶人人知感知奋，定可迅奏肤功。等因，钦此。"仰见圣谕谆谆，务重严明赏罚至意。乃军营中之报功犹在多虚捏欺冒，如臣所闻，前任博白县游长龄及该县绅士朱德璲，尤虚冒之甚者。

查游长龄上年议办团练，章程简明不扰，曾经两广总督徐广缙饬属通行，似系有用之才。讵知遇贼以后，专务欺饰，其业已显著者，如先经捏报奸毙贼匪刘九，嗣经广东生擒，奉旨饬查，而广西仅以"该员据人禀报，并未查验"等语复奏，将游长龄交部议处。夫以著名贼首，竟敢捏报奸毙，则所称杀贼无算者，可想矣！

又闻贼首刘八，先充游长龄轿头。本年春间，刘八曾用愚弟帖，差人告知该县，谓"我们素有交情，断不进城滋扰，不必忧惧"等语。是游长龄先既失察肘腋，继复徇情纵敌矣。至于沙河之战，均系广东兵通追杀，而游长龄捏报招集团练六千，帮同堵截。夫果有六千人堵截，该匪何能逃回龙潭、再复窜逸耶？又据报松山之战，贼匪大败，将军头余四被杀；秤钩湾之战，杀贼三百余人，内有先锋十一人。实则余四在松山与匪党吴晚分伙争斗，被吴晚等杀毙，与博白团练并无相干。秤钩湾之战，博白团练大败，并无杀贼之事，何处觅得先锋十一人耶？

闻该县所以得虚名之故，因该县绅士以朱姓为大族，该县署内自教读以至帐房，无非朱姓之人，而与朱德瓒尤称至好。查剿捕刘八保举案内，朱姓共十八人，可见游长龄屡报胜仗，均有朱德瓒督率。实则贼匪内有黄锦泗，因争斗散伙，经博白乡民捉获，朱德瓒将其保出，屡次打仗，皆系黄锦泗带勇，并非朱德瓒督战。贼匪恨黄锦泗至甚，拥众至朱德瓒家，占据房屋，逼索黄锦泗，朱德瓒托出张子兴、林十八二人说合，将黄锦泗献出，始行解去。又：贼匪吴晚一股，曾至朱德瓒家，家属尽逃。有逃不及亲丁二人，躲朱德瓒床下，被贼捉出，锁勒索赎。又：朱德瓒春间带勇协攻徐亚二一股，德瓒为贼所掳，拘禁三日，始得放还。凡此各种情状，共见共闻，乃与游长龄迭刊荐章，渥荷恩赏，人心安得而服，军令安得而行耶？

尤可异者，闻广东擒获吴晚时，于身上搜出印票一张，系游长龄发给，吴晚收执，有令"沿途验放，毋庸查拿"字样。游长龄所行如此，犹称广西干员，无怪军营兵弁皆不用命也！

或谓用兵为国体所关，不得不虚报胜仗，以壮声威，此尤巧于欺罔之词。夫天威远震，何患不迅速荡除？要在善于筹策。若以报捷为得计，倘捷音日报而匪势益猖，其将谁欺？且逆匪想亦知邸抄，倘见朝廷之可欺，愈幸国家之无人，将玩侮日甚，焰益张而计益狡矣。相应请旨，饬下赛尚阿、徐广缙，将游长龄、朱德瓒欺朦情形确切查明。如果如臣所闻，务即从严惩办，以肃军政。此外有似此欺饰者，一律查明办理，庶赏罚严明，军心知所厉，亦贼胆藉以寒矣。臣既有所闻，不敢不据实直陈，伏乞皇上圣鉴。谨奏。

录自《王侍郎奏议》卷十一·补遗）

# 论刑威好恶折

## 咸丰三年六月三十日

奏为敬陈管见，恭折密奏，仰祈圣鉴事：

窃臣见今日贼至繁矣，兵至怯矣，财用至耗竭矣。然而言剿贼则剿而愈纷；言增兵则增而愈弱；言理财而耗财者且百出。何以言之？前之患贼独广西耳，今剿办数年，蔓延各省，是剿而愈纷也；前之调兵独近省耳，今远调至东三省，而初到江南遇贼辄退，是增而愈弱也；前之耗财独军务耳，今南河合而复决，南河甫闻，北河又告，是耗财者百出也。然则处今之势，非力革夫循故蹈常之为，而深探本源以大求振作，不可得而治。

臣闻天下之势有强弱，圣人审其势而应之以权，处强利用惠，处弱利用威。今天下非小弱也，幅员之广，人民之众，古未有也。贼虽滋扰数年，蔓延数省，固未尝窃一郡邑之地也。然而民人有敢于轻视其上之心，将帅有敢于轻视朝廷之意，盖有日形其弱者，何则？逆贼虽多，非有叛州叛邑，皆叛民也，是民之轻其上也。琦善、慧成甫到扬州，迭报胜仗，而今转寂然。谓贼难剿，则前何以胜？谓贼易剿，则后何以不胜？岂兵之初勇而后怯与？抑贼之先弱而后强与？盖其前之胜，敢于欺也；后之不胜，敢于怠也。

皇上谕旨递严矣，而臣闻有闻命不行者，有拥兵不动者。闻命不行，虽周天爵、慧成亦所不免；至拥兵不动，则如琦善奏："双来、陈金绶首先登城，众兵呼应不灵，应接不上"。夫大帅用兵而曰"呼应不灵"，此何言耶？又奏"瓜州绅士水陆进攻，从寡不敌"。夫绅士进攻矣，该处离扬仅二十余里，鼓枻扬帆，瞬息可达，自巳至申，攻战数时之久，即未约于前，亦可应于后，该大臣置若罔闻耶？闻钟淮有二十五次请兵之禀，大帅不应，乃愤而赴敌。初未敢信，今观所奏，则信矣。此二奏者，盖该大臣安坐既久，虑有参奏，特以此见进攻之难，而不知即自具拥兵不动之供状也。不然，大帅有令则呼应灵矣，官兵皆动则众寡敌矣，庸有此耶？方今扬贼困一危城犹且如此，设一旦奋其数月休息之力，乘秋爽驰突而出，何以御之？且各大路大兵日费不知凡几，即使贼无能为，而扼我之吭而不能解，日事糜饷而不能息，亦且自困。而该大臣等悍然不顾，敢于骄惰如此者，轻朝廷也。

自库案不杀库丁而人不畏法，自丰工不杀王熙善而官不畏法；自赛尚阿不能用遏必隆刀而军不畏法。此而不治，必将有大于此，而遂浸微浸消以至于不可救止者。诚欲治之，则不得不用威以立法；欲用威，必自叛民始；欲治叛民，必自将帅始。治叛民者将帅之责也，御将帅者皇上之权也。君者天也，恩则为雨露，威则为雷霆，诚一日赫然振起而用威，用不测之刑，用不测之赏，如风雨雷电不知所从发，而不可遁逃，天下曷敢不震栗！然而王者之刑威贵不测，而好恶必无私。《大学》言："平天下，必先与民同好恶。"自赛尚阿之赴广西也，天下多以为不可，而皇上信之任之，不以人言动之。今天下又有共以为不可者，而皇上又信之任之，不以人言动之。皇上之信任是也，而所信任者非也。天下亦何恶于一二人，第忍有为赛尚阿之续者，时事遂以不可问耳，皇上独奈何示民以私耶？

若夫刑威之柄自上操之，天下谁得而窥之？今皇上亦尝有所严切督责矣，凛之以国法而若不动，何也？以为见闻习惯不过尔也。且以为上方任之，必不见罪；即或见罪，必不见收；即或见收，必不见杀；必且辗转复用。此非独在事者窥之，天下亦莫不窥之，如赛尚阿之不杀，固早在人意中也。皇上操刑威之柄，独奈何使人得窥如此乎，前者张亮基之奏曰："法行自贵，天下无不用命之人；罚不逾时，军中自有震动之意。"一时传诵，以为名言，盖诚有见于此。昔宋臣苏洵感宋之弱，著《审势篇》，反复申论，以为必出于尚威，于今日事势颇多切合。臣虽师其意而言不能明，恐不足以启圣聪，愿皇上取其篇而详览焉。抑臣闻，昔者世宗宪皇帝御天下也，明烛乎人所不及觉，而威行于人所不及防，使一时臣工咸凛凛于咫尺之威而无敢少玩。愿皇上恭阅实录，身体而力行之，于以靖逆难而致安平，不难矣。

臣以一介庸愚，数月之间迭蒙圣恩，不次超擢。自维材识驽钝，气体早衰，无以仰酬高厚，日夜思维，勉竭愚虑，但期有万一之裨，不敢顾祸罪之及。

谨恭折密奏，伏祈圣鉴，无任惶悚之至。谨奏。

（录自《王侍郎奏议》卷十一·补遗）

# 论李嘉端及庐州团练片
### 咸丰三年九月二十一日

再，臣因安徽抚臣李嘉端不得民心，以致省城危急，正在缮折具奏，适读日抄，仰见圣明远照，将安徽巡抚李嘉端革职，而以江忠源补之。臣为乡里幸，更为天下幸，曷胜钦服之至。

查李嘉端所以不得民心之故，首由信任非人。如前任庐州府胡元炜，庸懦贪污，声名狼藉，经周天爵奏参革审，而该抚仍留署篆。有徐淮者，本已革之蠹役，自周天爵为庐、凤道时拿之严，遂报病故。胡元炜乃收为门生，引为该抚腹心，现戴六品顶戴蓝翎。徐淮倚势作威，扰害闾阎，民尤怨恨。又署怀远县杨昌拔，性极贪鄙，上年冬间，忽传京师行钞，禁钱铺不准行票，娄取多赃。今夏逆匪窜扰，官绅方在守御，该县率众潜逃，贼退后县差王成等肆行抢掠，该县回署不问，但搜取良民衣物，名为充公。又将周天爵所获土匪衣物七十余包交该处为团练费者，悉取入署，多以肥己。乡民怨恨，而该抚名为撤任，仍复委任。凡此皆李嘉端之所以不得民心者。今该抚虽已革职，而胡元炜等恐仍用事，请饬署抚刘裕钤，即将胡元炜、杨昌拔等革去职任，重治徐淮害民之罪，以慰民心。

再，庐民勇悍，团练最早。自正月安庆失守，江北土匪肆起，经周天爵令练勇格杀数人，地方稍靖。该抚到任，辄欲翻案，以仇杀办诸练勇。虽经吕贤基力劝而止，而一时团练之人无不离心，以致贼来莫肯出力。臣闻合肥团练惟城中有徐淮用事，正人不出，甚不足恃。各乡皆多可用，如东乡廪生唐会衢、翰林院庶吉士黄先瑜、监生郭有训、南乡廪生吴毓芬、监生姚恩祺、西乡文举人周沛霖、赵凤举、北乡副榜司玙、廪生龚永孚、文生蒯德模、李鹤章等，所办均属有成，每团骁健或千人、数千人不等，一呼可以响应。今李嘉端业经革职，众心必翕然一慰。请饬署抚并周天爵、吕贤基、李鸿章等，赶早劝谕诸团总，勉以忠义，资以粮饷。盖诸人惟龚永孚家属有余，其余均系寒士，力难捐资自效，非资以粮饷不能出力。果得诸人出力，必成众志之城。庐州未失，可以保守；庐州有失，可以即图收复。事关紧要，为此附片具陈，伏乞圣鉴训示。谨奏。

【附】

上谕：太仆寺卿王茂荫奏参已革庐州知府胡元炜"贪污狼藉，将蠹役徐淮收作门生，倚梦扰害，经周天爵奏参革审，李嘉端辄将该员仍留署任"；"署怀远县知县杨昌拔贪鄙婪赃，遇贼潜逃，并任听县差王成等肆行抢掠，李嘉端虽将该县撤任，仍复委用"等语。似此贪劣之员，若不严行惩办，何以整饬吏治而服民心！着刘裕钤即将该员劣款逐一确查，从严参办。并提同徐淮、王成等严审确情，按律惩办。至合肥县办理团练之廪生唐会衢，翰林院庶吉士黄先瑜，监生郭有训、吴毓芬、姚恩祺，举人周沛霖、赵风举，副贡生司玙，廪贡生龚永孚，文生蒯德模、李鹤章，所办团练具有成效，着该署抚传谕该绅耆等，加以奖勉，令其实力董率保卫乡闾，并查明各属绅士捐资出力，能杀贼立功者，即行奏请鼓励，候朕施恩。钦此。

（录自《王侍郎奏议》卷十一·补遗）

# 请将黄元吉李登洲治罪片
### 咸丰三年十月初二日

再，臣闻已革安抚李嘉端初派李鸿章管带练勇千人，驻守东关，于六月间忽令撤减数百名，于八月初又令知县黄元吉带勇往东关，与李鸿章换防。黄元吉于七月初十边已到巢县，距东关仅四十里。李鸿章因贼闯进裕溪运漕，自十六起每日飞函催令前来协助，而总不至。至十九日，李鸿章练勇与贼打仗后，黄元吉夜深始到。二十日早，所带之勇畏贼复来，欲先散去，将东关才镇居民掳掠一空而走，黄元吉不能留亦不能禁。清溪河钓鱼台一路百姓号泣呼冤，称家中都被黄强盗抢尽。李鸿章往查看，各家锅碗俱被打碎，连李鸿章寄存火药亦被抢掳。又，知州李登洲所带之勇亦正骚扰，与黄元吉相似。闻该二员现在革职，戴罪效力。窃谓不能约兵不能恤民之员，必不可用，用之适足误事，断无力之可效。伏乞皇上将该二员治罪，以慰人心。谨附奏。

（录自《王侍郎奏议》卷十一·补遗）

# 先　之

民行有由兴，正己而人正矣。夫民不兴行，为政之大患也。而不以身先之，则未有己不正而能正人者，岂可遽责之民哉？今天下之为政者，动曰教民为先，不知教民特其后焉者耳。峻德未明，即放勋无以致时雍之化；底豫未至，即重华莫由协风格动之休。虽教诫之文，亦明廷所不废。

而从古以来，未有建极不本于惟皇，而能锡庶民于汝保极者也。由问政乎，今夫为政之本，端在君身发政之初。首兴民行，夫民行何以兴哉？一岁三读法，一岁七读法，一岁十四读法，牖民盖綦备矣。乃成康既没，八刑之纠犹存，而民习日偷，遂相率而背明堂之教典。书其德，行道义，书其孝友睦姻，书其敬敏任恤，劝民盖已深矣。乃幽厉以还，三物之升未息，而民风从暴，偏相习而违象魏之悬书，若是乎民行之难兴也。然亦有无难者，吾观处士厉夸修而化及家人门内，具肃雍之象以彼生资各异，岂胥本敦厚于性成，乃何以家有贤父兄，而子弟恂恂尽成醇谨之士也，则以立厥楷模已有先之者也。

匹夫敦善行而薰其盛德，乡邻革凉薄之风，以彼雅操自持，岂有心风厉夫末俗，乃何以一乡有正士，而巷曲无良至，畏姓名之告也，则其以端厥坊表，固有先之者也。况为政者，以其身握四境之枢，一色笑而传诸迩听，以其身系万夫之望，一举动而播为风声，欲民之兴行也，而可不先之哉！

谓位在德元，而祇父恭兄，以为天下率，是为天下而厚其亲也。可乎？

然皇躬敦孝友之修，而起视其民，已有笃天显而念孔怀者，所以大臣之诰君也，一则四作周恭先，再则曰作周孚先，此固当观于变之。所由致而深自勉耳。

谓身处人上，而敬老恤贫以为民倡，是不有兆民而情遂冥也，可乎？然法宫有仁义之举，则万众共仰，已有豆觞无犯，而采蓄无嗟矣。所以家国之治，齐也；本之以先修其身，又本之；以先正其心，此固当思大化之所，由洽而力自尽耳。

盖惟先知可以觉后知，惟先觉可以觉后觉，论至治者不在周官周礼之文，抑惟先之以博爱，而民不遗；先之以敬让，而民不争。治本者不在多士多方之诰。诚能先之，而民有不兴行者乎。

（录自王茂荫裔孙家藏王茂荫《光禄公课稿》）

## 不如好之者（节录）

夫自欺则志不真，自满则功必堕……

理欲不可以并立也，使一念出于理，一念又出于欲。纵举理以胜之，其心不已杂乎？乃若理之所在，不以为理，而以为是吾之欲，而心藏心写，举人间为甘为旨者，俱不足夺其志焉，则其悦理为何如者，义利不可以兼营也。

（录自王茂荫裔孙家藏王茂荫《光禄公课稿》）

## 则民服

民有所由服，其机操自上也。盖服者民，而所以服之之机操乎上。既操其机，而何虑民之应有不速哉？若曰君，今者将欲民之翕然悦服也。君亦知民之所由服乎？夫当服者民之分，而难服者民之情，苟有以深入其隐，而厌其大公之心。将情之难服者，诚无不输而分，所当服者心愈以肃。举直错枉，君毋谓于民无与也。盍亦思有虞之世，不过举十六相与去四凶耳。熙代之隆，不过式闾封墓，与海隅之驱戮耳，其于民也。初，何尝有术以要之，有势以迫之哉？而何以四方遂从欲也，万姓已大悦也。然则民之所由服，亦断可识矣。草野之醇顽各异，而好德之心无异也。不见夫贤者寂处茅庐，民已系引领之望乎？迹其若渴之怀直，以为斯人不出，如苍生何矣，特憾廉远堂高不得向庙朝而行，荐贤之举耳。一旦征辟，所加适有以中乎？其志则欢欣鼓舞，孰不悦吾君藻鉴之明也，悦则服矣！黔黎之趣向虽殊，而恶恶之情不殊也。不见夫大奸尚未乘权，民已怀余毒之忧也。推其顾虑之思，直以为斯人得志，吾侪将无遗类焉，特憾芟夷蕴崇不克龥明廷而申拙恶之条耳。一旦屏逐所及，适有协乎其心，则钦肃严威，孰不敬吾君知人之哲也，敬则服矣！是则君毋疑小民之难保也，夫下劝励之诏，民其与君王哉？人或谓小民之难保，又何难也。而深宫具卓识，贤否不能淆，则比户可喻，早已顺在上之意旨，而捷于桴鼓，彼夫闾巷有好恶之得当也者，父老转相告语，犹时时嗟叹而倾心，几见吾君有旌别淑慝之休风，而下犹有违心也。此固当思协顺之所由来，而密以自慎焉耳。毋谓小民之易欺也，夫严诽谤之禁，民其畏君王哉？人或谓下民之易欺，而又何易也，堂上具神明，赏刑无或滥，则万众共睹，早已仰一人之德意而应以绥和，彼夫邻邦有黜陟之至公者，四境相与传闻，且人人欢呼而踊跃，几见吾君有彰善瘅恶之盛事，而下犹有违言也，此固当审离畔之所由免，而严以自防焉耳，君其念之哉？四门穆穆，无凶人也；四民熙熙，无贰心也，慎斯道也。以往其非惟鲁国之民服，将天下实服。

（录自王茂荫裔孙家藏王茂荫《光禄公课稿》）

# 为查办废员张秉德盘踞书院折

奏为风闻废员盘踞书院，蚕食地方，并捐纳教职，品行卑污，吸食鸦片，恭折奏请严饬认真查办，以重文教，仰祈圣鉴事：

窃维各省书院，原为培养人材而设，理宜选择品行端方，文名素著者主讲，以养士习文风，蒸蒸日上，岂容声名狼藉之人忝居师位，任意盘踞，以为养奸之地。亟闻山西介休县绵山书院已革太常寺少卿张秉德，自道光年主讲，今已十余载。该废员虽系进士出身，并无文望，且其一手一足，废已多年，从不为肄业生童改削文字，每月书院课文，非令学长代看，即徇私任意率列等第。该废员毫不顾忌物议异，但以攫食束修，并向地方官关说词讼，剥削乡里为事，遇事播弄里民兴讼，迨讼成后，向人明言伊为关说，包其讼能得胜，遂肆意从中渔利。若地方官平日不屑，则受其挟制，莫可如何。乡里小民，因官长且畏其刁恶，明知受其黑弄，亦敢怒而不敢言。该废员排行第四，人呼之为张四虎。盖山西十年前有强盗名孙四虎者，以废员张秉德之强横如盗，故从是名之也。每届书院应行更替之时，不肖地方官或被其挟制，不敢乞请更替。或利其关说之事，非妄称其品学，留其蝉联，即捏称生童欲其主讲，甚或由该废员遣其爪牙，捏写诸生名字，为其恳留，该地方官遂为转求大吏，俾免更易他人，是以该废员在绵山书院盘踞十余年之余，竟以培养人材之区，为其私产矣。夫以书院为养老之地已不可，为养奸之地尤不可也。

又，该废员之子张式璹文理本不甚通，该废员为其夤缘入学，形同无赖。吸食鸦片，夜起昼眠，近以其父悖入之财，捐纳训导，指日即膺司铎。重教官职分虽微，而多士悉资表率，所关匪细，似此等吸食鸦片，罪应缳首之徒，岂可滥测其中，致坏士风。亟既有所闻，相应据实具奏，请旨严饬认真查办，以重文教，伏祈圣鉴训示。谨奏。

（录自于王茂荫裔孙家藏零星抄件）

# 致曾国藩信函

中堂大公祖阁下：

三月初，奉复一函，谅已早登签掌。顷见各路捷报，狗逆就擒，想见神算独操，指挥若定，天下不足平矣，快甚！快甚！晚适得家书，正值流离之际，荷蒙远锡多金，涸辙之鱼，再生同庆，感激之下，不禁涕零。惟是尊赐可以救急，而兵饷不敢虚糜，将来在京有需用之处，务希示知，尽管来取，万勿存客气之见。晚家中虽已焚毁，外间尚有一茶业，舍弟辈勉强支持得来也。且晚前书所恳者，为夫除莠安良，则惠泽所被，敝邑之千万人实戴之，非止为一家而已。

专肃申谢。敬请勋安，伏惟垂鉴，不宣。

治晚生王茂荫顿首　端节后二日

（录自中国社会科学院近代史研究所资料室编，岳麓书社 1986 年 7 月版湘军史料丛刊《曾国藩未刊往来函稿》第 220 页）

附录一

# 【管理理念篇】

## 条议钞法折

（文已录《经济思想篇》）

## 振兴人才以济实用折

（文已录《人才观篇》）

## 请饬选募丰北灾民成军备征调折

咸丰二年四月二十二日

奏为敬陈管见，恭折奏祈圣鉴事：

臣窃思军务未息，河工未停，二者最为目前紧要。惟征客兵至数千百里，无论其力不足恃，而所损已多。聚灾民至数十万人，无论其情甚可哀，而势尤堪虑。现闻八旗挑选健锐、火器两营劲旅，未见谕旨，不知将作何用，而道路传言，以为将派员带赴广西剿贼。若果如此，恐非胜算。

盖健锐、火器两营，原以守备神京，一旦调赴剿贼，安家、制装、行粮、折干等项，各有所费。而沿途供给，水陆舟车，纵极约束谨严，究难免于骚扰。跋涉数千里，疲惫已甚，加以天时之溽暑不同，道路之险峻亦异，水土不服，烟瘴相侵，一人病患，千人危惧，欲其奋勇杀贼，难矣。所以，嘉庆初年，剿办川楚教匪于南山之中，勒保奏云："健锐、火器两营京兵，不习劳苦，不受约束，征剿多不得力，距达州七十里，行二日方至。与其久留糜饷，转为绿营轻视。请全撤回京，无庸续调。"当日勒保亲在行间，目睹情形，所奏如此。今日之京营如故，而八旗子弟较前尤为脆弱。广西更远于川楚，道路更险于南山，调遣以往，诚恐非徒无益。臣愚以为，莫若化心腹之隐忧，为干城之上选。

现今丰北停工灾民数十万，无所得食。丰、沛、铜、砀一带，为自古豪杰挺生之地，人民强健，倜尚竞争。当此众口嗷嗷、群情汹汹之际，设有好事生衅者从中煽惑，始以掳掠求生，继以抗拒救死，公然犯法以逞，虽未成谋，实能始祸。加以毗连之凤阳、颍州诸郡，匪徒甚多且横，尤恐闻风响应，非细故也。伏读雍正九年世宗宪皇帝谕旨："各省中膂力超群、艺勇出众之辈，若听其弃置无用之地，深为可惜。令各督抚等召募拣选，咨送兵部，拣派官员训练教习，以备军旅之用。等因，钦此。"此在无事之时，方欲以为收拾人心之助。又，乾隆年间，福建布政司德舒奏云："人情少有技能，必不甘于沦没。果膂力技勇可观，心思材智出众，顾令郁郁闲居，精神意气一无所事，势必纷纭不靖。"亦为无事言之，已不可不早为安置。若素具桀骜不驯之气，适值流离失所之时，迫以穷饿必死之势，恃其猖獗无赖之众，当此之时，散之不能，按之即变，诚有不可胜虑者。现值钦差大臣往江南查办事件，拟请即饬令就便以调遣军营之粮饷，召募其壮健，收拾其智能。灾民虽数十万，除老弱妇女以及愚蠢无用之徒外，智能者不过数十，壮健者不过数千，编为一军，用以剿贼，国家多一有用之士，即灾区少一生事之人。强而多智者既奋勇于功名之路，愚而无知者自安于穷困之余。消患未萌，转移甚便。不但京营劲旅可免跋涉之劳，而此一支生力军幸出死地而入生途，尤可冀其感奋图报，建立奇功也。

臣愚昧之见，是否有当，伏乞皇上圣鉴训示。谨奏。

（录自《王侍郎奏议》卷一·台稿上）

# 条陈时务折

### 咸丰二年七月十四日

奏为敬陈管见，恭折奏祈圣鉴事：

伏见皇上临御二年，求言之诏再下，又于徐继畬之奏，奉旨："嗣后有言责者诸臣，唯当竭诚匡弼，朕亦虚怀纳受。上以实求，下以实应，庶几宏济艰难，俾治理蒸蒸日上也。等因，钦此。"臣职任言官，责在竭诚。而夙夜兢兢，惧蹈空言塞责、激直沽名之弊。又诸臣所言，大端略备，偶有所见，已属余绪。因敬拟为绪言四条，不揣冒昧，敬为我皇上陈之：

一、请密饬内外大臣传谕，以息浮言也。皇上御极以来，励精图治，夙夜不遑，凡在臣工，所共闻见。乃市井细民，时或私有论议。前奉谕旨，宣示中外，并有止谤莫如自修之言。圣上处深宫中，暗修慎独之本衷，宜无不晓然于天下矣。乃迄今数月，浮言似未尽息。夫如采办梨园喜好音律之事，梨园之来，必非一人，所过之地，尤非一处，岂能掩人耳目？今并影响全无，在稍有知识者，亦断断不信有此矣，而愚顽犹未尽解。伏读乾隆三年高宗纯皇帝上谕大学士鄂尔泰等："朕自幼读书，深知清心寡欲之义。上年释服以后，虽身居圆明园，偶事游观，以节劳勚，而兢兢业业，总揽万几，朝乾夕惕，唯恐庶政之或旷，此心未曾一刻放逸。每见廷臣动色相儆，至不迩声色之戒，尤未尝一日去诸怀也。近闻南方织造、盐政等官内，有指称内廷需用优童秀女，广行购觅者，并闻有勒取强买等事，深可骇异。诸臣受朕深恩，不能承宣德意，使令名传播于外，而乃以朕所必不肯为之事，使外间以为出自朕意，讹言繁兴。诸臣所以报朕者，顾如是乎？是必有假托内廷之名以惑群人之听闻者。尔等可密传朕的旨晓谕之，果有其事，可速行悛改。如将来再有浮言，朕必究问其致此之由也。等因，钦此。"想见当日之讹言，殆与今类。因思今日之浮言，恐亦有假托内廷之名者。臣愚伏愿皇上法祖省躬，益儆不迩声色之戒，并饬内大臣密行传谕，毋或妄有呈进，致如乾隆间所称"假托内廷之名"以惑听闻，斯浮言日以息矣。

一、请于军机大臣，责以重大而宽其琐细也。臣闻，坐而论道，谓之三公；作而行之，谓之士大夫。昔陈平为汉相，兵刑不知，钱谷不对。文帝问以所任何职，则曰："宰相者，上佐天子理阴阳、顺四时，外镇抚四夷，使卿大夫各得任其职。"又闻唐太宗之责房、杜曰："公为宰相，当须开耳目，求访贤哲。有武艺谋略、才堪抚众者，任以边事；有经明德修、立性明悟者，任以侍臣；有明干清愆、处事公平者，任以剧务；有学通古今、识达政术者，任以治人。此乃宰相之裨益也。比闻听受词讼，日不暇给，安能助朕求贤哉？"由此思之，宰相之责固自有其重且大者矣。顾昔之重且大者，责在宰相，而今则在军机大臣。国家特设此任，原以赞襄密勿，参画机宜，以辅皇上之用人行政。方金粤匪未平，河决未合，吏治不振，盗风不戢，人才不兴，庶务不治，凡屡经谕旨，再三申儆而未见兴起者，要皆有所由然。此皇上所宜以探本穷源，起靡振惰，责之军机大臣，而亦大臣所宜引为己责者。然而，陈平唯不知钱谷，故能出奇计；房、杜以日不暇给，即难助求贤。今军机大臣皆管部务，且有兼两部者。一部之务，日恒近百件，若户、刑两部事务，则日恒数百件。不阅而画，则心难安；阅而后画，则势难遍。人唯神志定静，极深研几。唯深，故能通天下之志；唯几，故能成天下之务。周公之圣，一事未合，犹竭日夜之思。仓猝以迫之，繁琐以扰之，欲其无遗虑，难矣！臣见诸臣章奏及外间议论，或以天下多故归咎军机大臣，而不知处其任者，实亦匪易。伏思部中之稿，有须司员面请酌定而后办者，则紧要事也；有先办而后手画者，则虽关支放而实照例者也；有办而归堂期者，则照例常行事也。紧要之事，日不过数件或十数件，余则皆例行之事。臣愚以为，凡军机大臣之管部务，唯事关紧要须酌定者，司员必面回呈画。其余照例手画并堂期稿件，有在署各堂画定可否，无庸阅画于部中。琐细之事少一分纷扰，即于枢密重大之务增一分心力。即退直有余闲，或思枢务何者尚有未安，何者尚有遗漏，如古人之书思对命，以备进奏；或接见官属，采访舆论，体察人才，访求吏治，以备皇上采用，似亦翊赞谟猷之一助。宽其琐细，正可责以重大。是否于枢务有益，伏乞圣裁。

一、请责臣工以令之行也。臣闻，君主出令，臣职奉令。《书》曰："令出唯行。"《传》曰:"令重则君尊。"故凡人君发号施令,唯当慎持于未出之先,不宜轻格于既出之后。皇上于臣工章奏,凡有裨国计民生者,无不立见施行。然而皇上之诰诫虽极谆详,部议之科条虽极严密,在圣意之己见施行者,在天下似尚未见施行也。伏查道光三十年诏求直言之后,升任御史王本梧首奏浙省水师废弛,奉旨通饬沿海督抚,而上年之洋盗肆扰,即在浙省。升任御史黄兆麟条奏营务处弊端,奉旨严谕各督抚、提镇,而营汛之不力,盗匪之纷出,具见各省。诸如此类,难以悉举。而更有至近而易见者,如上年通政司使罗惇衍奏崇俭禁奢一折,皇上谕旨亦至肫切矣,礼部颁行规条已经数月矣,问京城奢靡之风,亦少易乎?在礼部以为奉旨颁行规条,但将规条一颁,告示一出,即无余事。在各衙门,不过添一层案牍,多一番转行,于风俗安有整顿?此近在目前者尚如此,况其远且大者乎?臣以为,凡此皆由臣工奉行之不力,于奉旨之初,未尝思能行之法,于不行之后,不更求可行之方。何则?立法必贵能行,有严而不行者,如禁烟之不准讦告而必定斩绞是也;有宽而不行者,如禁奢之但有规条而并无稽察是也。此所谓未尝思能行之法也。至于不行之后,果欲其行,岂遂无术?而今则皆听之矣,谁复思可行之方乎?臣非为一事惜也,臣实惧夫诏令之行,上下轻玩,一事如此,事事皆然,朝廷力求整顿,而臣庶若罔闻知也。夫致治纲维,端由诏令。令有不行,则天下不可得而治。且不行于远,犹可言也;不行于近,不可言。伏愿皇上首即一令,始自京师,期以必行。饬令该管衙门,议法必期于能行,既行必期于能效。如奏行不效,必责令推求所以不效之故,另行筹议。如不效而饰奏有效,一有败露,即严加惩治。自近以及远,自易以及难,一方行,然后四方可渐行,一事举,然后百事可渐举。而其要必端本于宸衷之果断,而以信赏必罚济之。有不令,令则必行而后已。有不禁,禁则必止而后已。日求所以振因循,斯因循罔不振。日求所以破欺饰,斯欺饰罔不破。如是而一令之出,臣工莫敢怠慢,黎庶莫敢轻玩,而整顿庶几有基矣。

一、请严禁州县劝捐以肥己也。上年户部奏请准商民出资助饷,此诚国家保卫民生不得已之计。部臣亦深虑州县抑勒,吏胥需索,行文各省,如有此项情弊，即行据实严参。乃臣闻，山西州县有借劝捐为肥己者，如富民愿捐五百，必勒令捐一千，迨至遵捐一千，则又止令书五百。其余五百但令缴纳，不令登写，明为公捐，暗饱私橐。省城大吏间有风闻，从加诘问，谓"某某闻捐若干，何以见得止此？应令缴足。"在大吏，意在责其入私者之归公，而不欲明言。而州县则更借上宪之责己者以勒民，而复令倍出。富民深惧抗违，转益滋累，委曲隐忍。蠹国病民，莫此为甚。其余或因缴捐项，勒出津贴；或得受赃，私免其抑勒。甚至抑勒已甚，民有至县堂自尽、赖救而免者，种种情形不一。缘民多畏累，既不敢轻露地方人名；而事属营私，又无从得其实在证据，是以未便指参。而既有此风闻，即难保无其事。且山西如此，他省恐亦不免。如上月江苏铜山县文童周凤楼，京控官用印贴派捐经费、私押毙命一案，在道光三十年。彼时并未劝捐，尚有假公勒捐致毙人命之事。现在奉有劝捐部文，官役更不知如何逼勒。

又，上月奉上谕，饬各省劝捐义仓。在皇上，以义仓之设，最为便民善政。不惮申谕再三，且令体察地方情形，妥为筹画，原非强以一律办理。而各督抚或意存讨好，则势在必行。各州县或意存营私，则民益滋累。伏念劝捐兵饷，现尚未集，若复劝捐仓谷，恐民力未逮。且东南各省，连年因灾劝捐劝赈，已甚拮据，尤恐办理匪易。富民为地方元气，事多依办，若不养其余力，则富亦立穷。昔唐、虞授受，不过数语，而于"四海困穷"，致兢兢焉。伏乞皇上严饬各督抚，于劝捐兵饷，务宜时加访察，倘州县有抑勒贪婪情事，即行严参治罪。于劝捐义仓，务令体察情形，如难同时并举，即行奏明缓办，以副皇上子惠元元至意。

以上四条，臣管见所及，是否有当，伏乞圣鉴训示谨奏。

（录自《王侍郎奏议》卷一·台稿上）

# 条奏部议银票银号难行折

（文已录《经济思想篇》）

# 条陈筹饷事宜片

## 咸丰三年正月初八日

再，臣拟得筹饷之方四条，敬陈圣鉴：

一、请停各省采办诸物，均归折价也。臣闻各省采办诸物，解贡到京后，书吏讹索，部费甚重。如江苏解颜料、铜、锡须贯三千两，飞金须费千余两；江西抬连纸须费五百余两；浙江丝斤须费五千两，油茶须费二千两。以此推之，各省莫不有采办，即莫不有部费，已不知几万两。又闻福建办抬连纸，一百万张例价约千两，将乐县津贴纸价一千二百余两，水脚三百余两，又津贴委员九百余两，以作川费、部费之用。而委员往返二年，尤赔累不堪。以此推之，各省解办之物，合计津贴不知几万两。各省解运之员，合计赔累又不知几万两。凡此皆民之脂膏也，而徒以供部胥之囊橐，诚为可惜。臣愚以为，京师百货云集，用物随时购办，无虞缺乏。请除滇、黔铜铅外，饬令各省，额解各物，一概停止。其本有例价者，既免开支，其本属例贡者，即令折价。而向来津贴采办、津贴运解之数，均核计声明，全行搭解部库，以备购买各物之用。有需用时，购买有资；无需用时，不致徒费。如此变通办理，部库增多解之款，各物无陈朽之虞，委员免费赔累之苦，内外似均有益。唯此事一交部议，库员书吏多方阻挠，必将不行。应请出自宸裁，实为幸甚。

一、请拆铜寺，以资铸钱也。臣闻热河有珠源寺，全以铜造，门窗户壁，无一非铜，一瓦之重，约四五斤，为屋三间，计铜不止千万。当年造此，似有深意存焉，殆正备今日之用。现在滇铜运解维艰，请派大员前往，拆卸运京，以资鼓铸。热河至京，不过数日，所省铜本运脚，实为不少。且闻山西一带，亦有铜庙不止一处。请均照此办理，似数百万帑金，不难立致。昔周世宗以佛像铸钱语侍臣："勿以毁佛为疑，佛以善道化人，苟志于善，斯奉佛矣。且佛志在利人，虽头目犹合以布施"云云。又闻康熙年间，亦曾以佛像铸钱，故至今康熙钱中犹有"罗汉钱"之名。今即有疑阻者，不妨将佛像移于他处，但拆寺宇，自无所害。

一、请用兵省份即令铸钱也。臣闻军营所至，钱价物价登时昂贵，每银一两，易钱不过千余，而食物较常几欲加倍。以致兵丁领得饷银，日或不饱。现在湖北剿贼，铜运似难道行。所有未过湖北之滇铜，即请截留，饬令该省赶紧铸钱，以资兵丁兑换。如铜不足省份，即令赶铸铁钱，照铜钱一样行用。以银给饷，复以钱收银，在兵丁不受钱价之亏，而官可得周转之利。查铁钱，五代及宋皆尝铸之，或与铜钱并行，或竟专行，大抵因地因时以助军费。

一、请将抄产珍宝发给变价也。闻自来抄产，每多珍宝珠玉之属。此等物久存无用，且恐致遗失。请饬该管大臣按籍检出，发给变价，以助饷需。

以上四条，似不取于民而可以济用。是否有当，伏乞皇上训示。谨奏。

【附】

朱批：户部议奏。钦此。

（录自《王侍郎奏议》卷三·台稿下）

# 请重刑赏以固人心折（节录）
## 咸丰三年正月二十九日

今请重定赏罚，使地方有司有所劝，复有所戒。劝则乐办，戒则不敢不办。在在皆办，则在在可守。斯可以固我之人心，不至闻贼即走，不至趋而从贼。且所在材力之士，亦可借此自见，而不致为贼用。再请特降谕旨，有从贼者，必加赤族之诛；有杀贼者，必加非常之赏；有擒洪秀全来投者，即予五等之封，以散在彼之人心。我之人心固，而彼之人心散，斯贼可计日灭矣。

（录自《王侍郎奏议》卷三·台稿下）

## 安徽改置省城再宜详议折（节录）

咸丰三年三月二十五日

　　安庆城小难守，臣固亦尝言之。然所谓难守者，指专守省城而言，若能扼守小孤山，则元余阙之拒陈友谅，守之六年矣。今粤匪不及陈友谅远甚，而不能一朝守者，一由陆建瀛之退走，防兵望而奔溃；一由蒋文庆之太无筹画也。观向荣所查失守情形，岂地利之过耶？盖金陵以安庆为屏蔽，安庆以小孤山为屏蔽，无小孤山即无安庆，无安庆即无金陵。

（原载《王侍郎奏议》卷三·台稿下）

## 再请宽贷胁从以信恩旨折（节录）

（文已录《吏治思想篇》）

## 请将叶灿章桂清佟攀梅发交军营差遣片

咸丰三年八月初六日

　　再，臣见内阁学士胜保，屡因军营差委乏人请员。臣于六月所保试办团练之内阁中书叶灿章，初本不识其人，但见其《防御论》，似多亲身阅历之语，访知为广西人，意其于团练必曾亲历，是以保其试办。自奉旨发往直隶后，曾与该员见过数次，询以在广西乡间情形，据称当办团练时，屡与接仗。因该处知县与为同心，颇多获胜，言及行间军务一切，似颇习谙。现闻保定于团练一事，尚无办理章程，该员在彼月余，殊无所事。又，新授安徽宁池太广道桂清，前奉旨交讷尔经额差委。现怀庆围解，北兵可撒，可否请旨将该二员交胜保，带赴江南以资差委，伏乞圣裁。

又,闻有已革参将佟攀梅,汉军旗人,戊戌科一甲二名武进士,武艺优长,箭射尤准,随赛尚阿赴广西,曾以军功赏戴花翎。因与乌兰泰意见不合,被参革职,现在广西未回。广西贼匪原未净尽,请饬该抚查看,如该省不用,似可令赴江西,交江忠源差委。有用之材,弃置似为可惜。谨奏。

（录自《王侍郎奏议》卷四·寺稿上）

# 请将察哈尔调到兵马资送回牧片

咸丰三年八月初六日

再,臣闻前调察哈尔兵马到京时,由城外赴南苑,人争趋看,见其兵丁多形怯弱,马匹亦瘦,且兵在马上,间有控鞍,若唯恐坠者,间有竟坠下者。此种兵马似仅可壮声威,难济实用。现所调马五千匹,臣在衙门见已报倒毙一千二百五十余匹,蹄腿受病,不能乘骑者又六百匹。兵丁病故者,虽未得确数,然闻亦不少。水土不习,殊堪悯恻。现在怀庆围解,似可善刀而藏,且省糜费。应请乘此即行饬令早为资送回牧,保全实多。谨奏。

（录自《王侍郎奏议》卷四·寺稿上）

# 劝谕京城铺户联络保护片（节录）

咸丰三年九月十六日

再,臣思此日事势,以安民为第一要义。而欲民心之安,必先予以安之之法……今欲为安民之法,必得古人守望相助之意。近见五城办理保甲章程,令各户各出壮丁一名,无事各安生业,有事互相救援,用意甚善。唯事属创始,无人为之倡率,恐其罔所遵循。臣住宣武门外大街,特邀集大铺户十余家,以五城之意告之,察其愿否。各铺户闻臣所言,系令其自相联络,以为保护,咸欣然乐于从事……两日之间,通街传遍,无不踊跃

258

愿从。看此情形，守望相助之法，实足以顺民情而安民心。

（录自《王侍郎奏议》卷五·寺稿下）

## 请官收买庐州米石片
### 咸丰三年九月二十一日

再，臣闻安徽庐州各属，秋收颇称丰稔。其上熟之处，每米一石粜钱仅六七百文，次者亦不过千余文。向来该处余米，专恃江苏销售。现在路多贼船往来，而商民冒险载运，屡遭掳劫而不止者，以舍此处无销路也。多米之家，有米无从易钱，若以官票加价收买，亦所甚愿，此该处人言如此。请饬户部速发官票十万两，交署安抚试行采用，以给兵食，并免被贼抢劫。倘官票部发不及，即请饬署抚先行出示采买，发给藩库实收，俟官票到日，再行补给。谨附奏。

【附】

上谕：王茂荫奏请饬部发给官票，交安徽省采办米石等语，著户部速议具奏。钦此。

（录自《王侍郎奏议》卷五·寺稿下）

## 请将臧纡青随同吕贤基办团练折
### 咸丰三年十月初二日

奏为请破格用人，以期得力，恭折奏祈圣鉴事：

伏读上谕："前据周天爵保奏，江苏举人臧纡青，当有旨令督带练勇，协同剿匪。兹据奕经奏，该举人剿匪甚为得力，著以通判留于安徽补用。钦此。"仰见皇上简用才能，不拘资格至意。然臣窃以为如此用臧纡青，恐犹未足以资得力也。何则？臣闻臧纡青才气甚大，不能谨守绳尺，以受约束。其在宿迁办理团练，可以尽其才力之所能至，无人得而牵掣。即与周天爵协同剿匪，周天爵唯言是听，是以能于得力。今以通判归于安徽补用，安徽府道以上之员，皆得而钤束之，安能任其所为？且其所办团练，多其乡里，宿迁之举人得而督率之，安徽之通判不得而督率之也。若去其团练，而专用其人，是剪其羽翼爪牙，以使归于无用矣。臣愚以为莫若令其督率练勇，随吕贤基协同剿匪。吕贤基熟悉其性情才力，自必乐为所用。俟其剿匪大著功绩，再令保奏，请旨破格擢用，以嘉其劳。

方今所患，在无将才。然天下未尝不生才，不在于上，则在于下。凡处乡而能团练数千人唯其所用者，其人皆有将才之人也。以有将才之人，而交与无才之人用，上既不知所以用，而下又不乐为用，则有用亦归于无用矣。即如前任副都统德顺、现放安徽道桂清二人，皆能奋勇杀贼者；内阁中书叶灿章，在广西率练勇破贼颇能调度有法者，若令合为一队，使之与胜保协力剿贼，必能见功。自发交直隶差遣，直督不知所用，遂使至今无闻。有用者之归于无用，即此亦可见一斑矣。伏望饬直督特派该三员带兵赴剿，当可得力。

伏乞圣鉴训示。谨奏。

（录自《王侍郎奏议》卷五·寺稿下）

# 收买铜斤济用折
### 咸丰五年正月二十九日

奏为请收买铜斤以济部用，恭折奏明请旨事：

窃维今日所急，莫如筹饷。而筹饷所赖，尤在铸钱。凡诸铜短绌，解运维艰，采买匪易等情，虽设官分职，固自各有专司，而国计军需，未尝不同深焦虑。乃筹思采访，间有素识之乍浦旗人、已革知县成兴来称，访有商民十余人，多有铜斤，兼能采办，第不敢与胥吏交涉，是以隐而不出，诚能于收买间立法平准，免受亏折，该商民等即能采办交收。当询该商民等，所称采办，究能采办若干，据成兴称，总在百万斤以上。臣初不敢信，因告以果有此数，能遵官价，每十成铜京钱六百文一斤，其余按成递减。着该商等各将认办铜数，出具切结来看。旋据成兴取具各商切结交来，查各结商人共十余名，认办铜数共百余万，皆有"遵照官价交收，如虚甘罪"字样。臣犹未敢深信，随约日期，令该商等聚齐，细加询问，并令出具总结，当面画押，一一皆无异词。且察该商等所言能办之数，似尚不止于此。查此项铜斤百万余斤，足抵滇省一运。以滇铜八成之价计之，重若京钱四十八万串，需银不足十万两，较之滇铜一运，甚有节省。该商等畏与吏胥交涉，无非虑称头成色或有节下，致受亏折。应请旨饬下户部妥筹收买，务使商情克通，不致畏阻，自足以济部用。俟户部议定之后，臣即将各商结移交办理。再，此项铜斤由已革知县成兴访来，各商人皆其所识，必得责成始终其事，方免推卸。唯成兴系乍浦驻防，应回乍浦。可否请旨，饬令暂行留京，责成将此项铜斤交清，再行回旗之处，出自天恩。

臣愚昧之见，是否有当，伏乞皇上圣鉴训示。谨奏。

（原载《王侍郎奏议》卷八·省稿三）

## 条陈时务折
### 同治元年三月初八日

（文已录《吏治思想篇》）

## 请将革员效力片
### 咸丰三年五月初三日

再，臣前巡视中城时，接见司坊，每询以地方情形，并历任现任五城各员能否，以冀识别人才。据司坊等咸称已革北城副指挥任正训办事认真，缉捕尤属勤能。到任甫及二年，迭次拿获要案重犯，奉旨赏换六品顶戴，以应升之缺，尽先升用，钦遵在案。嗣因海甸老虎洞劫案，疏防革职，甚为可惜。臣因留心访察，所闻多属相符。伏思赏功罚罪，国家自有常经，原不能为一人稍从宽典。惟该革员业经革职，则法已行；而该革员曾经迭邀恩赏，则才可念。现在正当用人之际，可否请旨，饬都察院堂官将该革员察看，如果臣之所闻不妄，或许奏请发交五城，令其自备资斧效力，协同缉捕。俟缉捕果有成效，再准酌量保奏。在该革员得蒙恩施格外，自必益加感奋；在五城多一出力缉捕之员，似为有益。而他人之有罪无功者，亦不得援以为例。

臣为惜人才起见，是否有当，伏乞皇上圣鉴训示。谨奏。

【附】

上谕：太常寺少卿王茂荫奏请"将革员发交五城效力"等语。已革北城副指挥任正训，据该少卿保奏，该员平素缉捕尚属勤能，着都察院堂官发交五城效力，如果缉捕得力，再行奏明请旨。钦此。

（录自《王侍郎奏议》卷十一·补遗）

**附录二**

# 皇清诰授光禄大夫吏部右侍郎加二级谕赐祭葬显考子怀府君行状

呜呼痛哉，府君竟弃不孝等而长逝耶！府君筮仕以来，由部曹洊跻卿贰，三十余年竭虑殚精，以身许国。自癸亥丁忧回籍，病体日衰，精神渐减，然于国计民生，犹时刻萦怀，不能恝置。不料旧疾未瘳，复感暑疫，延医诊视，迄不见效，痛于同治四年六月竟尔不讳。不孝等生不能养，病不知医，泣血椎心，百身莫赎，尚何以为人，何以为子哉！

府君属纩之明日，不孝等谨将遗折专丁赍送署两江总督宫保李公代奏，七月三十日奉上谕："李鸿章奏侍郎在籍病故，并代递遗折等语，前任吏部右侍郎王茂荫，由部曹历任谏垣，洊跻卿贰，廉静寡营，遇事敢言，忠爱出于至性。于同治二年，在山西差次闻讣，丁忧回籍，方冀服阕来京，重资倚畀，兹闻溘逝，轸惜殊深。王茂荫着加恩照侍郎例赐恤，任内一切处分，悉予开复，应得恤典，著该衙门察例具奏。钦此。"嗣礼部具恤典题奏，恩赐祭葬。不孝等跪读泣告，举家哀感，世世子孙捐糜顶踵，莫能酬高厚于万一。

伏念府君居官行已，经济文章，历历在人耳目。不孝等蠢愚无识，未克仰窥。不孝铭诏、铭镇，自幼在里；不孝铭慎，虽一再北上省视，府君辄令下帷读书，概不准预外事。于府君生平事实，非特言之不能详，抑且知之不能尽。唯府君荷三朝知遇之隆，夙夜小心，始终勤慎。凡所以答主眷、尽臣职者，皆将胪列国史，倘不及今裒辑，日久就湮，则不孝等获戾滋大，用敢于苫块之余，谨就见闻所及，略陈梗概焉。

府君讳茂荫，字椿年，号子怀，姓王氏，世居徽州府歙县之杞梓里。高祖讳洪烈，乾隆壬申恩科武举人，以太高祖遯士公瘅疾，侍榻十余年，未与兵部试。曾祖以和公，少英敏，读书不仕，敦行乐善，乡里推重。祖敬庵公，克承父志，尤笃于追远报本，修祖祠，置墓田，敦宗睦族，恤孤怜贫，于造桥、修路、兴水利、施医药诸善举，恒以身任其劳，孜孜不倦。三代均以府君贵，封赠如其官。高祖赗赠光禄大夫吏部右侍郎加二级，曾祖、祖均诰赠光禄大夫吏部右侍郎加二级；高祖妣氏方赗赠一品夫人，钦旌节孝；曾祖妣氏方、祖妣氏洪均诰赠一品夫人，继祖妣氏吴诰封一品太夫人。

敬庵公生子四，府君居长，洪太夫人出；次茂兰，出嗣伯祖后，次茂茹、茂蔼均吴夫人出。府君弱不好弄，髫龄入塾，晨入暮归，或起稍迟，同学有先入塾者，府君必哭泣自责，塾师以是深器之。舞勺后，从双溪吴柳山先生游。先生为乾隆丁酉科江南解首，故名宿也，门下多积学之士。府君相与观摩，益自刻励，挑灯攻读必至三更方寝，昧爽即披衣起而默诵，溽暑严寒无少间，由是学业大进。时太仓钱伯瑜先生主讲紫阳书院，见其文深相奖许，引为契友。岁辛卯至京师恭值恩科，以监生应京兆试，中式举人，座师为户部右侍郎山阳李芝龄先生、吏部左侍郎长白宝文庄公、大学士德州卢文肃公，房师为京畿道监察御史安顺宋芸皋先生。明年壬辰，会试联捷，成进士。座师为大学士吴县潘文恭公、刑部尚书开化戴简恪公、工部尚书长白穆鹤舫先生，吏部尚书宝应朱文定公，房师为翰林院编修楚雄池箓庭先生。引见后授主事，签分户部广西司行走。五月到部，闰九月告假归省。

先是府君幼时，为曾大母所钟爱，甫断乳即抱同卧起，既而大母洪太夫人见背，益顾复劬劳，不离形影，迨稍长就外傅，曾大母时思念不置，间月必召归一见。至是成名，为之一喜，恒戒府君曰："吾家虽寒素，粗足自给，愿汝善守身，不愿汝积多金也。"府君终身志之不敢忘，盖一生清节，有自来矣。

癸巳四月，来京供职。丙申恩科会试，充收卷官。丁酉正月乞假省亲，八月销假。庚子八月随大司马裕文端公、少司农善公焘，赴盛京凤凰楼、清宁宫、永陵、启运殿查估工程，十月回京，作《述怀诗》四首，望云思亲，言之悱恻。

辛丑元旦，府君忽心动，遍告同人，欲乞假归。同人咸劝暂缓，府君不可，亟促装南旋。二月抵家，则曾大母已于正月初八日见背，抚棺长号，自恨归晚，哀恸不已。爰泣述曾大母苦节及一生事实，缀辑成文。入京销假后，乞大宗伯李芝龄先生作传，赠尚书戴文节公、编修蔡春帆先生并为绘《贞松慈竹图》，一时名流题咏，竟成巨册，于是有《节孝录》之刻。

甲辰充会试收卷官。丙午六月，补授云南司主事。丁未八月，升补贵州司员外郎。戊申二月，奉旨记名，以御史用。三月接大父病信，急乞假归。甫抵里门，已闻凶耗，悲号擗踊，痛不欲生。庚戌八月服阕。

咸丰元年辛亥六月到部，七月补授江西司员外郎，八月补授陕西道监察御史。九月奏陈用人、理财各一折，奉上谕："御史王茂荫奏请振兴人才，酌拟五条呈览，其请造宗室、八旗人才，历陈近来积习，自系实在情形。我朝人才蔚起，八旗文武谋略超越前代，良由习尚淳朴，不尚浮华。近来文风日盛，留心经济者固不乏人，第恐沾染时习，风雅自诩，不思讲求本务，殊非崇实黜华之道。迭经朕申谕谆谆，该管王大臣等，尤当因材造就，俾文事武略，各尽其长，毋负朕培养教诲之至意。余者着礼部议奏。钦此。"十月，派帮办北城饭厂。

壬子七月，兼署福建道监察御史。八月署山西道监察御史，又署礼科掌印给事中、兵科给事中。九月奏"户部以需饷孔殷，奏请准士子报捐举人、附生以推广捐输之例，臣窃惜其无益于目前而徒贻讥于后世也。举人、秀才，天下所贵。天下之士莫不攻苦力学以求之，其间妄希侥幸者亦或间有，顾其意不独以乡、会试为进身之阶，亦为榜上一名，可以能文自负，夸耀士林也。若竟出于例捐，既无科分之可称，亦无同年之认可，见者或多窃笑，谈者罔不鄙夷，谁其愿之？当道光十三年虽有捐赈邀赏举人者，究竟捐者几人？在部臣之意，或谓前次捐数逾万，故捐犹少，今减其数之半，自必倍形踊跃。不知人因其贵而贵之，因其贱而愈益贱之矣。夫入资拜官，虽非善政，然自汉以来有之；至报捐科名，则古所未有。"又言，"方今筹饷，不徒在于来处，而尤在于用处。广东军兴以来，共用饷八十余万，广西虽有不同，亦何至遂用千万？即如各省解饷，均在全州交卸，全州殉难折内有四川解官卢金第、安徽解官陈垚二员，夫既有解饷之员，既有所解之饷。若谓饷银已解赴粮台，则解员必久经回省。今解员既在城中，则饷银未出城外。乃守城方十一日，而原奏称兵丁数日饥饿，既不可解，又未见将各省解到之饷因城陷而为贼所得者，实计若干，确查奏报。此中盖有难言者矣。夫不求饷之用必得济，而任委诸盗贼之手，糜诸老弱之兵，销诸不肖之员弁，虽日筹捐输，似亦徒劳"云云。奉上谕："前据户部奏请捐纳军功举人生员一折，着不准行。钦此。"十一月，钦命巡视中城。

癸丑正月，奏陈银票亏商，银号亏国，部议未尽，请饬另筹一折，略云："伏查部议所称用银票之法，请于各省当杂各商生息帑本内，每酌提十分之三解交藩库，报部候拨，户部核明银数，应造一百两、五十两之票若干张，汇发该省，按原提本银数目分给各该商，准令该省捐纳封典职衔贡监之人，向各商买票报捐，归还原提银款，其各商应缴息银仍如其旧，于商无亏，于事有济，等语。臣不知各省生息帑本共有若干，有济与否，不敢妄议，若商则知其必亏。臣闻各省州县皆有典规，岁数千两至万两不等，是即平居无事，而已视典商为鱼肉，今令州县以提帑本发部票，则必以火耗、脚价、部费为藉口，而收银有费、发票有费，费之轻重，固视官之贪廉，然官即能廉，吏亦无空过之事，此商之亏一也。商之缴银也限以三月，由州县而藩司而报部，不知几月；迨部中核定银数，造票有时，发票有时，由该省以行至州县分给各商，又不知几时。窃计自商缴银之日以至领票之日，至速亦须一年，此一年中该商等本银已缴其三，而息银仍如其旧，此息更从何来？此商之亏又一也。商领银票，准令该省捐纳封典职衔贡监之人，向各商贾以报捐归还原款，窃计捐生有银，何为必欲买票？且买票入手，不知有无真伪；持票上兑，不知有无留难，何如持银上兑之可恃。苟非与该商素识，委曲代计补亏，断不可向买。设领票年余，而素识中竟无欲捐之人，其票必悬而无着，此商之亏又一也。由前二亏，亏固难见；由后一亏，亏更无期。再查所议官银钱号之法，请于京城招商开设银钱号三所，由库发给成本银两，户部每月应放现钱，一概放给银票，在官号支取，俾与钱票相辅而行，等语。此在商贾可行，而在国家则不能行也。姑无论以经国谋猷，下同商贾，其体为至亵，而其利为至微。今且以商贾之道言之，大抵能创一肆、守一业者，其人必工心计、习俭勤，且夕以身入其中，而又知人而善任，非是则败。盖有创业数年，一旦身离其地而顿亏者矣；有资本巨万，偶用非人，不数年而全覆者矣；有日习其中而计虑未精，业仍销歇者矣。夫以商贾之自为尚如此，今乃欲以官招商为之，其人而果殷实、善经营也者，彼且自谋之不暇，何暇为官谋？其应招者必其不可恃者也，而官又不能且夕稽察其间，即使派员稽察，亦属徒然。况官吏往来，尤难保无沾染乎；户部写票悉由书吏，尤难保无作假乎，假照之案可为前车。此法若行，不数年而银本钱必成大亏。此臣所谓亏国也。在部臣意，必谓有亏不难重治其罪耳，不知狡黠之徒，初时之亏断不能见，至亏之已甚，则虽重治其罪亦复何补！再查部臣议行银票意，谓票与钞相关，欲以此试钞之行否。臣窃谓此意似未深思也。诚欲试钞法，当如其法而用之，方为试行。若变易其法，则行与不行皆各自一事，安得以此而概彼？夫行钞首在收发流通，惟收之能宽，斯发之不滞。今银票之发惟以抵存本，而收惟以报常捐，上下均隘其途，安得而流通乎？"云云。奉朱批："户部议奏，钦此。"十九日奉上谕："户部奏请派员会筹试行钞法一折，着派左都御史花沙纳、陕西道监察御史王茂荫会同户部堂官速议章程，奏明办理。钦此。"

二月十七日，荷蒙恩赐召见。问："官银票可以行否？"奏："现拟章程有收有放，似当可行。"问："现进票样较你前奏小些？"奏："臣之初意不独京城银号各商欲令立一总局，以期上下流通，并欲令各省都会银号均立总局，以期往来流通。现在时势所阻，臣之意已不能行，各条章程皆系户部所定，不过收放之间稍有参酌。"问："现在钱店纷纷关闭，可是为要行官票？"奏："此事似与官票无干。部库放项多搭官俸，收项多属常捐，于钱店本无所碍。"等语。

三月，署湖广道监察御史。

四月，奉旨补授太常寺少卿。旋奉旨稽察右翼觉罗学。

六月初一日，御门奉旨，补授太仆寺卿。初二日，谢恩，召见，问年齿及家中人口并京寓地方甚悉。又问："你是哪年上回家的？"奏："道光二十八年春间，接家信知父亲有病，告假归省，到籍即经丁艰。"问："在家几年？做过什么事？"奏："臣在家，因臣县自唐宋元明以来，孝贞节烈妇女载在县志未经请旌者八千余名。道光二十三年汇详题请，奉旨予旌，而数年未建祠立坊，臣会同邑绅造祠建坊。"等语。盖府君自通籍后携眷属至京师，仅一年余耳，其余月日皆子身独处武门外之歙县会馆。文宗皇帝已有所闻知，故垂询如此详也。

九月，奉命与宋光禄晋，何观察桂珍、会议大学士贾、大司空翁、大中丞朱所奏城守事宜六条。

十月，又奏请旌表殉难士民一折，奉上谕："太仆寺卿王茂荫奏请旌表殉难士民一折，军兴以来，被贼滋扰地方文武官绅及兵勇人等，或临阵捐躯，或遇贼被害，经各督抚奏报，无不立沛恩施，给与恤典，并谕令各该督抚查明被害较烈之员，再行分列酌议，加赠与谥，或令入祀昭忠祠，以励臣节而慰忠魂。复念被难各省地方士庶人等，或因骂贼致戕，或因御侮遭害，全家罹难，阖室自焚，虽贵贱之不同，实节义之无愧，特恐僻处乡隅，不获上邀旌恤，以致湮没弗彰，朕心恻焉。着名该省督抚通饬所属，迅速查明遇贼死节士民妇女等，除照例题请旌表外，其殉难尤烈者，并准其奏明请旨分别赐恤。该督抚等秉公详核，毋滥毋遗，以副朕励节褒忠之至意。将此通谕知之。钦此。"

十一月初二日，奉旨补授户部右侍郎兼管钱法堂事务。初三日谢恩，自陈才力不及，恳求辞职，奉旨不许。初四日召见，复碰头自陈，仍不许。上谕："汝在户部多年，各事熟悉。"初十日，奉旨派考国子监恩监生，同被命者，宗室载鹤峰少司空、毓瑞青宫詹，十四日覆命。廿一日，奏陈大钱利弊，极言当百、当五百、当千三种，折当太重、分量悬殊、种类过繁，市肆纷扰一折。

十二月初二日召见，又面陈当百以上大钱之不能行。是年，京官普行捐输。奉旨："交部议叙。"岁暮蒙颁赏野鸡、奶饼、鱼、哈密瓜诸贡品。嗣后，每居岁暮，颁赏如例。

甲寅正月，复奏大钱私铸繁兴，亏国病民，恳请停止一折。二月初八日，经筵侍班，赐坐赐茶。

三月初五日，奏陈钞法未尽、敬陈管见并沥陈下情一折，末云："抑臣更有请者，现行官票宝钞，虽非臣原拟之法，而言钞实由臣始，今兵丁之领钞而难行使者多怨臣，商民之因钞而致受累者多恨臣，凡论钞之弊而视为患害者莫不归咎于臣，凡论钞之利而迫欲畅行者又莫不责望于臣，而臣蒙恩擢任户部业经数月，一无筹措，上负天恩，下辜民望，夙夜愧悚，实切难安，相应请旨，将臣交部严加议处，以谢天下而慰人心，庶几浮言稍息。臣虽废黜，不敢怨悔。"云云。十二日，奉旨调补兵部右侍郎。

七月，派专司马馆事务。

闰七月廿九日奏事，召见，问衙门事务及家乡情形。

十月，奉旨转补兵部左侍郎。

乙卯二月廿九日，奏请暂缓幸御园一折。

七月，奉派贡院搜检。

十月，奏派覆勘咸丰三年岁考前列试卷。

丙辰二月初十日，经筵侍班。是科会试及各省举人覆试，均派贡院搜检。

四月，奏天时人事危迫日深一折，"窃臣伏见天象，今年以来，雨雪阴霾为日既多，即见晴霁，日旁亦若是有云气，精彩非复如常，而二月初十与三月廿五日黎明时，天色尤异。臣虽不识天文，然私心过虑，窃以为此殆天之所以垂警也。又读日抄，见盛京奏，上年腊月，金州地震四十四次。金州虽属海滨，实近根本之地，震动至此，窃又过虑，以为此殆天之所以告警也。京城银价贵至八吊以外，百货转运不来，旗民日起愁叹，苦不聊生，此内之危迫也。各路贼势有增无减，警报日至，勇将被伤，饷或待发年余，兵或时闻溃散，此外之危迫也。夫以天时人事至于如此，而欲起而挽救之，头绪万端，亦几无从措手矣。然臣以为皆天心之降乱而未有转也，诚得天心一转，则贼匪自灭，天下自平，是此时致力之方，惟在求天心之早转矣。然而欲转天心，必求力尽人事；欲尽人事，必求务协民心。何则？天视自我民视，天听自我民听也。夫民之视听果何在哉？臣以为一在省已，一在用人。二者皆本于一心，而其枢则系乎听言。伏见贼匪窜扰以来，皇上轸念民生，勤求治术，以祈仰慰昊苍。郊坛大祀，致敬竭诚；虎尾春冰，常存敬畏；应天以实不以文，早为天下共见，而效顾未著，何也？昔者太戊修德而妖孽消，宋君一言而荧惑退。感应之机，捷于影响，岂至今而有异？臣愚以为天之爱人主如父母之爱子，人主事天亦如子事父母，亲意未回，惟咎孝敬有未至；天心未转，惟念修省有未尽。愿皇上之更益深思而内省也。今日之民苦至极矣，苦贼、苦兵、苦水灾，捻匪转徙无常，存亡莫定，流离穷迫，莫罄形容。皇上诚悯民生之苦，念切恫瘝，至诚恻怛，深自咎责，于随时随事，皆深视民若同胞，而有灼艾与为分痛之意，斯民闻之而感泣，即天听之而意回者，其一也。昔鲁君以民服为问，而孔子对以举直错枉。夫举错何关于民，乃一直举而民快然若所亲，一枉错而民快然若所仇，岂必尝有德怨哉。盖斯民也，三代之所以直道而行也，故《大学》言平天下惟在公好恶。汉高祖封雍齿而斩丁公。盖当进者虽所不喜亦必用，当罪者虽所甚喜亦必诛，正收人心也。皇上诚察民之所好者好之，则好一人而可得千万人之心；察民之所恶者而恶之，则恶一人而亦可得千万人之心。人心翕然顺应，即天心因之以感格者，又其一也。顾臣以为二者皆本于一心，而其枢则在听言，何也？舜，大圣人也，而群臣进戒，一则曰：罔游于逸，罔淫于乐；再则曰：无若丹朱傲，惟慢游是好。非舜深见人心之惟危而不以为迂，安能有此？知人则哲，自古为难，故《虞书》纪辟四门，必继以明目达聪，盖诚虑耳目有未周，即用人有未当，而欲合天下之聪明以为一人之聪明也。是省已与用人，固非虚衷听言不为功。且不独此也，苗民逆命，以不矜不伐之禹，而益赞之言，但曰：满招损，谦受益。齐威王令群臣吏民，能面刺过者受上赏，上书谏者受中赏，谤讥以闻者受下赏，诸国闻之皆来朝，当时谓之战胜于朝廷。则凡所以平逆命而求战胜者，亦在是矣。皇上御极以来，屡诏求言，并有言不逆耳不可谓谏之谕，凡有裨于用人行政之言，无不仰邀采纳。既而言或无当，乃有奉旨明斥者。斥之第以其无当，初非禁之使勿言也。乃前之言者见多，今之言者见少，盖臣下敬畏天威，非诱之使言，即多有不敢言者。今无论其他，即如各路军营，某也将不胜，某也将必败，道路传闻，往往应验，而无敢以为言者，或则虑无实据也，或则虑有据而查时化为子虚也，或则虑言之不行而徒招怨也，或则谓权衡自在圣心也，是以皆不敢言也。倘各路必败之军，人早言之而去之，何至有败坏之事？至于败坏而后罪之，所失多矣。是以孔子称舜大智，不独好问好察，必曰隐恶扬善。盖非好问察而人不敢言，即问察而恶不为隐，犹恐善不敢言也。且用人进退之际，臣子有难言之隐，盖惧干圣怒而见斥者意犹浅，惧激圣心而难回者意实深。进言献纳之际，臣子又有难言之隐。盖获听，则人将翕然而归美于上者，喜固深，不获听，则人将哗然而归美于下者，惧尤深。用人听言，著乎视听而关乎民心者至大，往往有因不用而民愈望之，因不听而民愈称之者。诚察乎此，而所以得民心者可知矣。

皇上批览章奏，纤悉有误，必邀批示，天下臣民无不仰聪明之天亶，宵旰之勤劳。然臣以为精神之用，贵乎不纷，窃愿务其远大而舍其近小。各督抚军帅之奏，务在察其才之能否与心之诚伪，倘有见为不能而多伪者，预为去之，不待偾事之既多，则所保实多。且去一当去之督抚，而全省之人心皆感动；去一当去之军帅，而合营之人心皆感动。所以收人心者，尤甚大也。抑臣闻，明主劳于求贤，而逸于用人，故尧以不得舜为忧，舜以不得禹、皋陶为忧，楚庄王见群臣之不若己而有忧色。今天下才实不足，谅久在圣鉴之中，此诚可忧之事也。然莫谓天下无才也，天生才以供世用，不在上则在下，如罗泽南者，今皆知为将才矣，初则一岁贡耳。且湖南一省有江忠源兄弟，又有罗泽南师弟，则他省可知。第少有留意人才如曾国藩、骆秉章者耳。惟贤知贤，惟才知才。皇上尝谕令各督抚广为咨访矣，诚恐各督抚有见而不能知、知而不能用者，嘉言罔伏，斯野无遗贤，是尤全赖圣心之诚求耳。收一良将之才而人心感奋，收一良吏之才而人心尤感奋，所以收人心者，又甚大也。天下以人心为主，臣之所陈，皆欲得人心之大同，以冀天心之速转。现在武昌未下，而江西又复危急，向闻该二处之人，皆力与贼为仇，而近闻贼众甚多，恐从之者亦不少，此中人心转移之故，宜深思也。列圣深仁厚泽，人心断不能遽忘，然不于此时急设法以维系之，任贼出其假仁假义以为市，则人心恐遂为所摇而难挽。伏见辰衷渊密，丕显惟德，有定静而安之神，必有能虑而得之妙，非浅识所能窥测。臣实心迫忧危，遂不禁言之难已。自顾一身毫无可恋，第念受恩深重，无可为报，是用竭其区区之愚，敬行陈奏。"奉上谕："本日据侍郎王茂荫奏，天时人事危迫日深，致力之方惟在求天心之早转。又谓民之视听一在省已，一在用人，二者皆本于一心，而其枢则系乎听言。持论切当，与朕心适相符合。当此时势多艰，力图补救，朕惟省躬克己，于用人行政之间慎益加慎。中外臣工亦当夙夜靖共，交相儆惕，以副朕孜孜求治之心，实有厚望焉。钦此。"

三十日，派充进士朝考阅卷大臣。

九月初四日，武会试，派充宿字围较射大臣。

丁巳二月，经筵侍班。十一月廿九日上谕："著加恩在紫禁城内骑马，钦此。"

戊午四月，派办理五城团防事宜。是时，海氛不靖，府君愤激特甚，日夕筹思，屡陈封事，并上守备策四条。由是肝气上冲，心烦不寐，腰足作痛，精神疲倦。六月，团防撤局，始请病假。七月，奏请开缺调理，奉旨允准。十月，由歙县会馆移寓于广渠门内之玉清观，时不孝铭慎随侍在京。

己未，以本省借浙闱开科，府君命回南赴试。不孝铭慎以侍奉无人辞，不许。是岁十月，府君得恍惚之症，觉言语都不自由，问答时形乖舛，延医诊视，谓由思虑过度，心血亏损所致，投以参剂，始渐瘳，自是语言微患蹇滞。同年锡子受观察延请，主讲潞河书院，遂移寓潞河，藉以养疴。

辛酉七月，文宗显皇帝驻跸热河，龙驭上宾。府君惊闻遗诏，抚膺号哭，哀痛不能自已。每对人道及先帝特达之知遇、逾格之优容，辄潸然泪下。八月，今上登极。十一月，奉传知至军机处察看，府君沥陈病状，奉上谕："前任兵部侍郎王茂荫志虑忠纯，直言敢谏，特谕议政王军机大臣传至军机处察看。据该侍郎自称精神尚未复原，急切恐难任事，系属实情。若遽令销假，转非所以示体恤。王茂荫着安心调理，一俟病痊，即递折请安，听候简用。钦此。"府君具折谢恩。每以仰叨体恤，感激涕零。

壬戌三月，奏云："窃臣以衰朽之资，荷蒙恩旨，中心感激，寝食难安。数月以来，极力调理，气体虽经少愈，而言语仍形蹇滞，自揣尚未复原。

因思报国惟有进言，臣力无以任犬马之劳，而臣言或可为刍荛之献，谨就见闻所及撮缮五条，为我皇上陈之。一、天象示警，急宜修省也。臣伏处通州，闻街市纷纷传说，正月初八日日象有三大晕，又二月初三日星象亦有变异，近且风霾屡作，雨泽愆期，臣不知天文，亦不知钦天监曾否奏闻。窃谓天道昭于上，人事见于下。天人感应，捷如影响。如上年秋冬间之事变，五月即有星象昭示，盖变不虚生如此。伏思皇上奉两宫皇太后端拱深宫，议政王孜孜求治以辅翼，我国家政务清明，何应有此！然机兆于微，而患萌于近。天之示象，不必其事已见，原予人以修省可转之机。臣伏愿皇太后、皇上与议政王交敬于微，毋忽于近，随时随事皆存戒谨恐惧之神，增一分修省，则减一分灾异；增十分修省，则减十分灾异。天不可欺，必以至诚无伪之实心，行震动格恭之实意，所谓应天以实不以文者，存于中不必宣于外，庶几化大为小，化有为无，夫有道之象自见矣。一、责任重大，务宜专一也。昔东野稷以善御见鲁庄公，而颜阖决其必败，为其马力竭也。汉相陈平惟兵刑不知。钱谷不对，故能出奇计。唐太宗责房、杜曰：公为宰相、须开明耳目，访求贤哲，比闻所听受词讼，安能助朕求贤？臣自上年冬月，奉传至军机处，见议政王所管各衙门庶务，纷至沓来，几于应接不暇，心窃虚之。方今用兵省分半天下，机务已极烦重，各部院奏上事件，均须献替拟旨。往往一事之来，有非殚心研虑不能得其綮要者。昔周公至圣，犹且思而不得，至于夜以继日。议政王虽明敏过人，然过劳则心力分而神明易竭。臣愚以为议政王宜专心机务，其余事件，综其大纲而已。臣意圣心非不知此，特以诸凡重务，必议政王管理方可放心。然两重相形，则尤重者自见。若议政王精神周察于各将帅督抚各部院大臣，务令皆得其人，则内外就理，军务自平，天下可不劳而理矣。一、言官宜务优容也。伏见御极以来，广开言路，优奖谏臣亦云至矣。嗣乃有获咎者，虽其咎由自取，然臣窃恐诸臣动多顾忌，不敢尽言也。昔者唐太宗厌上封事者多不切事，欲加谯黜。魏征曰：'古者立谤木欲闻己过。言而是，朝廷之益；即非，无损于政。'宪宗以谏官多谤讪朝政，欲谪其尤者一二人以儆其余。李绛曰：'人主孜孜求谏犹惧不至，况罪之乎？如此杜天下之口、非社稷之福也。'

古来贤臣之言，类如此。且匪直此也，人之学识心术，原自不一、正可因言以知其人，若人皆缄默，则贤否转无自而分。伏愿皇上法大知之舜，隐恶扬善，斯嘉言罔伏。臣为天下计，非为一人计也。一、府尹不宜兼部务也。伏读谕旨：'石赞清著兼署刑部侍郎。'查顺天府管辖二十四州县，事务殷繁，属官时有禀见，当一一审其才能；直隶时有会商，当一一酌其可否，即贤能之员犹恐精神未能周到，似不宜再兼部务。况刑部事务亦繁，必须逐日到署，若不存心部务，则虽添一员亦如无有；若将部务存心，则一心难以两用。且由府至部，来往几二三十里。两缺皆繁，而日费二三十里工夫，亦殊可惜。又，顺天府有咨呈刑部衙门案件，刑部有札行顺天府案件，两署之事不必一一符合，设有驳改斟酌之处，而刑曹以府尹为本部堂官，多所迁就，亦非慎重公事之道。臣见道光年间，府尹不兼刑部，亦犹刑部堂官之不兼步军统领，虑其有所窒碍，意深且远，盖专辖之任不比兼尹也。一、奔竞之风，宜杜其渐也。臣闻通商衙门行走司员，皆从各衙门取送，不知当时奖励章程如何奏定，乃今甫及年余，一概优保。有今年甫行到署不过月余，亦得保者。臣窃以为过于优异，恐有流弊。若通商衙门保举如此，则各衙门当差人员皆以营求保送为得计，而于本衙门事件，悉皆拖荒，恐奔竞之风日开其渐，不可不防也。以上五条，是否有当，伏乞圣鉴训示，臣不胜感激悚惕之至。"奉上谕："王茂荫奏天象示警，急宜修省等语，所奏甚是。朕以冲龄，寅绍丕基，兢业罔敢怠荒，乃自正月以来，日星垂象，雨泽愆期，昨虽得有时雨，农田尚未沾足，此皆由修省未至，弗克感召和甘。所幸天心仁爱，悬象示警，深切著明。因思感应之机，捷如影响。我两宫皇太后，朝乾夕惕，惟日孜孜，朕尤当益加寅畏恐惧修省，以承天眷。其议政王以及各部院大臣，亦当交相策勉，如有政事缺失，必应随时匡弼，直陈无隐，俾得庶政修明，用副应天以实不以文至意。钦此。"同日奉上谕："王茂荫奏请饬议政王专心机务，事总大纲等语。朕奉两宫皇太后亲政以来，因念时事殷烦，特授恭亲王为议政王，在军机处行走，原期事总大纲，用资匡助。近闻各部院于应办事件，往往窥探意指，先期向议政王就商。在议政王向以公事为重，自不肯以一人之见擅行裁定，而各部院大臣皆出自特简，庶绩厘凝，全赖该大臣献替可否，以臻妥协，即举措或有未协，亦当力争匡救，用辅不逮，方合古大臣忠亮之义。其一切应办事件，各有专司，只宜斟酌例案，断不准多所揣摩，借口禀承，致负委任。其议政王所管各衙门随同办事之大臣，亦均身列卿贰，遇有意见不同者，不妨独抒己见，与议政王公同妥商。岂可依唯画诺，稍存推诿之心。议政王于一切政务，当综其大纲。如有各部院办理未协者，并著尽心纠参，用副寅亮天工，庶官无旷之至意。钦此。"又奉上谕："王茂荫奏言官宜从优容等语。我两宫皇太后亲裁大政，言路宏开，虚心采纳，乐闻谠言。前因御史曹登庸于会议定陵规制，众论佥同之事，先自陈奏，不知大体，并于派办工程司员，率以无据之词，牵涉彭蕴章、绵森等，恐启揣摩尝试、撷拾暧昧之渐，于世道人心甚有关系，特降补员外郎，用端习尚。其余如博桂所奏，词意庞杂，无裨政治，仅将原折掷还，亦未加以谴责。本年御史刘庆奏请饬正奏疏体裁，所言殊属非是，且意近迎合。伊古名臣奏议，无非以国计民生重大诸务为经纬，该御史既为言官，茫昧无知，率请饬正体裁，岂言官建白，必有故套可循，亦将其原折留中，以示优容。至纠劾劣员、条陈时政者，无不立予施行，即或事有窒碍、言涉浮泛者，亦各节取所长，以宏达聪明目之意。嗣后该科道等官，于一切政务确有所见，足以裨益时政者，仍著据实直陈无稍徇隐。朝廷将细察其才识言论，破格优奖，以作敢言之气，用旌直臣而收成效。将此谕知科道等官知之，刘庆折并著交内阁发抄。钦此。"又奉上谕："王茂荫奏保举太滥，宜杜其渐等语。据称'总理各国事务衙门司员，甫及年余，概行优保，且有甫经到署不过月余，亦得优奖，恐滋流弊'等语。所奏不为无见。总理各国事务衙门前于保奏司员折内声明，系办理外国事件，与各部院事务不同。且事属创始，诸形烦剧，是以未照奏定年限，破格请奖，当经特旨允准，用示鼓励。第恐此端一开，各部院衙门司员有所藉口，致滋流弊。除此次所保各员业经允准，著吏、兵等部毋庸照寻常劳绩核减外，嗣后该衙门务当照奏定章程，以二年为限，择其资格较深、办事勤慎者，酌保数员，照例奖叙，不得意存见好，概行保奖，以符定章，而杜弊端。钦此。"又奉上谕："刑部右侍郎著吴存义署理，石赞清著毋庸兼署。钦此。"

四月初十日，销假，递折请安，又陈封奏一件。十一日，奉上谕："都察院左副都御史著王茂荫署理。钦此。"五月廿九日，奉命偕兵部尚书爱清恪公，驰驿前赴山西，查办事件。七月初四日，抵山西省。十一日，奉旨补授工部右侍郎兼管钱法堂事务。八月十五日，奏查办山西事件完竣。十六日，启行赴陕西。九月十六日，抵坡底镇，值潼关吃紧，驿路不通，旋奉旨折回山西。

癸亥二月，奉旨调吏部右侍郎。六月在山西差次，接先继母祖慈讣告，即日恳尚书爱公、巡抚英公奏明，奔回京师，在途昼夜哀号。是时家乡不靖，不孝铭诏等奉祖慈避难江西，舟次樵舍而病不起。府君以道途阻塞，奏明回京，绕道赴丧。

甲子三月，奔抵吴城，瞻拜灵帏，号恸欲绝。未几，江右戒严，复挈家之安庆。七月，同邑柯比部钺卒于省寓，府君哭之恸，即觉困惫，旋复发热，作呃逆，如是十余日，几殆。服药月余，始复旧。

乙丑二月，由吴城扶柩回里，四月抵家，即经营卜葬事。时兵燹之后，里闬成墟，人民寥落，亲知族党多半流亡。府君以暮岁还乡，睹此情形，弥深悲愤。陡于六月中旬，旧恙复发，兼感暑热，延医服药，迄不见效，然犹能力疾起立。廿一日，身体益惫，府君自知不起，即口授遗折，命不孝等敬谨缮写，犹以国恩未报、亲丧未葬为憾。廿二日午后，药饵不能下咽，延至申刻，竟尔弃养！呜呼痛哉，何天之不吊至于此极也！

府君识量宏远，寓浑厚于精明，处事以虚心，必求洞悉源委；办事以实心，不肯稍事因循。自以受圣朝恩遇之隆，于国计民生政事得失，知无不言，言无不尽。每上封事，一灯属草，宵分不寐。平居则与同志数人讨论古今，孜孜不倦。以时事方殷，人才为重，故于宏奖风流，尤注意焉。前后荐剡，不下数十人。凡所敷陈，多蒙采纳；凡所推荐，多蒙录用。其所以承宠眷、荷褒嘉者，固有由也。办理部务矢慎矢勤，不敢苟且迁就。公余手执一卷，披览不辍。自为司员时，见库帑支绌，思所以济国用，乃历考古来圜法利弊，悉心研究，积思十余年。及入谏垣，即上钞法十条，为权宜济用之计，而部议多格不行，其所行者非府君法也。

府君天性孝友。大父年七十时，屡禀请归养大父，不许。及戊申奔丧，一恸几绝。时以不及待汤药、视饭含为憾，奉大父位于堂，晨夕奉餐上食如平时，居丧斋素，绝不茹荤。时适阳川伯祖姑归宁，祖姑素聪明，识道理，为府君所敬重，见府君毁瘠过甚，委曲劝导。府君闻言益悲号恸痛哭，祖姑亦惨然不能尽其语。

府君性恬淡、寡嗜欲，京臣三十载，恒独处会馆中，自奉俭约，粗衣粝食处之晏如。平生笃于师谊。淳安王子香先生，幼时业师也，后其家零落，府君招其子来，所以慰劳勉励之甚挚，岁暮必邮金资助之。戚党中之孤苦者亦按时资给，岁以为常。亲友称贷，必竭力以副。遇善举欣然乐为，凡乡间葺祠宇、通道路、修堤、造桥诸事，靡不量力伙助。

府君律己甚严，责人贵宽，人有过未尝不正言规劝，然词意温婉，故人乐从之。士之来谒者，必引掖奖励，喻之于道。生平研究经史，期为有用之学，所著古文、时文、试帖共若干卷。待不孝等以慈，而课不孝等綦严，恒训不孝等以孝悌二字，是人家根本，失此二字其家断不能昌。又曰："凡人坏品行损阴骘，都只在财利上，故做人须从取舍上起；富与贵是人之所头章，学者最宜亲切体认此处得失。利害关头，人心安能无动？惟当审之以义，安之以命，古云：漏脯充饥，鸩酒止渴，非不暂饱，死亦随之。当时时作此想，则自然不妄取。渴不饮盗泉水，热不息恶木荫，有志者须极力持守，方可望将来有成。"又曰："莫看眼前吃亏，能吃亏者是大便宜，此语一生守之用不尽。"又曰："我之奏疏，词虽不文，然颇费苦心，于时事利弊实有切中要害处，存以垂示子孙，使知我居谏垣，蒙圣恩超擢，非自阿谀求荣中来。他日有入谏垣者，亦不必以利害之见存于心，能尽此心，自邀天鉴。"等语，不孝等谨志之弗忘。今言犹在耳，而声咳无闻，彼苍者天，胡夺我府君之速耶！

府君生于嘉庆三年三月十一日申时，卒于同治四年六月廿二日申时，享寿六十有八，聘洪夫人，国学生讳伯烸公女；配吴夫人，国学生大霞公女；继配吾母洪夫人，讳观政公女。子三，长不孝铭诏，邑增贡生中书科中书，娶方村方廪贡生讳承诰公女；次不孝铭慎，己未科挑取誊录国史馆议叙盐大使，娶浙江乌程闵原任角斜大使讳廷楷公女；三不孝铭镇，国学生，三十三岁卒，娶潭川汪辛卯科江南解元、原任来安县教谕讳立权公女，继娶邑城陈邑附生讳诗公女。女二，长适阳川洪道衔名本佳长子承基；次适西溪汪国学生名运鏐次子优附生宗沂。孙四人，长经守，不孝铭镇出，聘方氏；次经宇，不孝铭诏出，聘方氏；三经宬、四经宷均不孝铭慎出。孙女八，长字庠吴里道衔名锡维子邑庠生名祖植，次未字，均不孝铭诏出；三字郡城许候补知府名长怡子经生，不孝铭慎出；四字磻溪方县丞衔名增翰子；五字邑城江前署繁昌县训导讳东巨公孙国学生名兑子，均不孝铭诏出；六殇；七未字，均不孝铭镇出；八未字，不孝铭诏出。

不孝等苫次昏迷，事多罣漏，语无伦次，伏冀当代立言君子，锡之铭诔，以垂久远。不孝等世世子孙感且不朽。

慈命称哀。孤哀子王铭诏、王铭慎泣血稽颡谨述。赐进士出身、诰授光禄大夫、太子太保、武英殿大学士、直隶总督、一等毅勇侯愚弟曾国藩顿首拜填讳。

（录自王茂荫裔孙家藏刻本）

## 附录三

# 诰授光禄大夫吏部侍郎王公神道墓碑铭

### 李鸿章

　　同治四年六月，前吏部右侍郎歙县王公薨于里第，时鸿章署理两江总督，疏闻于朝，上震悼谕旨，以公由部曹洊跻卿贰，廉静敢言，忠爱出于至性，加恩赐恤，嗣赐祭葬如制，朝野以为荣。盖公自宣宗成皇帝时登仕籍，即以忠孝清正上结主知。文宗显皇帝御极之初，擢为监察御史。天下承平久，吏治习为粉饰因循，言官唯阿缄默，即有言，多琐屑无关时务之要。其非言官，则自以为吾循分尽职，苟可以寡过进秩而已，视天下事若无与于己，而不敢进一辞，酿为风气。军国大事，日即于颓坏，而莫之省。

　　公始入台，粤贼之祸已见端矣，即奏陈用人理财之道，其论振兴人才，尤以讲求本务、崇实黜华为先。户部以需饷孔殷，请许士子捐纳举人生员，公疏争无益目前，徒遗讥后世，且言筹饷之法，不徒在来源，而在于善用，若不求饷之用，必须得济委诸盗贼之手，糜诸老之兵，销诸不屑之员弁，虽日推广列捐何济于事。又极其论银票亏商、银号亏国之弊，以为经国谋猷，下同商贾，体为至亵，而利为至微。初时亏不能见，及亏甚虽重治，其罪亦复何补。既其言果皆验。未几，擢至户部右侍郎兼管钱法堂事，时方行大钱。公奏陈大钱利弊，极言当百、当五百、当千三种折当太重，分量悬殊，种类过繁，市肆纷扰。及召见，又面陈当百以上大钱之不能行，后又奏称大钱私铸繁兴，亏国病民，恳请停止。而请缓幸御园一疏，尤人所不敢言者，识者称为有古大臣格心防微之风。三年，贼势日炽，天象屡见，公复疏言天时人事危迫日深，诚得天心一转，则贼匪自灭，天下自平。然欲转天心，必求尽人事；欲尽人事，必求协民心。其要一在省己，一在用人。二者皆本于一心，而其枢则系乎听言之际，反复至千百言。文宗即日降谕省躬克己，并饬中外臣工，夙夜靖共，交相辉映儆惕。其他朝政之得失，人才之贤否，军事之利病，亦皆知无不言，言无不尽。文宗往往虚衷以受，或即时俞行，或付之公议，或始虽留中，既而思其言，然卒皆听用。公益自以遇圣主之优容，日夜筹思，尽言无隐，不以非言官而自阻也。五（八）年，公疾，请开缺。十一年，文宗上宾，今上降旨以公志虑忠纯，直言敢谏，将起用，公感激恩遇，且自恨无以酬先皇帝特达之知，思报之于皇上，乃疏陈五事以端治本：一曰天象示警，急宜修省；二曰责任重大，务宜专一；三曰言官务优容；四曰府尹不宜兼部务；五曰奔竞之风宜杜其渐。上连降五旨施行。同治元年四月，复奏封事，遂奉命权左副都御史，旋授工部右侍郎。二年，调吏部左（右）侍郎。时公奉旨赴山陕查办事件，差次，丁继母忧回籍。越二年，葬亲事毕，疾作，遂不起，距生于嘉庆三年三月，年六十有八岁。

公讳茂荫，字椿年，一字子怀，安徽歙县人。曾祖、祖、父皆敦行孝弟，封赠如公官。曾祖妣方氏，祖妣方氏、妣洪氏、吴氏，皆封一品太夫人。

公幼敦谨好学，中道光辛卯恩科顺天举人，壬辰成进士，授户部主事。三次乞假归省。丙午，始补云南司主事。丁未，升贵州司员外郎。戊申二月，以御史记名；三月，闻父病急归，至则已前卒，丁忧。服阕，咸丰元年辛亥，补江西司员外郎。八月，补授陕西道监察御史。壬子，兼署福建、山西道御史，又署礼科掌印给事中，兵科给事中，巡视中城。癸丑，署湖广道监察御史。四月，授太常寺少卿，六月，太仆寺卿。十一月，补授户部右侍郎兼管钱法堂事务，恳求辞职，不许。甲寅，调补兵部右侍郎转左侍郎。丙辰，派充进士朝考阅卷大臣。九月，武会试，派充宿字围较射大臣。丁巳二月，经筵侍班。十一月，赐紫禁城骑马。戊午，派办理五城区团防事宜。六月，事竣，以疾请假开缺。辛酉，今上登极。十一月，奉传知至军机处，察看病状，遂再起用至吏部左（右）侍郎。

公识量沉宏，事无巨细，必研究原委，不敢苟且迁就，内行尤笃居。

继母丧，年逾六十矣，犹不饮酒食肉。家居，言及国事与君恩未报，往往哽咽涕零。居官数十年来，未尝挈妻子侍奉，家未尝增一瓦一陇，粗衣粝食宴如也。故海内称大臣清直者，必曰王公。妻洪氏、吴氏，继妻洪氏，诰封夫人。子三人，铭诏，贡生，中书科中书；铭慎，国史馆誊录，议叙盐大使；铭镇，监生，早卒。铭诏既葬公于邑之某山，以状乞鸿章文其神道之碑，乃为之。

铭曰：伊古治乱，迭起环生，主圣臣直，无陂不平。皇路清夷，言官布树，侍从卿相，衮职是补。嗟，彼乡原狃于恬嬉，缄口成风，尽若痿痹。国家利病，视如秦越，厝火积薪，罔顾颠蹶，主非不圣，臣道谓何，不有骨鲠，奚愧婷婀。峨峨黄山，来自衡岳，磅礴蜿蟺，峥嵘卓荦，郁积灵秀，笃生名臣，股肱良辟。直哉！惟寅言责官守职，或有异进，忠陈谟义无二致。根于天性，发于至诚，天子嘉之，死哀生荣。昔仲山甫柔惠且直，辅周中兴，式于四国。古之遗直，今有王公，清操劲节，百世可风。

赐进士出身诰授光禄大夫、钦差大臣、太子太保、武英殿大学士、直隶总督、一等肃毅伯加骑都尉世职世愚李鸿章拜撰。

（据王茂荫裔孙家藏抄本点校整理）

# 参考文献

王茂荫：《王侍郎奏议》，清光绪十三年木刻本。

王茂荫：《王侍郎奏议》，黄山书社 1991 年点校本。

王铭诏、王铭慎：《子怀府君行状》，清同治木刻本。

王茂荫玄孙王自燮、王自珍、王自力家藏手抄件。

何绍基《王槐康墓表》。

闵尔昌：《碑传集补》。

李鸿章：《诰授光禄大夫吏部侍郎王公神道墓碑铭》。

《王茂荫列传》，载《清国史》大臣画一·列传后编·卷一八。

《王茂荫传》，载赵尔巽等撰《清史稿》列传二百九，中华书局 1977 年版。

吴大廷、吴棠、易佩绅、吴锡纯为《王侍郎奏议》所撰序。

桂垙《歙县王子怀侍郎奏议》序，王茂荫玄孙王自力家藏原件。

鲍康：《大钱图录》。

徐珂：《清稗类钞》，中华书局 1984 年版。

马克思：《资本论》，《马克思恩格斯全集》第 23 卷。

马克思：《1857—1858 经济学手稿》，载《马克思恩格斯全集》第 46 卷。

巫宝三等：《中国近代经济思想与经济政策资料选辑》，科学出版社 1959 年版。

中国人民银行总行参事室金融史料组：《中国近代货币史资料》（第一辑），中华书局版 1964 年版。

赵靖主编：《中国经济思想通史续集》，北京大学出版社 2004 年版。

许承尧：《歙事闲谭》，黄山书社版 2001 年版。

曹天生：《王茂荫集》，中国档案出版社 2005 年版。

王经一：《王茂荫年谱》，安徽人民出版社 2015 年版。

陈平民：《王茂荫年谱》，《徽州社会科学》2013 第 12 期。

郭沫若：《〈资本论〉中的王茂荫》，刊 1936 年 12 月 25 日出刊的《光明》第二卷第二号。

张明仁：《我所知道的〈资本论〉中的王茂荫》，刊 1937 年 1 月 25 日出刊的《光明》第二卷第四号。

吴晗：《王茂荫与咸丰时代的币制改革》，1937 年 3 月，原载《中国社会经济史集刊》，原名为《王茂荫与咸丰时代的新币制》，后收入 1956 年 2 月三联书店版吴晗著《读史劄记》。

王璜：《王茂荫的生平及其官票宝钞章程四条》，刊 1937 年 4 月 10 日出刊的《光明》第二卷第九号。

王璜：《王茂荫后裔访问记》，刊 1937 年 4 月 25 日出刊的《光明》第二卷第十号。

郭沫若：《再谈官票宝钞》，刊 1937 年 6 月 10 日出刊的《光明》第三卷第一号。

朱曼华：《王茂荫宅内读书记》，刊 1937 年 6 月 10 日出刊的《光明》第三卷第一号。

郭沫若：《郭沫若全集》历史编第三卷，人民出版社 1984 年版。

陈平民：《王茂荫的货币观点和他的遭遇——谈谈〈资本论〉中提及的唯一的中国人》，原载《江淮论坛》1981 年第一期。

陈平民：《马克思怎么知道和为什么要提到王茂荫》，原载《经济学周报》1983 年 7 月 4 日第 79 号。

陈平民：《王茂荫及其货币理论》，原载《天津社会科学》1984 年第二期。

陈平民：《王茂荫的人才观》，原载《安徽师范大学学报》1984 年第三期。

# 后　记

2018 年，是个不平凡的年份。中国改革开放 40 周年是这一年，马克思诞生 200 周年是这一年，王茂荫诞生 220 周年是这一年。我本人年届古稀和研究王茂荫 40 年，也是这一年。

正是在这个不平凡年份，由我充撰稿人的《皖籍思想家文库丛书》之《王茂荫卷》书稿完成，交付出版。

大凡好事，姗姗来迟。拙著《王茂荫研究文辑》《王茂荫研究集》交付出版社出版，也同是在这一年，真是件高兴事。

《皖籍思想家文库丛书》是 2017—2018 年度中共安徽省委宣传部重大文化建设项目，由省社科院组织实施。共列皖籍思想家 22 名，其中徽州籍思想家有朱熹、戴震、王茂荫、胡适、陶行知等 5 名，从一个侧面反映徽州文化的博大精深与灿烂辉煌。2017 年 3 月下旬，歙籍学者邵宝振先生向项目组有关负责人推荐我充王茂荫卷撰稿人，同年 7 月初我被正式确定为撰稿人。在撰写书稿的半年多时间里，染疾脑中风而不愿停笔的我又经历了一次酷暑和严寒的考验。

书稿撰成之日，我首先要感谢和告慰已经作古六年的原安徽省社会科学院研究院孙树霖先生，他曾是指导我研究王茂荫的恩师。

其次，要感谢为我提供研究资料的王茂荫后人和各界朋友，感谢邵宝振先生和项目具体组织者安徽省社科院的李季林先生。季林先生2017 年差次屯溪出席有关学术会议，特地约见看望我，给我留下难忘的印象。

其三，要感谢几十年来编发过我研究王茂荫系列文稿的新闻界、文化界和出版界的各位朋友，感谢他们一直的欣赏与激励。

其四，要感谢原工作单位黄山市社科联的领导和新老同人，他们在我脑中风之后给予我太多的关爱和帮助。

最后，要感谢我的家人和眷属，尤其是我的糠妻和儿子媳妇，如果没有他（她）们的关心关爱和支持，我不仅无法继续耕耘"数亩山田"，使之不致荒芜，而且很可能葬我之于山田边的坟堆已长高了青草。

我的研究告诉我，王茂荫是一位杰出的思想家，他的政治、经济、人才、军事、吏治和管理思想十分丰富，卓尔不群。我的研究是初步的，希望今人和后人继续深入研究。

常言道"自古忠孝无两全"。我的研究告诉我，王茂荫却是一个忠孝两全之人，他的人格是完善的。真理是一种力量，人格也是一种力量。王茂荫的思想万古不朽，他的人格也永远值得后人学习。

陈平民

戊戌正月二十二日撰于屯溪新安江畔

己亥正月初六校审于徽州公馆寓所